Michael Eckert

Gott – Glauben und Wissen

Friedrich Schleiermachers Philosophische Theologie

Walter de Gruyter · Berlin · New York
1987

Als Habilitationsschrift auf Empfehlung der Katholisch-Theologischen Fakultät der Universität Regensburg gedruckt mit Unterstützung der Deutschen Forschungsgemeinschaft

Gedruckt auf säurefreiem Papier
(alterungsbeständig – ph 7, neutral)

CIP-Kurztitelaufnahme der Deutschen Bibliothek

Eckert, Michael:
Gott — Glauben und Wissen: Friedrich Schleiermachers
philos. Theologie / Michael Eckert. — Berlin; New
York: de Gruyter, 1987.
  (Schleiermacher-Archiv; Bd. 3)
  ISBN 3-11-010401-6
NE: GT

Satz: Dörlemann-Satz, Lemförde; Druck: Hildebrand, Berlin 65
Einband: Lüderitz & Bauer, Berlin 61

SchlA 3

Schleiermacher-Archiv

Herausgegeben von
Hermann Fischer
und
Hans-Joachim Birkner, Gerhard Ebeling,
Heinz Kimmerle, Kurt-Victor Selge

Band 3

Walter de Gruyter · Berlin · New York
1987

Den wenigen
Freunden

Vorbemerkung

Die vorliegende Arbeit ist im WS 1984/85 von der Katholisch-Theologischen Fakultät der Universität Regensburg als Habilitationsschrift für das Fachgebiet Philosophisch-Theologische Propädeutik angenommen worden.

Neben der Fakultät gilt mein Dank insbesondere Herrn Prof. Dr. K. Krenn, der in den vergangenen Jahren meine Arbeit mit kritischen Anregungen begleitete und mich in vielfältiger Weise großzügig unterstützte.

Für die Gewährung eines Druckkostenzuschusses danke ich der Deutschen Forschungsgemeinschaft, für die Übernahme der Arbeit in ihre Schriftenreihe den Herausgebern des Schleiermacher-Archivs und dem Verlag Walter de Gruyter.

Von der Katholisch-Theologischen Fakultät der Universität Regensburg wurde die Arbeit 1985 mit einem Preis für ökumenische Theologie ausgezeichnet.

Regensburg, den 29. September 1986   *Michael Eckert*

Inhalt

Jeder Einzelne . . ., dessen spekulatives Bewußtsein erwacht ist, muß sich der Uebereinstimmung zwischen den Aussagen von diesem und den Erregungen seines frommen Gefühls auf das genaueste bewußt zu werden suchen, weil er sich nur in der Harmonie dieser beiden Funktionen, welche zusammen die höchste Stuffe seines Daseins bilden, der höchsten Einheit seiner selbst bewußt werden kann.

(1. Aufl. § 31, 1 I, 109, 7ff.)

0. Einleitung

In der gegenwärtigen Diskussion bildet die Thematik einer „evangelischen Fundamentaltheologie" geradezu einen Brennpunkt katholisch-und evangelisch-theologischen Interesses. In dieser Situation kommt der vorliegenden Untersuchung insofern besonderes Gewicht zu, als eine unmittelbare Vereinnahmung durch zeitgenössische Problemstellungen und Lösungsvorschläge allein vermieden werden kann durch kritische Selbstreflexion, in der sich gegenwärtiges Denken an Vergangenem zu vergewissern und zu orientieren sucht. Kann die Frage der Aktualität von Texten ohnehin nicht eine Frage nach deren Entstehungsdatum sein, dann eröffnet sich damit zugleich für das historische Interesse die Möglichkeit, das in der Tradition noch Unabgegoltene, Zukunftsträchtige, d.h. das sachlich und inhaltlich noch zu Erschließende in der Interpretation freizulegen.

Eine erste umrißhafte Darstellung der Problematik, der das Interesse der vorliegenden Arbeit insgesamt gilt, soll zunächst genauerhin erklären, was unter Fundamentaltheologie als spezifisch katholischer Disziplin verstanden wird und worin deren ökumenische Bedeutung zu sehen ist. Die Darstellung orientiert sich dabei ausdrücklich an Problemstellungen, die zu Beginn des 19. Jh. zur Ausbildung einer eigenständigen Disziplin katholischer Fundamentaltheologie geführt haben.

Von den notwendig sehr knappen Ausführungen her wird dann Schleiermachers Philosophische Theologie von ihren wissenschaftssystematischen Voraussetzungen aus programmatisch entworfen und in wesentlichen sachlich-systematischen Problemfeldern den Fragestellungen katholischer Fundamentaltheologie gegenübergestellt. Soweit es sinnvoll erscheint, sollen auch gegenwärtige Entwürfe einer „evangelischen Fundamentaltheologie", die unter ausdrücklicher Berufung auf Schleiermacher entworfen sind, Erwähnung finden.

0.1 Die Problemstellung neuzeitlicher Fundamentaltheologie

Die klassische Aufgabe der Apologetik, für die sich ab dem 19. Jh. zunehmend der Begriff von Fundamentaltheologie durchsetzt, bestand und besteht
darin, die Vernunftgemäßheit des christlichen Glaubens zu erweisen, d. h.
eine vor der Vernunft zu verantwortende Rechenschaft über den Grund und
die Motive des christlichen Glaubens zu geben.

Während die rationale Grundlegung des christlichen Glaubens als „Apologetik" sich vorwiegend auf die theologische Verteidigung des Glaubens
konzentrierte, bildete sich ab dem 17. Jh. ein dreiteiliges Schema des klassi-
schen Aufbaus der Apologetik aus, das bis in die heutige Zeit für die Struktur
der Fundamentaltheologie bestimmend ist: 1. *Gott und die Religion des
Menschen* (demonstratio religiosa); 2. *Offenbarung Gottes und wahre Religion* (demonstratio christiana); 3. *Die wahre Kirche* (demonstratio catholica).
Während die demonstratio religiosa meist als in der natürlichen Theologie
bzw. der Religionsphilosophie geleistet vorausgesetzt wurde, widmete sich
die traditionelle Apologetik in ihrer „Analysis-fidei"-Lehre den Glaubwür-
digkeitsgründen für die christliche Offenbarung und ihren geschichtlichen
Vermittlungsträger, die Kirche. Demnach gehörten die drei demonstrationes
zu jenen „praeambula fidei", von denen her gesichert werden konnte, daß der
Mensch seine Glaubensentscheidung auf einer rational begründeten Gewißheit frei vollziehen konnte.

In ihrer systematisch-wissenschaftlichen Grundlegung des christlichen
Glaubens stützte sich die klassisch-apologetische Methode auf äußere, objek-
tiv feststellbare „Tatsachen" (Zeichen als „facta divina"). Diese sollten durch
bloße Vernunft, d. h. ohne Zuhilfenahme der Gnade, als Zeichen göttlicher
Offenbarung erfaßbar und erkennbar für alle Menschen sein.

Die intellektuelle Verantwortbarkeit des Glaubens war somit zugleich
unterschieden von der gnadenhaften Glaubenszustimmung. Vernunftmotiv
und Glaubensmotiv, natürlich-rational begründete Gewißheit der Tatsache
der Offenbarung („praeambula fidei"), und eigentlich übernatürlich-göttlich
erwirkte certitudo fidei in ihrem Verhältnis zueinander zu bestimmen, machte
die Aufgabe der „Analysis-fidei"-Lehre aus.

G. Söhngen formuliert: „Die Eigentümlichkeit theologischer, d. h. glau-
benswissenschaftlicher Prinzipien wird herausgestellt in der Unterscheidung
zwischen principia intelligibilia und principia credibilia, d. h. zwischen ein-
sichtigen Gründen in einem Bereich von Vernunftwahrheiten und glaubba-
ren Gründen in einem Bereich von Tatsachenwahrheiten und besonders von
Glaubenstatsachen und Glaubenswahrheiten. Die Glaubbarkeit ihrerseits ist
zweiseitig (Praeambula fidei), sowohl credibilitas interna, d. h. die innere,

uneinsichtige, spezifisch dogmatische Glaubbarkeit der mysteria divina (stricte dicta), als auch credibilitas externa, d. h. die äußere, einsichtige, spezifisch apologetische Glaubwürdigkeit der facta divina als Zeichen-Wunderzeichen ... zur Beglaubigung der Tatsache der Offenbarung Gottes in seinem Wort und ihrer Bewahrung in der Hut der Kirche".[1]

Die offensichtlichen Schwierigkeiten und Probleme dieser *Verhältnisbestimmung von Glauben und Wissen* konzentrieren sich auf die Frage, wie der Vollzug des Glaubensaktes als Vollzug des Menschen in seiner Einheit von göttlicher Ermöglichung und menschlicher Erkenntnisgewißheit der Offenbarung als Offenbarung und der darin eingeschlossenen Glaubenspflicht verstanden werden kann. G. Söhngen unterscheidet daher ein inneres und äußeres Moment in den „praeambula fidei": „Die wissenschaftstheoretische Problematik dieser Unterscheidung liegt in zweierlei, nämlich in dem inneren Verhältnis von Glaubbarkeit und Einsichtigkeit und in der Stellung der äußeren Glaubwürdigkeit zwischen Einsichtigkeit und innerer, uneinsichtiger Glaubbarkeit".[2] In ähnlicher Weise äußert sich Karl Rahner, wenn er von einer „intellektualistischen Engführung"[3] im Verständnis des Glaubensaktes warnt. Das Verhältnis von Wissen der Vernunft von Gott und Offenbarungswissen ist für die rationale Grundlegung des Glaubens ohne das *innere* Verhältnis von Offenbarung und Vernunft noch nicht hinreichend geklärt.[4]

Diese der gegenwärtigen theologischen Diskussion entlehnten kritischen Bemerkungen zum traditionellen Verständnis von Apologetik/Fundamentaltheologie nehmen ihren historischen Ausgangspunkt nicht erst in der gegen Ende des 19. Jh. erfolgten Kritik an der sogenannten „objektiven Apologetik".[5]

Die Herausforderung durch die Neuzeit und die Auseinandersetzung mit ihr zwang die christliche Theologie, katholische und protestantische Theologie gleichermaßen, zu kritischer Selbstbesinnung und zur Suche nach neuen Wegen der Glaubensverantwortung. Diese Entwicklung setzte freilich keineswegs überall ein, noch vollzog sie sich einheitlich.[6]

Von ganz entscheidender Bedeutung für die Geschichte katholischer Fundamentaltheologie wurde die schon seit Beginn des 18. Jh. auftretende

---

[1] G. *Söhngen,* Fundamentaltheologie,: in: LThK IV, Freiburg ² 1960, 455f.
[2] G. *Söhngen,* a.a.O., 456.
[3] K. *Rahner,* H. Vorgrimler, Glauben, in: KThW, Freiburg ¹⁰1976, 152.
[4] Vgl. K. *Rahner,* Hörer des Wortes, neu bearb. v. J. B. Metz, Freiburg 1971, 30, 183ff.
[5] Vgl. C. *Geffré,* Die neuen Wege der Theologie, Freiburg 1973, 31f.; K. *Lehmann,* Apologetik und Fundamentaltheologie, in: Communio 7 (1978), 283–294;
[6] Vgl. C. *Geffré,* a.a.O., 25.

Offenbarungskritik der Aufklärung. In grundsätzlich neuer Weise stellte sich für das neuzeitliche Denken die Frage nach der Erkenntnisgewißheit der Vernunft, und, in ihrer Folge, die Frage nach Möglichkeiten und Grenzen einer von der Vernunft her begründeten Gewißheit geschichtlicher Offenbarung und christlichen Glaubens.[7] Der rationalistische Versuch, Glaubenswahrheiten auf für die Vernunft einsichtige Wahrheiten zu reduzieren, mußte das Thema Offenbarung zum zentralen Problem der Auseinandersetzung werden lassen.

Die Infragestellung der Grundlagen des Glaubens durch die neuzeitliche Religionskritik, d. h. die Angriffe sich autonom setzender Vernunft auf Gott, Offenbarung und Glaube mußten eine ganz eigene Herausforderung für die Theologie bedeuten, die Vernunftgemäßheit des christlichen Glaubens in einer rationalen Grundlegung zu verteidigen.

Diesem Beginn neuzeitlicher Fundamentaltheologie gilt das Interesse der vorliegenden Arbeit, insofern die Auseinandersetzung der Theologie mit der Kritik des philosophischen Atheismus katholische und evangelische Theologen in der Verteidigung des Glaubens ähnliche Wege einzuschlagen zwang, sodaß „beide genötigt waren, den daraus entstehenden Aufgaben eine eigene Disziplin zu widmen."[8] Historisch lassen sich verschiedene Bezeichnungen dieser Disziplin finden; so nennt Ebeling Theologische Enzyklopädie, Apologetik und Fundamentaltheologie.[9]

Es kann kein Zweifel sein, daß in der Auseinandersetzung mit dem *Atheismus* die interkonfessionelle Polemik an Bedeutung verlor und sich die apologetische Aufgabe katholischer wie evangelischer Theologen auf die *Grundlagenprobleme christlichen Glaubens* und christlicher Existenz konzentrieren mußte, d. h. auf *Gott und Religion, Offenbarung und Glauben.* Nicht mehr Unterschiede und Gegensätze der Konfessionen, d. h. Apologetik nicht mehr als Grundlegung, Bestätigung und Rechtfertigung der je eigenen Konfession konnte das Hauptziel theologischer Bemühungen sein. Gefordert war von theologischer Reflexion, den gemeinsamen Grund aller Theologie und Kirchen sichtbar zu machen und sicherzustellen.

Es ist daher nicht unberechtigt, nach der ökumenischen Bedeutung dieser theologischen Reflexion und Orientierungssuche zu fragen. Die *ökumenische Ausrichtung auf das gemeinsame Fundament des christlichen Glaubens,* dieses gemeinsame Ziel verlagerte die Perspektive theologischen Interesses von den,

---

[7] Vgl. *G. Ebeling*, Erwägungen zu einer evangelischen Fundamentaltheologie, in: ZThK 67 (1970), 479–524.

[8] *G. Ebeling*, a. a. O., 510.

[9] Vgl., *G. Ebeling*, a. a. O., 489 ff.

auf das Konfessionsspezifische gerichteten Fragestellungen stärker auf das Ganze, d.h. auf das, das je Einzelne und Eigene der jeweiligen Konfession transzendierende Ganze des Christlichen, auf den allen Menschen gemeinsamen religiösen Grund, im letzten auf *Gott und Gottes Offenbarung in Christus.* Dabei bildete das Verhältnis von Subjektivität der Vernunft und Offenbarung nun für die Glaubensrechtfertigung und Glaubensverantwortung die Grundlage theologischer Reflexion.[10]

Mit diesen Ausführungen soll nun keineswegs die konfessionelle Differenz einfachhin überspielt werden. Nicht die bloße Feststellung einer analogen Begrifflichkeit, noch ein bloß historischer Befund werden als hinreichend betrachtet, von einer ökumenischen Dimension fundamentaltheologischer Fragestellungen zu reden. Allein von begründeter Sachnotwendigkeit her, d.h. von den Grundlagenproblemen christlichen Glaubens, von Gott und christlicher Offenbarung Gottes her, wird nach einer ökumenischen Bedeutung der Ursprünge neuzeitlicher Fundamentaltheologie gefragt.

Damit wird keineswegs bestritten, daß auch in diesen Sachfragen gegensätzliche theologische Ansichten auftreten können. So wird etwa die Thematik einer *„theologia naturalis"* in den genannten Themenkreisen, gleichsam innerhalb einer apologetischen demonstratio religiosa und christiana, gerade in der Aufkärung auch Gegenstand heftiger innerkonfessioneller Kontroversen.

Die vorliegende Arbeit beabsichtigt allerdings nicht eine Interpretation klassich-konfessionsspezifischer Themen. Vielmehr wird in der traditionellen Aufgabe der Fundamentaltheologie, von den genannten Grundproblemen christlichen Glaubens her, für katholische und protestantische Theologie das Gemeinsame, nicht das Trennende sachlich zu bestimmen versucht. Ihre Berechtigung findet diese Absicht gerade dann, wenn von evangelischer Seite behauptet wird, daß sich die spezifisch katholisch-fundamentaltheolo-

---

[10] Die durch die neuzeitliche Religionskritik von außen provozierte apologetische Ausrichtung der Theologie insgesamt hat sich trotz allem Wandel in Selbst-, Welt- und Wirklichkeitsverständnis bis heute, wie mir scheint, nicht grundlegend verändert. Nach der Ablösung der objektiven Apologetik durch die fundamentaltheologische Fragestellung, die sich nicht mehr nur auf äußere Kriterien für die Glaubwürdigkeit der christlichen Offenbarung stützt, sondern sich auf die Grundlagenprobleme der Offenbarung und des Glaubens richtet, hat die theologische Reflexion die neuzeitliche Problemstellung grundsätzlich beibehalten, wenngleich legitimerweise weitergeführt. Auch in der heutigen anthropozentrischen Perspektive der Fundamentaltheologie geht es in der rationalen Grundlegung des Glaubens um das innere Verhältnis von Vernunft des Menschen und geschichtlicher Offenbarung Gottes. Vgl. *C. Geffré*, a.a.O., 33 ff.

gische Sachproblematik „bei näherer Prüfung in vage Angaben auflöst, denen
die konfessionelle Trennschärfe völlig abgeht".[11]

Der historische Aspekt in der Ausbildung neuzeitlicher Fundamentaltheologie bildet freilich nur den Ausgangspunkt für das *eigentliche systematische
Interesse der vorliegenden Arbeit*. Nochmals sei Ebeling zitiert, der die ökumenische Bedeutung neuzeitlicher Fundamentaltheologie in zeitlicher, aber
auch sachlicher Hinsicht unterstreicht: „Auch die Sachproblematik, die sich
mit dem katholischen Begriff von Fundamentaltheologie verbindet und die
so eng mit der Aufgabenstellung der Apologetik verknüpft ist, begegnet im
Protestantismus, zumal wenn wir in jener Periode Umschau halten, in der die
orthodoxe Prinzipienlehre zutiefst erschüttert wird und eine intensive apologetische Bemühung um den Nachweis der Glaubwürdigkeit der biblischen
Schriften und um Beweise für die Wahrheit und Göttlichkeit der christlichen
Religion einsetzt, bis dann offensichtlich wird, daß hier nicht bloß Stützungs-
aktionen und Reparaturen genügen, sondern die fundamentaltheologische
Aufgabe neu in Angriff genommen werden muß".[12]

Den historisch-systematischen Anknüpfungspunkt am Beginn neuzeitlicher Fundamentaltheologie bildet die *Philosophische Theologie* des evangelischen Theologen F. D. Schleiermacher, dessen Einfluß auf den Nestor der
neuzeitlich-katholischen Fundamentaltheologie, den Begründer der katholischen Tübinger Schule, J. S. Drey, außer Zweifel steht. Es ist daher zutreffend von einem *„anonymen Dialog"*[13] die Rede zwischen der katholischen
Tübinger Schule (vor allem Dreys) und der Theologie Schleiermachers.
Stalder hat von katholisch-theologischer Seite in überzeugender Weise die
Grundzüge dieses Einflusses evangelischen Denkens auf die Ausbildung der
spezifisch katholischen Disziplin der Fundamentaltheologie bei Drey, d. h.
dessen „Apologetik", als dem „Pionierwerk der katholischen Fundamentaltheologie"[14], aufgezeigt. Dieser beruft sich in seiner „Apologetik", erschienen
1838, ausdrücklich auf Schleiermacher. „Ich selbst fand eine Zeit lang die von
Schleiermacher gegebene Konstruktion derselben (Apologetik) annehmbar,
und nach dieser ist auch der Abriß der Apologetik in meiner Einleitung in das
Studium der Theologie . . . gezeichnet".[15]

---

[11] *G. Ebeling*, a.a.O., 480.

[12] *G. Ebeling*, a.a.O., 505.

[13] *R. Stalder*, Grundlinien der Theologie Schleiermachers, I. Zur Fundamentaltheologie, Wiesbaden 1969, 82; vgl. vor allem 15–46, 82–128.

[14] *R. Stalder*, a.a.O., 53.

[15] *J. S. Drey*, Die Apologetik als wissenschaftliche Nachweisung der Göttlichkeit des Christentums und seiner Erscheinung, I. Philosophie der Offenbarung, Nachdr. der Aufl. von 1838,
Frankfurt a. M. 1967, IV.

Die ökumenische Bedeutung dieses Entwurfs einer Philosophischen Theologie, geschichtlich gesehen die Voraussetzung jenes „anonymen Dialogs", liegt dabei nicht zuletzt in den gerade heute diskutierten Entwürfen einer „evangelischen Fundamentaltheologie", wie sie Ebeling, Pannenberg und Joest vorgelegt haben.[16] Es darf nach dem Gesagten nicht überraschen, daß die Berufung auf Schleiermacher in der gegenwärtigen evangelischen Theologie für die Ausbildung einer eigentlich spezifisch katholischen Disziplin durchgehend zu finden ist. Allerdings beschränken sich diese Versuche, wenn sie sich von Schleiermacher her zu legitimieren suchen, vielleicht mit Ausnahme von Ebeling, der sich eingehender mit Schleiermacher auseinandergesetzt hat, auf punktuelle Hinweise in Texten Schleiermachers.

Man hat, von katholisch-theologischer Seite, Schleiermachers Philosophische Theologie aufgrund ihrer entscheidenden Bedeutung für die neuzeitlich-katholische Fundamentaltheologie auch als erste „evangelische Fundamentaltheologie"[17] bezeichnet, ohne allerdings dafür bisher den Nachweis in sachlich-systematischer Hinsicht zu erbringen. Auch Stalder, der bisher als einziger von katholisch-theologischer Seite einen „anonymen Dialog" für die Ursprünge neuzeitlicher Fundamentaltheologie nachzuweisen vermochte, hat Schleiermachers Philosophische Theologie nicht eigens inhaltlich-systematisch thematisiert. Stalder hat sich nicht auf den Grundtext der „Einleitung" in die Glaubenslehre bezogen, sondern sich neben der „Ethik" und „Dialektik" ausschließlich auf Schleiermachers programmatische Äußerungen seiner Schrift „Kurze Darstellung des theologischen Studiums" (1. Auflage 1811) beschränkt, die schon vom Titel her ihren wirkungsgeschichtlichen Einfluß auf Dreys „Einleitung in das Studium der Theologie"[18] verrät.

In der Sekundärliteratur fällt auf, daß nicht nur zu Drey, sondern von katholisch-theologischer Seite vor allem zu Schleiermacher ein ganz erhebliches Defizit an eingehenden Untersuchungen besteht. Noch 1969 hat Stalder in seiner Arbeit behauptet, daß „von katholischer Seite nicht eine bedeuten-

---

[16] Vgl. *W. Pannenberg*, Wissenschaftstheorie und Theologie, Frankfurt a. M. 1973; *W. Pannenberg*, Glaube und Vernunft, in: ders., Grundfragen Systematischer Theologie (I), Göttingen 1967, 237–251; *W. Joest*, Fundamentaltheologie, Stuttgart 1974; *G. Ebeling*, Erwägungen zu einer evangelischen Fundamentaltheologie, in: ZThK 67 (1970), 479–524.

[17] *H. Wagner*, Einführung in die Fundamentaltheologie, Darmstadt 1981, 113; vgl. dazu *H. Fries*, Zum heutigen Stand der Fundamentaltheologie, in: ders., Glaube und Kirche als Angebot, Graz 1976, 154–171.

[18] Vgl. *J. S. Drey*, Kurze Einleitung in das Studium der Theologie mit Rücksicht auf den wissenschaftlichen Standpunkt und das katholische System, Nachdruck der Aufl. von 1819, Frankfurt a. M. 1966.

dere Monographie über Schleiermacher" verfaßt worden sei.[19] Inzwischen
sind wohl einige weitere Arbeiten erschienen[20], doch fanden die traditionell
fundamentaltheologischen Grundfragen und Grundthemen, auf die Stalder
mit seiner stärker historisch ausgerichteten Arbeit in Schleiermachers Denken erstmals aufmerksam gemacht hatte, bisher kein Interesse. Lediglich
Ebeling hat von evangelisch-theologischer Seite Schleiermachers „fundamentaltheologisches" Interesse in seinen eigenen Arbeiten zu Schleiermacher
wiederholt betont.

Die vorliegende Arbeit unternimmt daher den Versuch, das genannte
Defizit der Schleiermacher-Forschung aufzugreifen. Schleiermachers „Einleitung" in die Glaubenslehre (1. Auflage 1821/1822), wenngleich diese nur
den teilweise ausgeführten Entwurf seiner Philosophischen Theologie darstellt, soll in einer systematisch-sachlichen Interpretation auf ihre fundamentaltheologische Relevanz in ihrer ökumenischen Bedeutung befragt werden.

0.2 Die wissenschaftssystematischen Voraussetzungen der Philosophischen Theologie als Fundamentaltheologie

0.2.1 Textgrundlagen und Methode der Interpretation

Die eigenen Schwierigkeiten der Interpretation liegen darin, daß aufgrund
der fragmentarischen Gestalt der Philosophischen Theologie auf philosophische und theologische Texte Schleiermachers zurückgegriffen werden muß,
von deren Voraussetzungen her sich allererst ein in sich konsistenter Argu-
mentationszusammenhang erschließen läßt. Gleichwohl kann damit nur
insoweit ein einheitlicher Entwurf der von Schleiermacher intendierten Philosophischen Theologie erreicht werden, als dies unter den Bedingungen
ihrer fragmentarischen Gestalt eben möglich ist. *Die Methode der Interpretation* der im folgenden angeführten Texte ist weder historisch, d.h. entwick-
lungsgeschichtlich, noch philologisch orientiert; sie intendiert auch nicht ein
bloß hermeneutisch-verstehendes Verfahren; vielmehr versucht sie auf argu-
mentativem Weg strenger Begriffsanalyse aus den verschiedenen Texten
jenen systematischen Gedankengang sichtbar zu machen und freizulegen,
von dem her sich die Sache selbst, d.h. das Wesen des christlichen Glaubens,
zur Darstellung bringen läßt.

---

[19] *R. Stalder*, a.a.O., X.
[20] Vgl. *B. Malfèr*, Das Handeln des Christen, Münsterschwarzach 1979; *E. Schrofner*, Theologie
als positive Wissenschaft, Frankfurt a. M. 1980.

Als Textgrundlage für die Interpretation dienen Schleiermachers program-matische Schrift der „Kurzen Darstellung des theologischen Studiums", die „Dialektik"-Entwürfe und die „Einleitungen" in die „Glaubenslehre". Hierzu sind einige Erläuterungen nötig.

Schleiermachers *Dialektik* liegt in mehreren Entwürfen und Vorlesungs-nachschriften vor. Die älteste Edition ist diejenige von L. Jonas aus dem Jahre 1839. Sie ist in der Ausgabe der „Sämtliche Werke" abgedruckt. Darin enthalten sind Schleiermachers Vorlesungen zur Dialektik von 1811, 1814, 1818, 1822, 1828 und 1831.[21] Neben der weiteren von J. Halpern 1903 herausgegebenen Edition[22] ist diejenige von R. Odebrecht aus dem Jahr 1942 zu nennen, auf die sich die vorliegende Arbeit hauptsächlich stützt. In der Odebrecht-Ausgabe ist der bei Jonas als „Beilage C" abgedruckte Text von 1822 als Anmerkung beigefügt[23]; dieser gilt als das authentischere Textmate-rial gegenüber den Editionen von Halpern und Odebrecht. Trotz vielfach ge-äußerter editorischer Bedenken[24] wurde der Text der Dialektik in der Ode-brecht-Ausgabe von 1822 ausgewählt, freilich unter Berücksichtigung nicht nur der Jonas-Edition aus dem gleichen Jahr, sondern zugleich mit wieder-holtem Rückgriff auf den von Jonas favorisierten Text von 1814, und, wenn es der schärferen begrifflichen Problemklärung dienlich war, auch auf den Entwurf von 1831.

Die Auswahl gerade der Texte der Dialektik von 1822 wurde getroffen, um für die Interpretation der „Einleitung" in die Glaubenslehre den Text der 1. Auflage von 1821/22, aufgrund seiner zeitlichen Nähe zu den Dialektik-Entwürfen von 1822, heranziehen zu können. Diese 1. Auflage der Glau-benslehre liegt seit kurzer Zeit als Band 7 der „Kritischen Gesamtausgabe" der Werke Schleiermachers vor.[25] Es lag nahe, diese erstmals zugängliche kriti-sche Ausgabe als Textgrundlage der Glaubenslehre–Interpretation, speziell ihrer „Einleitung", aufzunehmen. An denjenigen Textpassagen der 1. Auf-lage von 1821/22, denen für die vorliegende Fragestellung und Problemstel-

---

[21] Vgl. *F. Schleiermacher*, Dialektik, in: Sämtliche Werke, Abt. III, Bd. 4.2, hg. v. *L. Jonas*, Berlin 1839. Vgl. 1811 (J, 315–361), 1814 (J, 1–309), 1818 (J, 362–369; bzw. J, 1–309, Anm.), 1822 (J, 370–441 und O, Hs), 1828 (J, 442–479) und 1831 (J, 480–567).

[22] Schleiermachers Dialektik, hg. v. *J. Halpern*, Berlin 1903.

[23] Friedrich Schleiermachers Dialektik, hg. v. *R. Odebrecht*, Neudr. der Aufl. v. 1942, Darm-stadt 1976.

[24] Vgl. dazu *H. R. Reuter*, Die Einheit der Dialektik Friedrich Schleiermachers, München 1979, 25 ff.

[25] *F. Schleiermacher*, Der christliche Glaube, in: Kritische Gesamtausgabe, hg. v. *H. J. Birkner*, *G. Ebeling, H. Fischer, H. Kimmerle, K. V. Selge*, Abt. I, Bd. 7, 1-2, hg. v. *H. Peiter*, Berlin, New York 1980.

lung entscheidende Bedeutung zukam, wurde die 2. Auflage der Glaubenslehre von 1830, gleichsam als Schleiermachers Kommentar zur 1. Auflage
von 1821/22, miteinbezogen.[26] Ein vergleichendes Verfahren war jedoch
nicht intendiert, insofern die 1. Auflage die alleinige Textgrundlage bilden
sollte.

Die für die Philosophische Theologie programmatisch formulierten wissenschaftssystematischen Voraussetzungen enthält Schleiermachers „Theologische Enzyklopädie" der „Kurzen Darstellung". Diese liegt in der 1. Auflage von 1811 und der im folgenden berücksichtigten 2. Auflage von 1830
vor.[27] Die inhaltlichen Unterschiede können jedoch vernachlässigt werden.

Die Absicht der vorliegenden Arbeit, Schleiermachers Philosophische
Theologie aufgrund ihrer fragmentarischen Gestalt in einer systematischen
Interpretation von ihren philosophischen Voraussetzungen her als theologi-
sche Grundwissenschaft zu explizieren, machte eine intensive Auseinandersetzung mit den genannten *Primärtexten Schleiermachers* zwingend. Von
daher erfolgte ein weitgehender Verzicht auf eine Wiederholung des in der
Schleiermacher-Forschung bereits eingehend erörterten Verhältnisses von
Philosophie und Theologie. Darüberhinaus beschränke ich mich auf für die
Orientierung notwendige Verweise. Der mit der Diskussion der Schleier-
macher-Literatur vertraute Leser wird anhand unserer eingehenden Interpretation der Primärtexte unschwer Übereinstimmung und Absetzung, bzw.
Kritik feststellen können. Im Anmerkungstext wird daher lediglich ver-
merkt, was in der Sekundärliteratur für unsere Fragestellung nach der Bedeutung des Gottesbegriffs für das Verhältnis von Glauben und Wissen von
Belang schien. Eine Auseinandersetzung mit in der Schleiermacher-
Forschung schon oft verhandelten Detailproblemen, die man andernorts
bereits nachlesen kann, war daher nicht beabsichtigt.

0.2.2 Die theologische Enzyklopädie

Die Absicht dieser Ausführungen geht dahin, von Schleiermachers theologischer Enzyklopädie der „Kurzen Darstellung" her eine erste Einführung in
wissenschaftssystematische Zusammenhänge der Philosophischen Theologie zu geben; zugleich soll in wesentlichen Punkten auf Übereinstimmungen
heutiger fundamentaltheologischer Denkentwürfe mit Schleiermachers pro-

---

[26] *F. Schleiermacher,* Der christliche Glaube, Kritische Ausgabe, hg. v. *M. Redeker,* 2 Bd. Berlin,
     [7]1960.
[27] *F. Schleiermacher,* Kurze Darstellung des theologischen Studiums zum Behuf einleitender
     Vorlesungen, Kritische Ausgabe, hg. v. *H. Scholz,* Hildesheim, [4]1961.

grammatischem Entwurf einer Philosophischen Theologie, wenigstens andeutungsweise, hingewiesen werden. Ausdrücklich sei an dieser Stelle auf die kenntnisreiche Arbeit von Stalder verwiesen, der sich in seiner Darstellung ganz auf Schleiermachers wissenschaftssystematische Programmatik der „Kurzen Darstellung" konzentriert, von der her er den fundamentaltheologischen Charakter der Philosophischen Theologie behauptet. Eine systematisch-sachlich eingehende Erörterung der Philosophischen Theologie kann allerdings erst von einer Interpretation der „Einleitung" in die Glaubenslehre her in Angriff genommen werden. Schleiermachers „Einleitung" enthält in ihrer zweiten Auflage (1830) die Unterteilung durch jene berühmt gewordenen „Lehnsätze": „Zum Begriff der Kirche. Lehnsätze aus der Ethik (§§ 3–6)"; „Von den Verschiedenheiten der frommen Gemeinschaften überhaupt. Lehnsätze aus der Religionsphilosophie (§§ 7–10)"; „Darstellung des Christentums seinem eigentümlichen Wesen nach. Lehnsätze aus der Apologetik (§§ 11–14)". Gegenüber der Abfassung der ersten Auflage der Glaubenslehre (1821/22), die die Textgrundlage der vorliegenden Interpretation bildet, besteht keine inhaltliche Differenz. Seine strukturell-formale Umgestaltung der „Einleitung" der zweiten Auflage gegenüber der ersten Auflage begründet Schleiermacher mit dem Hinweis, daß Dogmatik und „Einleitung" deutlich voneinander abzuheben seien, da die *Einleitung* als *besondere theologische Disziplin* mit denjenigen allgemeinen Wissenschaften, an welche sie sich ihrer wissenschaftlichen Form wegen vorzüglich zu halten hat" auf spezifische Weise zusammenhängt.[28] Die weitreichende Bedeutung dieser Aussage ist im folgenden eingehend zu erörtern. Jeder Versuch einer Schleiermacher-Interpretation muß vor einer inhaltlichen Auseinandersetzung den systematischen Ort der oben genannten Disziplinen im Gesamtkontext des Schleiermacherschen Denkens angeben, will er sich nicht vorab – wie noch zu zeigen sein wird – grundlegenden Mißverständnissen ausgeliefert sehen.[29]

Es ist daher unumgänglich, Schleiermachers „Kurze Darstellung des theologischen Studiums" heranzuziehen. In ihr entwirft Schleiermacher eine

---

[28] Schleiermachers Sendschreiben über seine Glaubenslehre an Lücke, hg. v. *H. Mulert*, Gießen 1908, 40.

[29] Vgl. hierzu *H. J. Birkner*, Theologie und Philosophie, München 1974, 20f. H. J. Birkners kleine Schrift, die den Untertitel „Einführung in Probleme der Schleiermacher-Interpretation" trägt, gilt es ausdrücklich hervorzuheben. Mit dieser Einführung läßt sich ein erster Überblick und Einstieg in die Schleiermacher-Rezeptionsgeschichte gewinnen. Vgl. auch *H. J. Birkner*, Schleiermachers christliche Sittenlehre im Zusammenhang seines philosophisch-theologischen Systems, Berlin 1964, 30ff.

„theologische Enzyklopädie"[30], deren Gliederung der theologischen Wissenschaften zugleich die funktionalen Bezüge der einzelnen theologischen Disziplinen bestimmt.

Ohne auf Einzelheiten und Problemfelder einer sich nicht inhaltlich,
sondern ausschließlich funktional verstehenden theologischen Enzyklopädie
eingehen zu können[31] und ohne die wissenschaftstheoretische Einordnung
der Theologie innerhalb Schleiermachers allgemeiner Wissenschaftssystematik in ihren Konsequenzen zu diskutieren, sollen im folgenden nur die
wissenschaftssystematischen Voraussetzungen der „Einleitung" in die Glaubenslehre angeführt werden. Es geht dabei um die Legitimation der Einordnung der „Einleitung" in den Grundriß der theologischen Wissenschaften.
Im Blick auf die Fragestellung von *Glauben und Wissen* kommt, wie sich
zeigen wird, Schleiermachers Theorie der wissenschaftlichen Vorausetzun-
gen der Theologie für die Interpretation der „Einleitung" in die Glaubenslehre entscheidende methodische und thematische Bedeutung zu.

Schleiermacher bestimmt in der „Kurzen Darstellung" die Theologie als
eine *„positive Wissenschaft"*[32], deren spezifischer Charakter darin liegt, daß die
Einheit ihrer verschiedenen Disziplinen nur durch die Beziehung auf den
christlichen Glauben und die Kirche gegeben ist. Ohne diese, wie Schleiermacher es nennt, Beziehung auf das „Kirchenregiment", hören die verschiedenen theologischen Disziplinen auf, „theologische zu sein, und fallen der
Wissenschaft anheim, der sie ihrem Inhalte nach angehören".[33] Theologie als
„positive Wissenschaft" fungiert daher im Kontext der Wissenschaftssystematik Schleiermachers nicht als Einzelwissenschaft neben anderen, sondern
ist als Zusammenfassung verschiedener wissenschaftlicher Disziplinen zu
verstehen, die allein durch ihre Zugehörigkeit zur Kirche legitimiert ist. Es ist
einsichtig, daß die Wissenschaftlichkeit der Theologie gerade in dieser Verbindung mit den jeweiligen wissenschaftlichen Fachdisziplinen gründet, die
theologisch-ekklesiologische Bestimmung aber ihre Wissenschaftlichkeit
nicht einschränkt, sondern nur die Aufgabenbereiche angibt, von denen her
und für die die Organisation der Theologie notwendig ist. Nur angemerkt
sei, daß die wissenschaftliche Gestaltung der Theologie natürlich im Zusammenhang der neuzeitlichen Universitätsgeschichte und der damit gegebenen
Entwicklung der Theologischen Fakultäten gesehen werden muß. Mit diesen
Hinweisen wird Schleiermachers Grundriß der theologischen Wissenschaf-

---

[30] KD, § 18.
[31] Vgl. *H. J. Birkner*, Theologie, a.a.O., 27.
[32] KD § 1.
[33] KD § 6.

ten, wie er in seiner „Kurzen Darstellung des theologischen Studiums" vorliegt, verständlich: Philosophische Theologie (§§ 32–68), historische Theologie (§§ 69–256) und praktische Theologie (§§ 257–338) stellen die Gliederungsstruktur der Theologie als „positiver Wissenschaft" dar. In den §§ 24–31 ist die gegenseitige Zuordnung der einzelnen Disziplinen im Gesamtkontext formuliert.

Unser Interesse gilt ausschließlich der Philosophischen Theologie, die Schleiermacher in die Bereiche „Apologetik" als „Bestimmung des Wesens des Christentums" und „Polemik" als „Kritik seiner empirischen Trübungen" aufteilt. Vergleicht man an dieser Stelle die programmatischen Äußerungen Schleiermachers mit denjenigen von Drey, so fällt dessen eindeutige Anlehnung an Schleiermacher auf. „Die Grundlegung zur wissenschaftlichen Theologie ist also ihrem Geiste nach eine philosophische Construction des Wesens des Christentums; ihrer Richtung nach apologetische Theologie, in welcher unterschieden werden kann die gewöhnlich sogenannte Apologetik von der Polemik".[34] Für unsere Frage nach der wissenschaftssystematischen Bedeutung der „Einleitung" in die Glaubenslehre ist der Hinweis Schleiermachers von erheblicher Tragweite, daß die Philosophische Theologie, bei Drey „philosophische Construction" genannt, ihre eigentliche Ausführung als theologische Disziplin noch nicht gefunden hat. Hierzu seien zwei nähere Beobachtungen angeführt.

In § 68, mit dem Schleiermacher seine Betrachtungen über die Philosophische Theologie beschließt, gibt er die Apologetik betreffend zu, daß „die hierher gehörigen Sätze nicht ohne bedeutenden Nachteil für die klare Übersicht des ganzen Studiums in den Einleitungen zur Dogmatik ihren Ort fanden".[35] Schleiermacher läßt keinen Zweifel aufkommen, daß der „oft verworrene Zustand der theologischen Disziplinen"[36] auf das Fehlen einer als Disziplin ausgebildeten Philosophischen Theologie zurückzuführen ist. Birkner hat daher zurecht gesagt, daß es sich „nicht um eine Fundierung der Theologie in der Philosophie handelt . . ., sondern um die Fundierung der von Schleiermacher als historisch-theologische Disziplin verstandenen Glaubenslehre in der Philosophischen Theologie".[37] Die grundlegende Bedeutung und fundierende Funktion der Philosophischen Theologie für die gesamte Theologie gilt es daher besonders herauszustellen.

---

[34] *J. S. Drey*, Kurze Einleitung in das Studium der Theologie, a.a.O., 153 f.
[35] KD, § 68, Anm.
[36] KD, § 29, Anm.
[37] *H. J. Birkner*, Theologie, a.a.O., 34.

Eine weitere Beobachtung gilt es im System der theologischen Wissenschaften hervorzuheben. Der Zusammenhang, in den nach Schleiermachers Verständnis die Dogmatik gehört, ist die historische Theologie, die selbst nur die „Bewährung der philosophischen Theologie"[38] sein soll. Da das ganze theologische Studium eigentlich mit der noch nicht ausgebildeten Disziplin der Philosophischen Theologie beginnen sollte, kann diese nur „fragmentarisch mit der historischen Theologie gewonnen werden"[39], d.h. in unserem Zusammenhang: nur in der Dogmatik als Teil der historischen Theologie läßt sich der schon „in ziemlicher Vollständigkeit bearbeitete"[40] Stoff der Philosophischen Theologie finden. Damit legitimiert sich vom System der theologischen Wissenschaften her unsere Annahme, Schleiermachers „Einleitung" in die Dogmatik in ihrer Funktion eines Entwurfs der Philosophischen Theologie aufzunehmen.

Es ist die Absicht der vorliegenden Arbeit, Schleiermachers Philosophische Theologie der „Einleitung" in die Glaubenslehre von der Interpretation her in ihrem fundamentaltheologischen Charakter im spezifischen Verständnis katholischer Theologie zu erschließen. Die thematischen und methodischen Rahmenbestimmungen der Philosophischen Theologie Schleiermachers sollen sich dementsprechend als kongruent erweisen mit Themenbereichen, die in der Fundamentaltheologie in der traditionellen „Analysisfidei"-Lehre und den „praeambula fidei" verhandelt werden. Die inhaltliche Interpretation dieser Themenkreise muß in Auseinandersetzung mit dem Text der „Einleitung" der ersten Auflage (1822) erfolgen.

Zunächst ist daher zu zeigen, in welcher Weise Schleiermacher in seiner „Kurzen Darstellung des theologischen Studiums" die wissenschaftstheoretische Funktion der „philosophischen Ethik", der „Religionsphilosophie", und der „Apologetik" angibt.

In § 21 der „Kurzen Darstellung" und in den §§ 32 und 35 als näherer Erläuterung von § 21 umreißt Schleiermacher das wissenschaftstheoretische Programm seiner Philosophischen Theologie. Diese steht zunächst im Begründungszusammenhang der Einheit des Wissens, den Schleiermachers philosophische Theorie, die „Dialektik" entwirft. In ihrer Ausrichtung auf ihre eigenen Bedingungen ist die Philosophie selbst Teil jenes alles umfassenden „Urwissens" als dem Prinzip und Zusammenhang allen Wissens. Alle Formen des Wissens – die theologischen Wissenschaften etwa – nehmen sich aufgrund dieser Einheit selbst als Teil im Gesamtzusammenhang des

---

[38] KD, § 27.
[39] KD, § 29.
[40] KD, § 24.

Wissens aus. Von daher ist dann zu verstehen, daß Schleiermachers Philosophische Theologie, in der ihr eigenen Begriffsbestimmung, „philosophische Ethik" und „Religionsphilosophie" enthält.[41] Wie bestimmen sich nun die Disziplinen „philosophische Ethik" und „Religionsphilosophie", die die Grundlagen von Schleiermachers „Apologetik" bilden?

Die „philosophische Ethik" stellt nach dem Verständnis Schleiermachers den allgemeinen Begriff der Kirche auf, d. h. sie untersucht das allgemeine Wesen der Frömmigkeit, das die Basis jeder kirchlichen Gemeinschaft darstellt. Auch hier ist der bei Schleiermacher immer gegebene ekklesiologische Bezug grundlegend. Genauerhin zielen Schleiermachers Untersuchungen auf eine philosophische Bestimmung der Notwendigkeit des Glaubens für den Menschen, ohne dadurch jedoch den Glauben als Glauben, d. h. den Glauben, der allein in der Offenbarung Gottes (sie sei als ursprüngliche oder übernatürliche Offenbarung gedacht) begründet liegt, ins philosophische Wissen aufzuheben oder vom philosophischen Denken her begründen zu wollen. Schleiermacher verlangt daher, daß das „Wesen der Frömmigkeit" als ein für das menschliche Leben „notwendiges Element"[42] ausgewiesen werden muß, soll die Glaubenswirklichkeit nicht als bloß zufälliges Lebenselement angesehen werden können.

In der Frage nach der ökumenischen Bedeutung der Philosophischen Theologie Schleiermachers ist daran zu erinnern, daß die Frage nach der *anthropologischen Notwendigkeit des Glaubens* im ausdrücklichen Zusammenhang mit der Religionskritik des *neuzeitlichen Atheismus* steht. Im § 22 der „Kurzen Darstellung" heißt es: „Wenn fromme Gemeinschaften nicht als Verirrungen angesehen werden sollen: so muß das Bestehen solcher Vereine als ein für die Entwicklung des menschlichen Geistes notwendiges Element nachgewiesen werden können".[43] Und die Anmerkung zu diesem Paragraphen betont dann ausdrücklich: „Die Frömmigkeit selbst ebenso ansehen ist der eigentliche Atheismus"[44], d. h. Frömmigkeit, Glauben als Verirrung des menschlichen Geistes anzusehen, ihm die Notwendigkeit zu bestreiten. Die „Dialektik" Schleiermachers zielt in ihrem *philosophischen Gottesbegriff* letzt-

---

[41] Vgl. zum Verständnis von Schleiermachers „philosophischer Ethik" vor allem *R. Stalder* (a.a.O., 128–300), der seine Ausführungen überschreibt mit der Frage: „Christliche Philosophie oder Gnosis?" Darin kommt die Intention der Arbeit Stalders zum Ausdruck, die nicht Schleiermachers Philosophie zur Darstellung bringen will, „wohl aber ihre Christlichkeit" (a.a.O., 191).

[42] KD, § 22.

[43] A.a.O.

[44] KD, § 22, Anm.

lich gegen den Atheismus, dem sie den Begriff des transzendenten Grundes *als notwendige Bedingung menschlichen Wissens* entgegenhält.[45]

Schleiermachers Ansatz richtet sich aber auch, dies wird in der Interpretation deutlich zu machen sein, zum einen gegen die Anmaßungen des Rationalismus, der letztlich eine Auflösung der Geschichtlichkeit des Glaubens, d.h. der Kontinuität mit dem geschichtlichen Anfang in Christus mit sich bringt, insofern allgemeine Wahrheiten der Vernunft zum Kriterium der Wahrheit des geschichtlichen Glaubens erhoben werden; darüber hinaus richtet sich Schleiermacher gegen den Supranaturalismus der Theologie seiner Zeit[46], der sich mit einer bloß „empirischen Auffassung" des Glaubens begnügt, dabei jedoch nicht versteht, daß es ein Wissen um das Christentum nicht gibt „ohne das Wesen der Frömmigkeit und der frommen Gemeinschaften im Zusammenhang mit den übrigen Tätigkeiten des menschlichen Geistes"[47] zu bedenken. Mit dieser Aussage erweist sich Schleiermachers „philosophische Ethik" als anthropologische Theorie und manifestiert mit der Behauptung der Notwendigkeit des Glaubens für den Menschen den fundamentaltheologischen Charakter der Philosophischen Theologie. Mit diesen zugegeben sehr knappen Bemerkungen wird allerdings unmittelbar einsichtig, daß Schleiermachers Fragestellung ein zentrales Problem katholischer Fundamentaltheologie aufgreift, das, wie Söhngen sagt, „als Frage nach Offenbarung überhaupt zu verstehen (ist), als erste Eröffnung der Möglichkeit einer Offenbarung von Gott an den Menschen."[48] Es wird von daher notwendig sein, von Schleiermachers „Dialektik" her die *Bedeutung einer philosophischen Anthropologie für die fundamentaltheologische Fragestellung der Philosophischen Theologie* aufzuweisen.

Neben der „philosophischen Ethik" greift die „Religionsphilosophie" Themenbereiche der Fundamentaltheologie auf. Ihre letzte Bestimmung erfährt die „Religionsphilosophie" nämlich darin, daß sie in den Dienst der „Apologetik" gestellt wird, „das Wesen des Christentums in seinem Gegensatz gegen andere Glaubensweisen und Kirchen"[49] herauszuarbeiten, um die wesentlichen Unterscheidungsmerkmale des christlichen Offenbarungsglaubens für die „Apologetik" zu gewinnen.

---

[45] Vgl. Teil 1 (Die philosophische Gotteslehre der Philosophischen Theologie).

[46] Vgl. *R. Stalder* (a.a.O., 1–46), der eingehend Schleiermachers Verhältnis zu Rationalismus und Supranaturalismus erörtert.

[47] KD, § 21.

[48] *G. Söhngen*, a.a.O., 454.

[49] KD, § 21.

In seinen Ansätzen zu einer „evangelischen Fundamentaltheologie" nimmt W. Pannenberg ausdrücklich auf die hier angedeutete Problemstellung Bezug. Nach Pannenberg ist die Fundamentaltheologie jene Disziplin der Theologie, „die auf dem Boden der allgemeinen Religionsproblematik die Besonderheit der christlichen Offenbarung zu bestimmen sucht, so wie es Schleiermacher der von ihm konzipierten fundamentaltheologischen Disziplin einer Philosophischen Theologie als Aufgabe gestellt hat".[50] Wir müssen uns hier auf diesen Hinweis auf Pannenberg beschränken, mit dem ohnehin nur deutlich werden soll, welche Bedeutung das Denken Schleiermachers in der Ausbildung einer Disziplin „evangelischer Fundamentaltheologie" einnimmt.

Von weitreichender Bedeutung für die Philosophische Theologie sind die methodischen Reflexionen, in denen Schleiermacher das vergleichende Verfahren der „Religionsphilosophie" als „kritischer Disziplin"[51] bestimmt. Es besteht darin, die Vermittlung des geschichtlich Gegebenen mit dem spekulativ Gedachten zu leisten. Schleiermacher wehrt damit ein Mißverständnis ab, das geschichtliche Betrachtung der Religionen und spekulative Betrachtung zu trennen versucht: „Die lebendige Darstellung dieser Idee (der Religion) muß auch das Gebiet des Veränderlichen darin nachweisen, welches die Keime alles Individuellen enthält".[52] Die allgemeinen Bestimmungen des Wesens der Religion sind demnach als allgemeine nur durch Abstraktion von der konkreten Erscheinungsvielfalt individueller Religionen zu gewinnen. Mit dieser methodischen Vorgehensweise gelingt es Schleiermacher, den unauflösbaren Zusammenhang von Allgemeinem und Besonderem zu betonen und zugleich „philosophische Ethik" und „Religionsphilosophie" zu verbinden. Das allgemeine Wesen der Religion ist, weil durch Abstraktion allein gewonnen, immer schon latent konkret, d. h.: in der religionsphilosophischen Methode, die phänomenologisch einsetzt und auf eine allgemeine Bestimmung zielt, ist die allgemein-anthropologische Struktur latent immer schon als mit dem Besonderen vermittelt begriffen. Das „Gebiet des Veränderlichen", wie Schleiermacher es nennt, d. h. die Dimension des geschichtlich Individuellen soll im allgemeinen Begriff der Religion mit aufgenommen sein.

In der philosophischen Reflexion auf das Faktum der Religionen soll damit der geschichtliche Horizont als Ausgangspunkt mit der allgemeinen philosophischen Reflexion vermittelt sein.[53] Ein allgemeiner Begriff von Frömmig-

---

[50] W. *Pannenberg*, Wissenschaftstheorie, 328.
[51] KD, § 32.
[52] KD, § 24 (1. Aufl. 1811) = KD, § 23, Erg. v. mir.
[53] Vgl. zur Problematik R. *Stalder*, a.a.O., 57 ff.; K. *Rahner*, Hörer, a.a.O., 19, Anm.

keit soll so entwickelt werden, der nicht allein a priori konstruiert ist und die
geschichtliche Wirklichkeit der Religion dann nicht mehr treffen kann;
vielmehr ist Schleiermacher der Überzeugung, daß ein vergleichendes Verfahren geschichtlich gegebene Religionen nur begreifen kann, wenn dieses
Verstehen „zusammengesetzt (ist) aus Gefundenem und Vorausgesetztem“.[54]
Zur vergleichenden Unterscheidung des Veränderlichen und Zufälligen vom
Wesentlichen und Gleichbleibenden in den Religionen muß aber von einem
vorauszusetzenden „allgemeinen Begriff der Frömmigkeit“[55] ausgegangen
werden, der allen Glaubensweisen zugrunde liegt. Dieser allgemeine Grundbegriff muß jedoch, obiger Forderung entsprechend, als ein solcher ausgewiesen werden, der die Vielfalt der Eigentümlichkeit der Religionen in sich
miteinbegreift und demnach Frömmigkeit als „ein geschlossenes Ganzes
nachzuweisen“[56] fähig ist.

Obwohl Schleiermacher eine nähere Ausführung des vergleichenden Verfahrens der „kritischen Disziplin“ der „Religionsphilosophie“ nicht vorgelegt
hat, werden wir auf diese *Methode kritischer Ermittlung allgemeiner Prinzipien*
wiederholt zu sprechen kommen. Es sei an dieser Stelle auch vorgreifend
darauf verwiesen, daß die Vermittlung von spekulativem Wissen und empirischem Wissen in Schleiermachers Philosophie ausdrücklich im Zusammenhang der Frage nach der Wahrheit des Wissens verhandelt wird. Die „komparative Kritik“[57] vertritt im Prozeß des Wissens in der Vermittlung von
Allgemeinem und Besonderem die noch nicht erreichbare Wahrheit des
Wissens als der Einheit von Denken und Sein, von spekulativem Wissen und
empirischem Wissen. Die Methode kritischer Ermittlung, d. h. der komparati-
tiven Kritik von geschichtlich Gegebenem und spekulativ Gedachtem läßt
demnach nur die relative Einheit dieser Gegensätze zu, d.h. nur einen
relativen Begriff konkreter Allgemeinheit.

Es sei an dieser Stelle kurz auf die wirkungsgeschichtliche Bedeutung
Schleiermachers für katholisch-fundamentaltheologisches Denken hingewiesen. Das vergleichende Verfahren von ideellem Wissen und geschichtlichem
Wissen findet sich in der Katholischen Tübinger Schule bei Staudenmeier in
ganz analoger Weise. In dessen „Encyklopädie der theologischen Wissenschaften als System der gesamten Theologie“ heißt es in § 181: „Geht die
reine Spekulation voran, die sich allein an die *Idee der Religion* hält, so kann
diese Idee ohne vorausgegangene Offenbarung in Christus nicht die Idee der

---

[54] 1. Aufl. § 6, 3 I, 21, 31.
[55] 1. Aufl. § 7, 1 I, 23, 20.
[56] 1. Aufl. § 7, 2 I, 24, 7.
[57] O, 273.

christlichen Religion sein. Wir aber beschäftigen uns mit der Religion, die in Christus und durch ihn sich gestaltet hat, was eben ihren *positiven* Charakter ausmacht. Unabhängig von der Erscheinung des Wesens gibt es keine Erkenntnis der christlichen Religion, folglich kann man auch nicht an und für sich von ihrer Idee ausgehen, ohne daß diese vorher geoffenbart wäre, und wenn man die christliche Religion als die absolute und das Erkennen in ihr als die absolute Selbsterkenntnis der Religion ansetzt, so kann dies nur den Sinn haben, daß in Christus die *absolute Wahrheit* offenbar geworden ist, keineswegs aber den, daß wir *vor der geschichtlichen Erscheinung des Wesens die Idee* gehabt hätten, die sich geschichtlich in Raum und Zeit in die Endlichkeit entäußert. Nie kommt die Philosophie durch sich selbst zum Christentum und zur absoluten Idee der Religion desselben".[58] Mit diesem Zitat ist bereits eine erste Überleitung gegeben zu Schleiermachers apologetischem Verfahren in der Bestimmung des Wesens des Christentums, insofern die Vermittlung von Idee und Geschichte, allgemeinem Begriff der Frömmigkeit und geschichtlichem Offenbarungswissen das methodische Zentralproblem darstellt.

Das „kritische Verfahren" von Schleiermachers Philosophischer Theologie erreicht in der Vermittlung von „philosophischer Ethik" und „Religionsphilosophie" alle „leitenden Begriffe"[59], die für eine wissenschaftlich-theologische Auseinandersetzung in der Bestimmung des Wesens des Christentums notwendig sind. Eine Schlichtung anstehender Kontroversen gelingt nämlich nach Schleiermacher erst dann, wenn man einsieht, daß die Verschiedenheiten innerhalb der Kirchengemeinschaften mit einer „ursprünglichen Differenz in der Auffassung des Christentums selbst zusammenhängen".[60] Schleiermachers „Einleitung" in die Glaubenslehre als Entwurf der Philosophischen Theologie erhält so unbezweifelbar die Bedeutung einer theologischen Grunddisziplin, haben doch, wie es heißt, „alle theologischen Prinzipien in diesem Teile des Ganzen ihren Ort".[61] Die Bedeutung der Philosophischen Theologie als „Wurzel der gesamten Theologie"[62] Schleiermachers, der gleichzeitig enge Bezug der Philosophischen Theologie zu den außertheologischen Wissenschaften, und schließlich die grundlegende Verwiesenheit der Philosophischen Theologie auf den „Stoff der historischen

---

[58] *F. A. Staudenmaier,* Encyklopädie der theologischen Wissenschaften als System der gesamten Theologie, Nachdr. von Bd. I der 2. Aufl. von 1840, Frankfurt a. M. 1968, 82 f.
[59] KD, § 252, Anm.
[60] KD, § 253, Anm.
[61] KD, § 67, Anm.
[62] KD, § 26 (1. Aufl.) = KD, § 24.

Theologie"[63], d. h. auf dasjenige, was im Christentum geschichtlich ist, zeigt zugleich an, und dies ist für die systematische Fragestellung der vorliegenden Arbeit insgesamt wesentlich, daß für Schleiermacher das *Problem von geschichtlichem Glauben und spekulativem Wissen zentrale Bedeutung* gewinnt. „Da die philosophische Theologie eines jeden wesentlich die Prinzipien seiner gesamten theologischen Denkungsart in sich schließt"[64], liegt sie anderen theologischen Wissenschaften zugrunde. Die tragenden Grundprinzipien theologischen Denkens bestimmen die *Philosophische Theologie als allgemeine theologische Prinzipienlehre,* von der her die Differenzen im Verständnis der Offenbarung geklärt werden sollen. Aufgrund letzter Strukturprinzipien entwirft Schleiermacher, so wird jetzt sichtbar, die „geschichtliche Anschauung des Christentums"[65], die weder aus bloßer Feststellung historischer Tatsachen noch aus bloßer Konstruktion a priori, sondern allein in kritischer Ermittlung und Vermittlung erreichbar ist.

„Von diesen Grundlagen aus"[66] wird die die fundamentaltheologische Tradition aufgreifende Aufgabe der „Apologetik" – als Zielbestimmung von Schleiermachers Philosophischer Theologie – verständlich. Zunächst sei jedoch die *ökumenische Bedeutung der fundamentaltheologischen Fragestellung Schleiermachers* noch einmal hervorgehoben.

Als „theologische Kategorienlehre"[67] will auch Söhngen die Fundamentaltheologie verstanden wissen, wenn er diese bestimmt als „die *theologische Grundwissenschaft,* der es obliegt, für den Bereich der Theologie als Offenbarungs- und Glaubenswissenschaft die ‚Grundlagenbesinnung‘ oder ‚*Grundlagenforschung*‘ zu versuchen, entsprechend der allgemeinen und je besonderen ‚Fundamentalontologie‘ für die Wissenschaft überhaupt und für die einzelwissenschaftlichen ‚Regionen‘".[68]

Von weit größerem Gewicht ist ein Hinweis Ebelings, der sich im übrigen ausdrücklich auf Söhngen und Rahner bezieht. Ebeling konstatiert bei Schleiermacher einen Bruch mit der altprotestantisch-theologischen Prinzipienlehre. „Nicht die theologische Prinzipienlehre in herkömmlicher Gestalt zu stützen, sondern sie neu zu konzipieren, wird nun Sache der Apologetik. Sie ist geradezu an die Stelle der Lehre von der Schrift getreten. Statt der

---

[63] KD, § 65; vgl. dazu KD, §§ 32, 35.

[64] KD, § 67.

[65] KD, § 65.

[66] KD, § 24.

[67] *G. Söhngen,* a.a.O., 456; vgl. dazu, daß die Philosophische Theologie „es großenteils mit Begriffsbestimmungen zu tun hat" (KD, § 24).

[68] *G. Söhngen,* a.a.O., 452, Herv. v. mir.

Statuierung der Schriftautorität steht der kritische Aufweis des Wesens des Christentums am Anfang".[69] Auch in gegenwärtigen Entwürfen „evangelischer Fundamentaltheologie", etwa bei Joest, ist dieses von Ebeling bei Schleiermacher festgestellte neue Konzept einer theologischen Prinzipienlehre hervorgehoben worden. So bemerkt M. Seckler in seinem Artikel „Evangelische Fundamentaltheologie. Erwägungen zu einem Novum aus katholischer Sicht" einen, wie er es nennt, „Übergang von der formalen Letztgeltung der Autorität der heiligen Schrift in die Offenheit und Bodenlosigkeit eines diese Geltung methodologisch nicht mehr ansetzenden Denkens".[70]

Aus diesen Hinweisen läßt sich entnehmen, daß die Herausforderung und Infragestellung der Theologie und der Grundlagen des Glaubens durch die neuzeitliche Religionskritik die gesamte Theologie, d.h. katholische und evangelische Theologie, nicht nur in der Periode Schleiermachers, so läßt sich heute sagen, zu einer gemeinsamen Grundlagenbesinnung und Grundlagenforschung veranlaßt. Es ist daher wohl mehr als legitim, ja notwendig, in der Fundamentaltheologie eine gemeinsame Erörterung theologischer Grundfragen in Angriff zu nehmen.

In welcher Weise fundamentaltheologische Schwerpunkte und Problemstellungen in Schleiermachers theologischer Grundwissenschaft der Philosophischen Theologie entwickelt sind, schließlich in welch enger sachlicher Verbindung Schleiermachers Philosophische Theologie und seine Dialektik, als Ontologie des Wissens stehen, um in der Auseinandersetzung mit der atheistischen Religionskritik bestehen zu können, dies soll die folgende Arbeit in ihrem Gesamt näherhin ausführen, *indem sie vom Gottesbegriff her die Vermittlung von Glauben und Wissen in Schleiermachers Philosophischer Theologie zu rechtfertigen und zu legitimieren sucht.*

Abschließend sei nun Schleiermachers Begriff der „Apologetik" von den genannten Voraussetzungen her kurz umrissen. Schleiermacher nennt zunächst neben dem apologetischen Teil der Philosophischen Theologie die „Polemik" als ihr zugehörig. Für unseren Zusammenhang ist die spezielle Aufgabe der „Polemik", die ohnehin von Schleiermacher nicht näher ausgeführt ist, von untergeordnetem Interesse.[71] Ist die „Apologetik" nach außen gerichtet, so fällt der „Polemik" die Aufgabe zu, in der Kirchengemeinschaft auftretende Kontroversen über das eigentlich Christliche klären zu helfen.

---

[69] *G. Ebeling*, a.a.O., 494.

[70] *M. Seckler*, Evangelische Fundamentaltheologie. Erwägungen zu einem Novum aus katholischer Sicht, in: ThQ 155 (1975), 287.

[71] Vgl. KD, §§ 40–42, 54–63.

„Apologetik" und „Polemik" als Disziplinen der Philosophischen Theologie können jedoch nur leisten, was ihnen obliegt, und darin liegt ihre gemeinsame Ebene, wenn ihnen eine „richtige Darstellung von dem Wesen des Christentums"[72] zugrundeliegt, deren „Anwendung den polemischen Teil der philosophischen Theologie"[73] bildet. Im Text der Glaubenslehre ist dabei auffällig, daß die knappen Hinweise zur speziellen Apologetik des Protestantismus nicht in den Sätzen zur „allgemeinen Apologetik" enthalten sind, vielmehr ausgesondert und abgehoben zum „dogmatischen Stoff"[74] gerechnet werden. In der Orientierung an den Grundlagen des christlichen Glaubens beschränkt sich unser Interesse daher auf den Kontext der „Lehnsätze", allerdings in der noch offenen Form der 1. Auflage (1821/22).

In der „allgemeinen Apologetik" geht es nach Schleiermacher letztlich darum, die „Überzeugung von der Wahrheit" des Christentums „zur Anerkenntnis zu bringen".[75] Es ist offensichtlich, daß die *Frage nach der Wahrheit des christlichen Glaubens* in der Disziplin einer Philosophischen Theologie aufs engste mit dem Begriff der Wahrheit, den die Vernunft beansprucht, in Zusammenhang stehen muß, insofern Schleiermachers Philosophie das Zentralproblem der Frage nach der Wahrheit allen Wissens stellt. Eine Theologie, die sich der Wahrheitsfrage der Philosophie gleichgültig gegenüber verhielte, ließe sich letztlich in der Beliebigkeit und der bloß zufälligen Subjektivität ihres Glaubensanspruchs für überflüssig, d. h. irrelevant erklären. Ohne sein theologisches Denken in Philosophie aufzulösen, hat Schleiermacher – trotz aller kritisch geltend zu machenden Einwände – den Herausforderungen neuzeitlichen Denkens theologisch fundierte Antworten entgegenzustellen gewußt, die allein durch seine Auseinandersetzung mit philosophischem Denken ermöglicht wurden.

Von daher wird verständlich, weshalb Schleiermacher die „Notwendigkeit einer wissenschaftlichen Auskunft"[76] in der anstehenden Streitfrage des Christentums betont. Im § 33 der „Kurzen Darstellung" heißt es: „Die philosophische Theologie kann daher ihren Ausgangspunkt nur über dem Christentum in dem logischen Sinn des Wortes nehmen, d. h. in dem allgemeinen Begriff der frommen oder Glaubensgemeinschaften".[77] Der Standpunkt „über dem Christentum" bedeutet somit für das Programm einer Philosophischen

---

[72] KD, § 40.
[73] a.a.O.
[74] 2. Aufl. I, 127 ff.
[75] KD, § 39.
[76] 1. Aufl. § 6, 1 I, 21, 20.
[77] KD, § 33.

Theologie, daß in ihr die Frage nach der Wahrheit des christlichen Glaubens zentrale Bedeutung gewinnt, die sich nicht in einer subjektiven „Gefühlsantwort"[78] beantworten läßt. Es ist dabei Schleiermachers Grundüberzeugung, „daß der Irrtum nie für sich ist, sondern immer nur an der Wahrheit".[79]

Angesichts der Rezeptions- und Wirkungsgeschichte Schleiermachers kommt dieser Feststellung besonders Gewicht zu, bildet doch die Abwehr jeglichen philosophischen Einflusses auf die Theologie einen Grundtypus der Schleiermacherinterpretation.[80] Demgegenüber macht Schleiermacher seine theologischen Überlegungen ganz ausdrücklich fest – und darin folgt ihm die vorliegende Interpretation – an den philosophischen Wissenschaften der „Ethik", die letztlich aus einer „Deduktion ... aus der Dialektik"[81] hervorgeht und der „Religionsphilosophie". Das religionsphänomenologisch-religionsphilosophisch vergleichende Verfahren der Philosophischen Theologie schränkt Schleiermacher in der näheren Ausführung allerdings dann, in der letztlich apologetischen Absicht der Philosophischen Theologie, darauf ein, das „Eigenthümliche des Christentums in seinem Verhältniß zum gemeinsamen der Frömmigkeit überhaupt"[82] zu klären.

Die aufgestellte These, daß die thematischen und methodischen Aufgabenbereiche der Philosophischen Theologie Schleiermachers traditionelle Problemfelder katholischer Fundamentaltheologie betreffen, sollte und konnte in einem ersten Schritt nur die programmatischen und wissenschaftstheoretischen Bestimmungen aufzeigen, die die „Kurze Darstellung" enthält. Die konfessionsübergreifende Intention und Bedeutung einer theologischen Grundlagendisziplin hat man wiederholt hervorgehoben. Nochmals sei Ebeling zitiert: „Es war die Leistung Schleiermachers, in enger Nachbarschaft zur idealistischen Philosophie eine Konzeption theologischer Enzyklopädie zu entwerfen, die den Charakter der Theologie als positiver Wissenschaft entschieden bewahrt, sie also nicht spekulativ in der Idee der Wissenschaft begründet sein läßt und dennoch mit vorbildlicher Strenge an der Aufgabe einer formalen Enzyklopädie festhält, einer Rechenschaft über die Wissenschaftlichkeit und innere Organisation der Theologie".[83]

---

[78] 1. Aufl. § 6, 1 I, 21, 15.

[79] 1. Aufl. § 6, 4 I, 22, 36.

[80] Vgl. dazu die schon erwähnte „Einführung in Probleme der Schleiermacher-Interpretation" von *H. J. Birkner*, Theologie, a.a.O.

[81] *F. Schleiermacher*, Entwürfe zu einem System der Sittenlehre, in: Werke, Auswahl in vier Bänden II, hg. v. *O. Braun* und *J. Bauer*, Neudr. der 2. Aufl. Leipzig 1927–28, Aalen 1967, 247.

[82] 1. Aufl. § 7, 2 I, 24, 14.

[83] *G. Ebeling*, a.a.O., 487.

Wenn Stalder, unter Berufung auf die Katholische Tübinger Schule, darauf
hingewiesen hat, daß durch die Herausforderung der Aufklärung und der
Transzendentalphilosophie in der katholischen Theologie die Apologetik
eine den Bedingungen der Zeit gemäße neue Gestaltung als Fundamentaltheologie finden mußte, so gilt es, Stalders Betonung der Bedeutung Dreys
inhaltlich-sachlich für Schleiermacher als dessen Vorgänger aufzuweisen. Im
Anschluß an Aussagen Dreys, der von einer Wende der Theologie unter dem
Einfluß Kants spricht, heißt es bei Stalder: „Es galt somit auf völlig neue, die
ganze Theologie affizierende Weise die Welt der Offenbarung mit der ‚Wissenschaft' zu konfrontieren, und zwar mit der ‚Wissenschaft' in einem sehr
spezifischen Sinne: mit der philosophischen Anthropologie, die die neue
Transzendentalphilosophie auszeichnete ... Der Weg führte demnach von
der allgemeinen, abstrakten ‚Vernünftigkeit' der Aufklärung zur Auseinandersetzung mit den konkreten Strukturen des menschlichen Vernunftsub-
jektes ... Die inneren Verhältnisse der Vernunft zu der Offenbarung sind es,
die den Brennpunkt der apologetisch-theologischen Auseinandersetzung
jener Epoche bilden".[84]
Schleiermachers Erörterungen über das Wesen des Christentums bilden
von diesem Hintergrund her gesehen die eigentlichen Voraussetzungen jener
sich neu gestaltenden wissenschaftlichen Apologetik. Gegenüber einer „Kritik aller Offenbarung", nicht nur Fichtes, war es vorrangiges Ziel dieser
neueren Apologetik, die *Vernunftgemäßheit der Offenbarung*, d. h. die Widerspruchsfreiheit von Offenbarung und menschlicher Vernunft zu erweisen,
womit sich die ökumenische Bedeutung der Philosophischen Theologie
Schleiermachers in ihrem fundamentaltheologischen Charakter als offensichtlich erweist. Eine fundamentaltheologische Fragestellung, die im Kontext philosophischer Anthropologie eine rationale Grundlegung des Glaubens versucht, hebt allerdings in keiner Weise die Übernatürlichkeit der
Offenbarung Gottes auf. Rationale Grundlegung bedeutet nämlich nicht
philosophische Begründung des Glaubens, sondern nur, daß das Wesen des
Christentums von der Theologie selbst her als nicht widervernünftig behauptet werden muß. So ist zu verstehen, und dies sei hier bereits vorweg
hervorgehoben als grundlegend für die vorliegende Interpretation, wenn es
im § 20 der „Einleitung" in die Glaubenslehre heißt: „Die göttliche Offenbarung in Christo kann weder etwas schlechthin übernatürliches noch etwas
schlechthin übervernünftiges sein".[85] Die Vermittlung von Glauben und

---

[84] *R. Stalder*, a.a.O., 51 f.
[85] 1. Aufl. § 20 I, 77, 25.

Wissen als Zentralproblem der vorliegenden Untersuchung findet sich in dem zitierten Paragraphen vorgezeichnet.

0.3 Fundamentaltheologische Themenbereiche der Philosophischen Theologie

Für die Interpretation ergeben sich aus dem in 0.1 und 0.2 Gesagten folgende Schwerpunkte ökumenisch-fundamentaltheologischer Themenbereiche in Schleiermachers Philosophischer Theologie:

1. In der Frage nach dem Wesen des christlichen Glaubens bestimmt Schleiermacher die Philosophische Theologie wissenschaftstheoretisch nicht als philosophische, sondern als theologische Grunddisziplin, d.h. als *allgemeine theologische Prinzipienlehre*. Auch in katholisch-theologischem Denken findet sich, so bei Söhngen oder Rahner, diese Intention einer theologischen Grundwissenschaft, der als Fundamentaltheologie die theologische Grundlagenforschung[86] obliegt. In ihr sollen diejenigen Fragen erörtert werden, die „von allen theologischen Disziplinen vorausgesetzt, aber nicht eigens behandelt werden"[87], so H. Fries in seinem Artikel „Katholische Apologetik". Es geht in Schleiermachers Philosophischer Theologie sachlich thematisch daher um eine „Analysis-fidei"-Lehre und um „praeambula fidei", die es mit der Bestimmung der Grundlagenprobleme christlichen Glaubens zu tun haben.

Die eigentlich ökumenische Bedeutung dieser theologischen Grundwissenschaft liegt aber darin, daß sie das Erkenntnisprinzip der Theologie nicht mehr ausschließlich auf die Lehre von der Schrift stützt, sondern gegenüber der alt-protestantisch-theologischen Prinzipienlehre von einer Bestimmung des Wesens des Christentums ausgeht.

2. Diese „Grundaufgabe der Apologetik"[88], d.h. der Philosophischen Theologie als theologischer Grundlagendisziplin, führt im Ausgang von einer Theologie als „positiver Wissenschaft" auf Schleiermachers methodisches Denken. Als theologische Methode verfährt Schleiermachers Philoso-

---

[86] Vgl. hierzu *G. Söhngens* (a.a.O., 453) kritische Anmerkungen zum Entwurf einer „formalen und fundamentalen Theologie" bei *K. Rahner* (Schriften zur Theologie I, Einsiedeln 1956, 9ff.); vgl. ebenso *Ebelings* Hinweis auf Söhngen und Rahner, die er in eine Linie mit Schleiermachers Bemühungen um eine „neue theologische Prinzipienlehre" (a.a.O., 509) stellt; vgl. auch *H. J. Birkner*, Theologie, a.a.O., 27.

[87] *H. Fries*, Katholische Apologetik, in: RGG I, Tübingen ³1957, 493.

[88] KD, § 44, Anm.

phische Theologie historisch in dem Sinn, daß der in geschichtlicher Offenbarung und Tradition kirchlicher Gemeinschaft gründende christliche Glaube
die Argumentationsbasis bildet. Die geschichtliche Betrachtung, die sich
religionsphänomenologisch erweitert, verbindet sich mit der spekulativen
Betrachtungsweise philosophischer Methode der Abstraktion. In der Vermittlung von historisch-theologischer und systematisch-philosophischer Methode sucht Schleiermacher in einem vergleichenden Verfahren das geschichtlich Veränderliche und Zufällige vom allgemein Wesentlichen und
Gleichbleibenden, d.h. die theologischen Prinzipien der Grundlagen des
Glaubens kritisch zu ermitteln.

Die offensichtliche Übereinstimmung der Methode der Philosophischen
Theologie Schleiermachers mit der Methode der Fundamentaltheologie wird
deutlich, wenn man wieder Söhngens Ausführungen in seinem Artikel
„Fundamentaltheologie" aufnimmt. Dort heißt es: „Die so schwierige Verhältniseinheit von formalem und materialem Bereich ist darum von beiden
Seiten her zu klären: ... Das Formale ist in seiner inneren Beziehung zum
Materialen zu sehen und zu begründen wie auch umgekehrt", denn: „Die
formale Fundierung ist nicht die ganze Grundlegung: der materiale Bereich
und seine materiale Fundierung ist das positive und spekulative Feld der
Dogmatik".[89] Wenngleich hier nur umrißhafte Andeutungen gegeben sind,
so kann doch *der fundamentaltheologische Charakter der Methode der Philosophischen Theologie Schleiermachers behauptet werden.*

In seinem „Grundriß einer hermeneutischen Fundamentaltheologie" hat
E. Biser die wissenschaftstheoretische Methodik der theologischen Glau-
bensbegründung im Entwurf der Philosophischen Theologie Schleiermachers als „wegweisend für den heutigen Ansatz"[90] der Fundamentaltheologie
bezeichnet, insofern der Glaube die Argumentationsbasis der theologischen
Reflexion bildet und diese nicht auf den Glauben als eigentliches erst zu er-
reichendes Beweisziel ausgerichtet ist.[91] Der hier genannte methodisch weg-
weisende Charakter der Argumentationsweise Schleiermachers steht in ge-
wissem Gegensatz zu einer im fundamentaltheologischen Denken katholischer Theologie heute weitverbreiteten methodischen Vorgehensweise. Statt,
wie Schleiermacher, von der geschichtlichen Wirklichkeit des von der Offenbarung bestimmten Menschen, d.h. vom Glauben aus zu einer philosophischen Reflexion der im Glauben immer schon „enthaltenen" Voraussetzun-

---

[89] *G. Söhngen*, a.a.O., 453.
[90] *E. Biser*, Glaubensverständnis. Grundriß einer hermeneutischen Fundamentaltheologie, Freiburg 1975, 27.
[91] Vgl. a.a.O.

gen des Offenbarungsglaubens zu gelangen, geht man den umgekehrten Weg. Man sucht gleichsam die Begründung einer „natürlichen Religion" von einer natürlichen Theologie her, so daß der geschichtliche Horizont der philosophischen Reflexion der natürlichen Theologie leicht übersehen werden kann.[92] In der Auseinandersetzung Schleiermachers mit der natürlichen Theologie werden wir auf diese Probleme zurückzukommen haben.

3. Die Frage nach dem Wesen des Glaubens verbindet sich für Schleiermacher mit der Frage nach der Notwendigkeit des Glaubens für menschliche Existenz. Von dieser Fragestellung her läßt sich dann sagen, daß die Kritik des *philosophischen Atheismus* Schleiermacher dazu zwingt, in grundsätzlicher und umfassender Weise in seiner theologischen Grunddisziplin die *Glaubensfrage als Gottesfrage* zu thematisieren.

Gerade Schleiermachers wissenschaftstheoretische Voraussetzungen machen deutlich, daß die Philosophische Theologie – aufs Ganze gesehen – die Theologie in der Auseinandersetzung mit dem Atheismus von philosophischen Denkprinzipien her offensiv werden läßt, d.h. daß sich die theologische Argumentation nicht mit der bloßen Behauptung der Gegenposition des Glaubens gegenüber dem Atheismus begnügen kann und darf, sondern den Atheismus als „Mißverständnis"[93] menschlichen Denkens, wie die „Dialektik" zu zeigen intendiert, zu erweisen sucht. In dieser Auseinandersetzung entscheidet sich für die Theologie, vom Gottesbegriff und der Vermittlung des Glaubens an Gott und des Wissens von Gott her, die Legitimität der Wahrheit des Glaubens gegenüber dem Wahrheitsanspruch des Wissens der Vernunft. Trifft dies zu, dann muß sich das *Gottesproblem als die Nahtstelle des philosophischen und theologischen Denkens Schleiermachers* aufweisen lassen, gleichgültig ob Schleiermacher – durch die philosophische Kritik (etwa

---

[92] *K. Rahner* stellt in seinen Analysen zwei Betrachtungsweisen gegenüber: „Es wäre gleichsam der Weg von oben nach unten (oder besser: vom Ganzen zu dessen inneren Momenten): von der Konstitution des durch Offenbarung und Glaubenslicht (also von ‚Theologie') bestimmten gläubigen Menschen zu einer metaphysischen Analytik des ‚natürlichen' Menschen, das heißt des Wissens, das der Mensch hat, wenn von Offenbarung und Glaubenslicht abgesehen wird. Wir gehen aber hier den umgekehrten Weg: von dem natürlich erkennenden Menschen nicht zwar zu seiner gläubigen Theologie in deren innerem Wesen, was nach dem Gesagten aus dem Wesen der Theologie heraus unmöglich ist, wohl aber zu einer Analytik der Möglichkeit, die Offenbarung Gottes zu vernehmen, als der Seinsmöglichkeit, die eigentlich erst den Menschen grundsätzlich in seinem vollen entfalteten Wesen konsituiert" (a.a.O., 23). Es ist offensichtlich, daß Schleiermacher in der Frage nach der anthropologischen Notwendigkeit des Glaubens methodisch den Weg „vom Ganzen zu dessen inneren Momenten" vorzieht.

[93] O, 312.

Fichtes) am Gottesbegriff zur Zurückhaltung veranlaßt – immer ausdrücklich theozentrisch argumentiert oder nicht. Von dieser Grundüberzeugung
her läßt sich die vorliegende Interpretation leiten, daran entscheidet sich
letztlich ihre Berechtigung.

Diese Problemstellung ist in der bisherigen Schleiermacher-Forschung, so
weit ich sehe, weithin gänzlich unbeachtet geblieben. So findet sich in der
deutschsprachigen Literatur zu Schleiermacher eine einzige Arbeit, in der
Schleiermachers Lehre von Gott zu erörtern versucht wird. Allerdings sind
auch nicht annähernd die anstehenden systematischen Probleme diskutiert,
zumal der ganze Komplex des philosophischen Gottesbegriffs Schleiermachers ausgespart bleibt.[94]

Schleiermachers philosophische Gotteslehre bildet daher die Voraussetzung,
von der her in der Philosophischen Theologie sowohl der *Begriff des Gottesglaubens* als existentialem Verhältnis des Menschen zu Gott, als auch der
Begriff der Offenbarung Gottes als Grund des christlichen Glaubens aufgenommen werden können. Schleiermachers theologisches Interesse der Vermittlung von neuzeitlichem Selbstbewußtsein und christlichem Offenbarungsglauben, das die theologische Prinzipienlehre der Philosophischen
Theologie bestimmt, kann sich daher den allgemeinen Begründungszusam-
menhängen menschlichen Wissens nicht entziehen. Die fundamentaltheologischen Unterscheidungen von Gott, Offenbarung, Welt und Mensch in der
Philosophischen Theologie basieren ganz unmittelbar auf der Vermittlung
von Glauben und Wissen.

*Schleiermachers fundamentaltheologische Reflexion der Grundlagenprobleme
christlichen Glaubens verbindet sich von der philosophischen Gotteslehre her,
die das Problem einer theologia naturalis von einer Ontologie des Wissens her
aufgreift, mit einer anthropologischen Fragestellung, insofern mit dem Gottesglauben die Notwendigkeit von Offenbarung und Glaube für den Menschen
thematisiert wird.* Mit diesem Ansatz wird sichtbar, in welcher Hinsicht
fundamentaltheologisches Denken von wissenschaftstheoretischen Voraussetzungen her eine rationale Grundlegung christlichen Glaubens für Schleiermacher zu leisten vermag. Muß ausgeschlossen sein, daß die Offenbarung
Gottes von menschlichem Wissen her vernünftig begründet werden kann,
weder als Tatsache (traditionelle Apologetik) noch in ihrer Notwendigkeit an
sich, d.h. in ihrem inneren Wesen, so kann als einziges Erkenntnisprinzip der
Philosophischen Theologie Schleiermachers die religionsphilosophisch-an-

---

[94] F. *Beißer*, Schleiermachers Lehre von Gott, Göttingen 1970; vgl. die sehr viel präziseren und
    zutreffenderen Ausführungen von G. *Ebeling*, Schleiermachers Lehre von den göttlichen
    Eigenschaften, in: ders., Wort und Glaube II, Tübingen 1969, 305–342.

thropologische Fragestellung angenommen werden. Eine rationale Grundlegung des christlichen Glaubens in fundamentaltheologischer Hinsicht findet im Denken Schleiermachers daher ihre einzige Legitimation im allgemeinen Gottesglauben, d.h. im existentialen Verhältnis des Menschen zu Gott; wissenschaftstheoretisch ausgedrückt, von der in die philosophische Gotteslehre eingebundenen anthropologischen Fragestellung.

In Schleiermachers Konzept der Philosophischen Theologie fällt die wissenschaftstheoretische und sachlich-inhaltliche Übereinstimmung mit Ansätzen katholischer Fundamentaltheologie ganz unmittelbar auf. So umschreibt Rahner die Konzeption einer „einzig vortheologisch möglichen Begründung der Theologie"[95], die seinem „Hörer des Wortes" zugrundeliegt, so: „Religionsphilosophie ist theologia naturalis, diese ist aber nur möglich in ursprünglicher und ständiger Einheit mit einer metaphysischen Anthropologie".[96] Basiert in Rahners Verständnis jede anthropologische Theorie auf dem philosophischen Wissen des Menschen von Gott, so ist der Übergang zu *Schleiermachers Theorie der Einheit des unmittelbaren Selbstbewußtseins („Gefühl") als Grundlage seiner philosophischen Anthropologie und Philosophischen Theologie* gegeben.

Es ließe sich darüber hinaus auf Söhngens Verständnis von Fundamentaltheologie verweisen, in dem „ontologische (und zugleich kriteriologische) Unterscheidung und *innere* Verhältniseinheit von Essenz- und Existenzprinzipien, von transzendentalen Seinsstrukturen und transzendenten Selbststandwesen" den „Schwerpunkt des sogenannten Glaubensbeweises"[97] der Fundamentaltheologie bilden. Söhngen bezieht sich dabei ausdrücklich auf Rahners Konzept einer transzendentalen „Offenheit" von Mensch und Welt für Gottes Offenbarung.[98]

4. In der Frage nach dem *Wesen des christlichen Glaubens* wird auf dem soeben umrissenen Hintergrund schließlich vom Gottesbegriff her der religiöse Grund menschlicher Existenz so in die Bestimmung des Offenbarungs-

---

[95] *K. Rahner*, a.a.O., 27.
[96] *K. Rahner*, a.a.O., 183.
[97] *G. Söhngen*, a.a.O., 456.
[98] Vgl. hierzu *K. Rahner:* „Es sieht so aus, als ob die geoffenbarten Geheimnisse sich eben als neues Stück Wissen an das natürliche Wissen anreihten ... Aber damit ist das Verhältnis zwischen dem *Wissen der natürlichen Metaphysik* und dem *Glaubenswissen* noch nicht zureichend geklärt ... als nicht gleichzeitig ebenfalls klar wird, daß und warum der Mensch von sich aus kraft seiner Wesensverfassung offen ist für einen solchen ihm ‚an sich' doch unzugänglichen Sachverhalt, solange mit anderen Worten nicht auch *vom Menschen her* das Verhältnis zwischen Offenbarungsinhalt und Erkenntnis des Menschen gesehen wird" (a.a.O. 31, Herv. von mir).

glaubens eingebracht, daß die „*Beziehung auf Gott und Beziehung auf Chri-*
stum" als „unzertrennlich für die christliche Frömmigkeit"[99] aufgewiesen
werden. In der vorliegenden Interpretation wird daher die Einheit der
Philosophischen Theologie des Gottesglaubens und der Offenbarung Gottes zu
entwerfen sein.

Es ist offensichtlich, daß Schleiermachers Philosophische Theologie in der
von uns entworfenen Systematisierung und Gliederung an Teile des klassi-
schen Aufbaus der traditionell katholisch-theologischen Fundamentaltheologie erinnert, so an die demonstratio religiosa und demonstratio christiana.

Man würde allerdings den geschichtlichen Ausgangspunkt der Philosophischen Theologie Schleiermachers als theologischer Grunddisziplin gänzlich
verfehlen, wollte man den grundsätzlich ekklesiogischen Rahmen, d. h. geschichtliche Kontinuität und Zusammenhang kirchlicher Gemeinschaft, von
dem her Schleiermacher Offenbarung, Glauben und Theologie versteht,
übersehen. Unterscheidet die katholische Fundamentaltheologie demonstratio christiana und demonstratio catholica, so findet man bei Schleiermacher
die „Scheidung der allgemeinen und besonderen Apologetik".[100] Schleiermacher hat in der „Einleitung" in die Glaubenslehre lediglich drei sehr kurze
Paragraphen dieser konfessionell-ekklesiologischen Differenz innerhalb seiner Apologetik gewidmet[101]; zwei weitere Paragraphen sind der spezifisch
protestantischen Apologetik zugerechnet.[102] Schleiermacher hat diese Thematik wiederum nur angedeutet, allerdings zugleich von einer Überwindung
der Trennung der christlichen Kirchen gesprochen. Ohne hier Schleiermachers Absichten unberechtigterweise überinterpretieren zu wollen, ließe sich
fragen, ob nicht von dem einen, gemeinsamen Grund aller Konfessionen her,
d. h. von Gott und Gottes Offenbarung in Christus her, kirchliche Einheit
trotz gleichzeitig legitimer Vielfalt der Konfessionen gefordert wäre. Jedenfalls sind Schleiermachers knappe Hinweise der „Kurzen Darstellung" so zu
verstehen: „Befindet sich die Kirche in einem Zustand der Teilung"[103], dann
gilt in gleicher Weise, daß „eben deshalb jeder Gegensatz dieser Art innerhalb
des Christentums auch dazu bestimmt erscheint, wieder zu verschwinden:
so wird die Vollkommenheit der speziellen Apologetik darin bestehen, daß
sie auch die Formen für dieses Verschwinden mit in sich schließt".[104]

---

[99] 1. Aufl. § 39 I, 129, 7.
[100] KD, § 51.
[101] Vgl. 1. Aufl. §§ 26–28 I, 96–101.
[102] Vgl. 1. Aufl. §§ 29–30 I, 101–108.
[103] KD, § 50.
[104] KD, § 53.

5. Wie sehr *die konfessionellen Unterschiede von fundamentaltheologischen Problemstellungen her frag-würdig* werden, mögen abschließend die „Erwägungen zu einer evangelischen Fundamentaltheologie" zeigen, die Ebeling in unübersehbarer Nähe zu Grundstrukturen der Philosophischen Theologie Schleiermachers vorgelegt hat. Wir zitieren im folgenden die entscheidende Textpassage: „Es ist deutlich, daß sich Fundamentaltheologie in der Spannung zwischen diesen beiden Aspekten befindet: Einerseits will und soll sie Theologie sein, also auf dem gründen, was ihr als Offenbarung vorgegeben ist. Andererseits hat sie im besonderen mit dem Ermöglichungsgrund des Verständnisses von Offenbarung zu tun. Und deshalb kann je nach dem das Fundamentale an ihr entweder auf das gedeutet werden, was an der Offenbarung das formal Bestimmende, das Wesentliche und in diesem Sinne Fundamentale ist, oder aber auf das, was in Gestalt von praeambula fidei bloßer Vor- und Unterbau und noch nicht die Sache selbst ist. Diese grob skizzierte Problemstruktur, wie sie in katholischer Fundamentaltheologie vielfach variiert anzutreffen ist, erledigt sich nicht einfach dadurch, daß man unter Berufung auf die menschliche Ohnmacht und göttliche Allmacht in Sachen des Heils gegen alles Sturm läuft, was den Charakter eines Brückenschlags zwischen Philosophie und Theologie, zwischen Natur und Gnade, zwischen Vernunft und Glaube zu haben scheint. *Denn auch die schärfste Negation aller Ermöglichungsgründe auf Seiten des Menschen muß sich darüber äußern, in welchem Sinne nun auch der Mensch dem Glauben vorgegeben ist*".[105] Kritisch anzumerken wäre allerdings, daß Ebeling im Gegensatz etwa zu Pannenberg[106] die Bedeutung und Notwendigkeit des Gottesbegriffs für theologische bzw. für fundamentaltheologische Reflexion nicht scharf genug pointiert. Offenbarung, d. h. die Einzigartigkeit der Einheit von Gott und Mensch in Christus läßt sich theologisch nur zureichend von einer Reflexion auf den Gottesbegriff her denken. Ebelings „Erwägungen", die sich ausdrücklich an Schleiermacher festmachen, erweisen von sich her die Dringlichkeit der Behandlung der Gottesfrage in Entwürfen einer „evangelischen Fundamentaltheologie".

---

[105] *G. Ebeling*, a.a.O., 511 f., Herv. v. mir; vgl. hierzu *P. Knauer*, Verantwortung des Glaubens. Ein Gespräch mit Gerhard Ebeling aus katholischer Sicht, Frankfurt a. M. 1969. Ebeling bemerkt zu Knauers Ausführungen: „Es ist ein erregendes Beispiel dafür, wie sehr die herkömmliche Auffassung von der konfessionellen Differenz *in fundamentaltheologischer Hinsicht* ins Wanken geraten ist" (a.a.O., 524, Anm., Herv. v. mir).

[106] Vgl. *W. Pannenberg*, Wissenschaftstheorie; ebenso *W. Pannenberg*, Glaube, in: LThK IV, Freiburg ²1960, 925–928, bes. 925.

Im Titel der vorliegenden Arbeit *Gott-Glauben und Wissen* ist daher das Zentralproblem der systematischen Untersuchungen angezeigt, in dem sich alle Argumentationslinien der Interpretation konzentrieren. Der Gottesbegriff bildet zugleich den kritischen Grundbegriff in der Auseinandersetzung mit der Philosophischen Theologie Schleiermachers, in dem sich das eigenständige Erkenntnisinteresse der Interpretation gegenüber der Rezeptionsgeschichte Schleiermachers zur Geltung bringt. In der Frage nach der ökumenischen Bedeutung der Philosophischen Theologie Schleiermachers muß in der gegenwärtigen Diskussion der Fundamentaltheologie die Bedeutung des Gottesproblems für jedwedes theologische Denken das entscheidende Kriterium bilden.

1. Die philosophische Gotteslehre der philosophischen Theologie

Die Frage nach dem Verhältnis von Philosophie und Theologie in Schleiermachers Werk, der das Hauptinteresse der Interpretationsgeschichte gilt, stellt sich in der vorliegenden Arbeit als die Frage nach dem Verhältnis von Philosophie und Theologie in Schleiermachers Philosophischer Theologie dar.[1] Dabei kommt in Schleiermachers System-Konzept theologischer Wissenschaften in jedem Fall der Disziplin einer Philosophischen Theologie eine besondere Nähe und Verbindung mit der Philosophie zu. Von daher ist die heftig umstrittene Frage, ob und wie der Einfluß philosophischen Denkens auf Schleiermachers Philosophische Theologie zu bestimmen sei[2], am ehesten von Schleiermachers „Dialektik" her zu klären, da in ihr die allgemeinen Voraussetzungen, Grenzen und Möglichkeiten des Wissens insgesamt untersucht werden, d.h. zugleich auch der verschiedenen Wissenschaften.[3]

Geht es Philosophischer Theologie, vorgreifend gesagt, um die Bestimmung des Wesens des christlichen Glaubens an Gott, der als notwendiges Element in der Entwicklung des menschlichen Geistes gegenüber dem Atheismus aufgewiesen und behauptet werden soll, so müssen die allgemeinen Voraussetzungen des Wissens die Basis der Auseinandersetzung bilden. *Philosophisch-theologisches Wissen um den Glauben an Gott ist daher bedingt durch die Struktur menschlichen Wissens überhaupt*, die Schleiermacher in der „Dialektik" zu entfalten sucht. Es erweist sich somit als dringlich, eine Klärung darüber herbeizuführen, welche Aussagen philosophischen Wissens

---

[1] Vgl. Einleitung 0.2.1.

[2] Zur Orientierung in der Sekundärliteratur vgl. den Abschnitt „Typen der Interpretation", in: *H. J. Birkner*, Theologie, 13 ff.

[3] Schleiermachers Wissenschaftssystematik ist sowohl in historischer als auch systematischer Hinsicht erörtert worden, vgl. *H. Süskind*, Der Einfluß Schellings auf die Entwicklung von Schleiermachers System, Tübingen 1909; *E. Herms*, Herkunft, Entfaltung und erste Gestalt des Systems der Wissenschaften bei Schleiermacher, Gütersloh 1973; *H. J. Birkner*, Schleiermachers Christliche Sittenlehre im Zusammenhang seines philosophisch-theologischen Systems, Berlin 1964, 30 ff.

von Gott überhaupt möglich sind. Erst dann wird zu untersuchen sein, in welcher Weise Schleiermachers philosophisches Wissen von Gott sein theologisches Denken und Wissen zu beeinflussen vermag.

Damit zeigt sich das spezielle Erkenntnisinteresse der vorliegenden Untersuchung in der Aufnahme der „Dialektik". *Es geht einzig darum, ausgehend vom Problem des Wissens, Möglichkeiten und Grenzen der philosophischen Gotteserkenntnis zu verdeutlichen.* Ich beschränke mich daher in der Aufnahme der Konstruktion des Wissens, in der Schleiermacher das Wissen von Gott zu sichern sucht, auf dasjenige, was zum Verständnis der Interpretation für die Philosophische Theologie unabdingbar ist.[4]

---

[4] Die neuere Literatur zu Schleiermachers philosophischem Hauptwerk ist außerordentlich gering. Aus der älteren Literatur ist vor allem *G. Mann* (Das Verhältnis der Schleiermacher-'schen Dialektik zur Schelling'schen Philosophie, Stuttgart 1914) hervorzuheben, insofern der Einfluß Schellings auf Schleiermachers Wissenschaftslehre wesentlich weitreichender ist als der Fichtes. Ausgezeichnet informiert hierüber in knapper Form *F. Wagner* (Schleiermachers Dialektik, Gütersloh 1974, 15–26). Ich orientiere mich in meiner Interpretation weithin an der Arbeit Wagners, wenngleich ich, wie noch zu vermerken sein wird, der von Fichte und Hegel her geprägten Interpretation Wagners nicht zustimmen kann. – Schon *H. R. Reuter* (Die Einheit der Dialektik Schleiermachers, München 1979) setzt sich sehr kritisch mit Wagner auseinander, ohne freilich immer überzeugen zu können. An Reuter stört der allzu freie Interpretationsstil, der „den Mut zu durchaus gewagten und wohl auch angreifbaren Hypothesen" (a.a.O., 19) doch zu sehr übertreibt. – Als Kontrast zur Arbeit Wagners ziehe ich vor allem *R. Stalder* (a.a.O., 300–400) hinzu, der die philosophische Tradition christlicher Philosophie von Augustinus über Thomas bis Blondel und Rahner, nicht zu vergessen die Katholische Tübinger Schule (vgl. Einleitung 0.1, 0.2), in seine Interpretation Schleiermachers einfließen läßt. Dies führt zu erstaunlichen Parallelen und Querverbindungen. Leider ist die Arbeit Stalders in dieser Hinsicht in der Sekundärliteratur noch nicht genügend rezipiert worden. – Zur Kritik an *Wagner* vgl. auch *M. Frank*, Das individuelle Allgemeine, Frankfurt a. M. 1977, 91–121 (Anmerkungen).

1.1 Die Voraussetzungen der Gotteserkenntnis in der Struktur menschlichen Wissens

1.1.1 Ursprung (Prinzip) des Wissens und Zusammenhang allen Wissens

Schleiermachers Programm der *Dialektik* läßt sich am geeignetsten einsichtig machen, wenn man von der Situation eines Gesprächs ausgeht, in dem durch einander entgegenstehende Überzeugungen ein Streitzustand entsteht. Soll dieser beseitigt werden, muß ein Interesse der Streitenden vorausgesetzt werden, eine Übereinkunft bzgl. ihrer unterschiedlichen Vorstellungen zu erzielen. Die Streitenden können „keinen anderen Ausgangspunkt haben als das Wissenwollen, weil dieses unfehlbar zuerst denen gemeinsam ist, welche auf unserem Gebiet Streit führen, daß sie wissen wollen".[1] *Ziel des Streits ist es daher, aus dem vorausgesetzten, d. h. „immer mitgesetzten"[2] Interesse des Wissenwollens die Differenzen der Vorstellungen auf eine Einheit des Wissens hin zu überwinden*, die als vollendetes Wissen freilich noch nicht gegeben ist.

Auf dem Gebiet des Denkens um des Wissens willen (wobei Wissen und Denken noch nicht unterschieden sein sollen) entsteht Streit zwischen unterschiedlichen Positionen nur, „sofern sie ihr Denken auf ein von beiden gemeinschaftlich als dasselbige gesetztes Sein beziehen, und insofern das Denken des einen das des anderen aufhebt".[3] Derjenige Gegenstand, der zunächst von unterschiedlichen Positionen her verschieden gedacht wurde, soll nun, im Sinne der Aufhebung der Differenzen, von allen in gleicher Weise gedacht werden.

Mit diesen knappen Bemerkungen sind die Voraussetzungen genannt, auf die sich die Aufgabe der Dialektik bezieht: Streit als Form der Gesprächsführung, Übereinstimmung aller Denkenden im Denken, Beziehung des Denkens auf Sein in seiner Richtung auf Erkenntnis als Wissenwollen. „Dialek-

---

[1] O, 44.
[2] O, 32.
[3] O, 22.

tik" soll nun nach Schleiermacher die „Kunst, ein Gespräch zu führen"[4] heißen. Diese schon in antiker Philosophie ausgebildete Kunst soll aber zugleich auch „die höchsten Prinzipien des Philosophierens und die Konstruktion der Totalität des Wissens"[5] enthalten. Mit dieser Voraussetzung verbindet sich die Kunst mit der Philosophie zur „philosophischen Kunstlehre".[6] Diese verlangt die Kenntnis von Regeln, nach denen ein Streit im Gebiet des Wissens auf ein streitfreies Denken hin geführt wird, das sich freilich nur aus dem Streit selbst entwickeln kann. Dieses Bestreben selbst, einen Streit des Wissens, d.h. Differenzen in die Einheit des Wissens zu überführen, verlangt jedoch die Kenntnis der Prinzipien und des Zusammenhangs allen Wissens, da ohne diese Kenntnis das Bewußtsein der Differenz nicht entstehen könnte.

Demgemäß unterteilt sich Schleiermachers Dialektik als „philosophische Kunstlehre" in zwei Bereiche: einen formalen Bereich („Logik"), der die Regeln enthält für die Methode der Einheitsfindung des Wissens im Streit, sowie einen philosophischen Bereich („Metaphysik"), der alles fragmentarische Wissen des Streits in seinem Verhältnis zum ganzen Zusammenhang des höchsten Wissens untersucht.[7]

Dialektik als „philosophische Kunstlehre" versteht sich als Einheit beider Bereiche von „Metaphysik" und „Logik". „Zur Ausführung also kommen wir zurück auf die beiden Hauptaufgaben: 1. ein ursprüngliches gemeinsames Wissen zu finden, von welchem man zu jedem streitigen Punkt kommen könne; 2. eine gleichmäßige Methode der Fortschreitung zu finden".[8] Beides gehört untrennbar zusammen, denn eine Verschiedenheit der Methoden würde trotz gemeinsamen Wissens den Streit nicht schlichten, sondern nur erneuern; ohne gemeinsames Wissen aber gingen die Regeln der Streitführung ins Leere.

Das Verhältnis von „Metaphysik" und „Logik" kann nicht ausdrücklich Gegenstand unserer Untersuchung sein, wenngleich die gemeinsamen Denkmethoden in jedem bestimmten Wissen, auch in der „Metaphysik", vorausgesetzt werden müssen, denn nur in der Konstruktion des Wissens nach Regeln (der „Logik") kann das „ursprüngliche Wissen" zur Darstellung gelangen, d.h. im Prozeß der Aufhebung der Wissensdifferenzen in die

---

[4] O, 48; zum Begriff der Dialektik vgl. *F. Wagner*, a.a.O., 29–33; *R. Stalder*, a.a.O., 300–306.
[5] O, 48.
[6] O, 91.
[7] Vgl. O, 34f., 87f., 121.
[8] O, HS, 114.

Einheit des Wissens. Auf die Schwierigkeiten des Verhältnisses von „Metaphysik" und „Logik" ist wiederholt hingewiesen worden.[9]

Die Frage nach den Möglichkeiten und Grenzen des Wissens von Gott verhandelt die „Metaphysik" Schleiermachers; ihr gilt unser Interesse. Dazu wird es notwendig, das für das Interesse des Wissenwollens vorauszusetzende gemeinsame, „ursprüngliche Wissen", eben weil es, wie Schleiermacher immer wieder betont, schon *„mitgesetzt"* ist, näherhin zu thematisieren.

Philosophie (Metaphysik) versteht sich als die „unmittelbare Beschäftigung mit den Prinzipien und dem Zusammenhang des Wissens; und das Zurückgehen darauf ist das Philosophieren".[10] Methode und Inhalt der Philosophie der Dialektik sind damit umrissen. Was ist im einzelnen gemeint?

Ein gemeinsames, „ursprüngliches Wissen" als vollendetes Wissen, so hatten wir gesagt, muß außerhalb des Streits des Wissens liegen. Soll dieses aber nicht isoliert von allem übrigen Wissen sein, kann es erst mit dem absoluten Zusammenhang allen Wissens gegeben sein. Und mit dieser absoluten Totalität des Wissens sind dann auch die höchsten Prinzipien des Wissens erreicht. So gehören Prinzipien des Wissens und der Totalzusammenhang allen Wissens zu dem, was Schleiermacher das „ursprüngliche Wissen" nennt, das sich menschlichem Wissen jedoch entzieht.[11] Denn auch in der nach Regeln geordneten Gedankenentwicklung, die ins Gebiet des Wissenstreites gehört, kann es nicht hervorgebracht werden.

Wie gelangt aber die Philosophie Schleiermachers dennoch zu diesem ursprünglichen, höchsten Wissen, in dem die Aufhebung der Differenzen im Wissensstreit als Einheit des Wissens möglich wird?

Das methodische Verfahren des „Zurückgehens" auf den Ursprung allen Wissens bildet für Schleiermacher die einzige Möglichkeit, zur Kenntnis des höchsten Wissens zu gelangen. Es ist daher zunächst zu prüfen, inwieweit dies mit dieser Methode gelingt.

„Ein solcher Punkt, zu dem wir von allen streitigen Punkten aus kommen können, muß ganz außerhalb des Gebiets aller streitigen Vorstellungen liegen. Dies ist das eigentliche Urwissen, die ἀρχή, das Prinzip, wovon das

---

[9] Vgl. *F. Wagner*, a.a.O., 55f., 228ff.

[10] O, 67.

[11] Es kann an dieser Stelle vorerst nur darauf hingewiesen werden, daß vom Gesamt der Dialektik Schleiermachers her, im „ursprünglichen Wissen" als „terminus a quo" des Wissens die *„Idee Gottes"* (göttliches „Urwissen") gemeint ist, die sehr genau zu unterscheiden ist von dem vollendeten Wissen als *„Idee der Welt"*, die in der endgültigen Aufhebung des Wissensstreites erreicht werden soll („terminus ad quem" des Wissens).

Wissen ausgeht".[12] Zugleich wird aber von Schleiermacher behauptet, daß wir dieses Urwissen „immer schon besessen haben"[13], da es allem Prozeß des Denkens „zugrunde liegt".[14] So liegt dem Interesse des Wissenwollens jenes „Urwissen" als letztbegründendes Prinzip allen Wissens voraus. Die Bedingung der Möglichkeit allen Strebens nach Wissen ist aber, als Idee des vollendeten Wissens, zugleich letztlich dasjenige, woraufhin die Differenzen des besonderen Wissens aufgehoben werden sollen, d.h. in die Totalität des Zusammenhanges allen Wissens.

Schleiermachers philosophische Methode des „Zurückgehens" eröffnet damit die Reflexion der Dialektik auf das „Urwissen" als das *Verhältnis von fragmentarischem menschlichen Wissen und ursprünglichem höchsten Wissen als Kontext der philosophischen Gotteserkenntnis*, d.h. des Wissens ums Prinzip.

Mit dem vorausgesetzten Prinzip allen Wissens „kennt" das Wissenwollen (und damit auch das in der Dialektik zu Bewußtsein kommende Wissenwollen) gleichsam immer schon das Ziel seiner Ausrichtung auf die Totalität des Wissens. Die „Richtung auf das Wissen und auf das Bestimmen des Seins"[15] sieht Schleiermacher in allen Lebensvollzügen des Menschen immer „mitgesetzt"[16]; nach dem bisher Gesagten heißt dies, daß Schleiermacher vom Mitgesetztsein des „Urwissens" im Wissenwollen ausgeht, worin der Grund allen besonderen Wissens liegt. Auch in allen Differenzen des Wissens, die sich auf einen jeweils identischen Gegenstand beziehen, ist die Einheit des Wissens „mitgesetzt".

Im Hinblick auf *Schleiermachers Philosophische Theologie* interessiert im vorliegenden Zusammenhang das Problem, d.h. die Art und Weise des *Mitgesetztseins des „Urwissens" im Wissenwollen,* da Schleiermacher im „schlechthinnigen Abhängigkeitsgefühl" ausdrücklich ein *„Mitgesetztsein Gottes"* behauptet, das zum zentralen Punkt unserer Auseinandersetzung mit Schleiermachers Philosophischer Theologie werden wird. Eine ursprüngliche Analogie im Konzept von Schleiermachers Philosophie der Dialektik und der Philosophischen Theologie kommt hier erstmals zum Vorschein.

Schleiermachers metaphysischer Teil der Dialektik richtet sich ausschließlich auf das Problem des „Urwissens", das zur Darstellung gebracht werden soll als Grund allen Wissens, d.h. allen Denkens, das in seinem Bezug zum Sein ausgerichtet ist auf Wissen. Schleiermacher redet daher auch vom

---

[12] O, 115.
[13] O, 118.
[14] A.a.O.
[15] O, 30.
[16] O, 32.

Prinzip des Wissens als „Agens"[17] des Wissenwollens, das es aufzusuchen
gelte. Diese Absicht erläutert Schleiermacher genauer in einer kurzen Replik
auf die Geschichte der „Dialektik".

Hatten sich die antiken Wissenschaften in ihrem Streben nach Wissen nur
mit „bestimmten Gebieten des Wissens"[18] beschäftigt („Dialektik", „Ethik"
und „Physik"), ohne sich mit einer Philosophie der Prinzipien des Wissens
und der Erkenntnis des Zusammenhangs des Wissens selbst zu beschäftigen,
so ging man in der scholastischen Philosophie des Mittelalters nach Schleiermacher von einer Metaphysik der Prinzipien des Wissens aus; freilich wurde
in dieser die Konstruktion des Zusammenhanges der bestimmten Wissens-
gebiete vernachlässigt.[19] Schleiermacher begründet diese Prinzipienwissen-
schaft der scholastischen Philosophie mit der durch das Christentum in der
Geschichte ermöglichten Ausrichtung allen Denkens auf Gott als Urgrund
und Ziel allen Seins. So entwickelte sich die Theologie als „die absolute
Wissenschaft, d. h. das Wissen vom höchsten Wesen, aber als Prinzip alles
Seins und des Zusammenhangs desselben".[20]

Theologie und Metaphysik gingen nach Schleiermacher eine Verbindung
ein, in der die Suche nach Begründung der Erkenntnis in der Einheit und
Totalität des Wissens, unter Zuhilfenahme des „einwohnenden Bewußtseins
von Gott als letzter Ursache alles Seins", jenes letztbegründende Prinzip in
der Vorstellung „von Gott als letztem Grunde alles Wissens"[21] entwickelte.

*Schleiermachers Philosophie übernimmt diesen Zusammenhang von Gott
und Wissenstotalität* und wird unabdingbar daran festhalten. Sie verbindet
aber *zugleich damit die am konkreten Wissen orientierte Erkenntnissuche* (der
Antike) *mit dem philosophischen Wissen der höchsten Prinzipien* (im Mit-
telalter). In der Ergänzung des einen durch das andere liegt für Schleiermacher zugleich die gegenseitige Kritik gegeben, *„indem wir das Wissen um das
Prinzip nicht anders haben wollen als in der Konstruktion des realen Wissens".*[22]

Macht diese Vermittlung Methode und Inhalt der gesamten Philosophie
der Dialektik aus – wir werden auf den eben zitierten Satz noch zurückkommen –, so ist nach Schleiermachers Verständnis damit das Gesamtwissen
zwar umfaßt; ist aber Gott Grund und Ziel allen Wissens, dann muß, ohne
daß Schleiermacher dies schon hier ausführt, gefordert werden, „daß man

---

[17] O, Hs, 107.
[18] O, 86.
[19] Vgl. in diesem Zusammenhang *R. Stalder*, a.a.O., 311 ff.
[20] O, 87.
[21] O, Hs, 89.
[22] A.a.O., Herv. v. mir.

das ganze Wissen basiere auf das dem Menschen innewohnende *religiöse Bewußtsein von einem Absoluten und Höchsten, welches Wissens wir uns als des Grundes, worauf alles Einzelne zurückgeführt werden muß, bewußt sind"*.[23]

Mit diesen Hinweisen umreißt Schleiermacher die neu in Angriff zu nehmende Aufgabe des ganzen Unternehmens seiner Dialektik; neu deshalb, weil den Anforderungen der Neuzeit, die Gottesdenken und realwissenschaftliches Denken scharf trennt, zusammen mit einer Kritik „metaphysischer Anmaßung"[24] des Mittelalters Rechnung getragen wird und zugleich das gesamte Wissen auf seine Letztbegründung in Gott zurückgeführt wird. Auf erstaunliche Weise, ganz unidealistisch, verbinden sich für Schleiermacher christliches Denken und neuzeitliches Denken. Denn die Kritik metaphysischer Überschreitung der Grenzen menschlichen Wissens, an Kant orientiert, trifft sich mit der christlichen Überzeugung der Absolutheit Gottes. Daher kritisiert Schleiermacher das in der Scholastik ausgebildete Wissen der höchsten Prinzipien des Wissens als isoliertes Wissen, von dem aus keine Verbindung zum realen Wissen gegeben sei. Folge davon war nach Schleiermacher eine „inhaltsleere Theorie von Kombinationsformeln".[25]

Diese Kritik richtet Schleiermacher auch gegen Spinoza.[26] Es genüge nicht, bloß Grundsätze aufzustellen, von denen alles Wissen ausgehen müsse, und die „schlechthin angenommen werden müssen".[27] Schleiermacher behauptet, eine solche „Wissenschaft des Wissens"[28] unterliege selbst noch den Bedingungen des Wissensstreites, insofern man uneinig sei darüber, welche Grundsätze als Prinzipien festzulegen seien. Ein entgegengesetztes Verfahren müsse eingeschlagen werden, um den Streit zu beenden und das gemeinsame „ursprüngliche Wissen" zu finden. Denn ein „Wissen um das Prinzip" könne nur im Ausgang von realem Wissen legitimerweise erreicht werden, indem

---

[23] O, 91, Herv. v. mir. In der lebendigen Einheit menschlichen Seins, wie Schleiermacher später sagen wird, muß jenes „Urwissen" von Gott als transzendentem Grund angelegt (mitgesetzt) sein, das aller Suche des endlich-bedingten Wissens von Gott als „Basis" voraus- und zugrundeliegt. In der Beziehung von unmittelbarem Selbstbewußtsein („Gefühl von Gott") und endlichem Selbstbewußtsein (Wissen von Gott) findet sich in Schleiermachers Philosophie das Problem der Vermittlung eines Wissens vom „Urwissen", des Gottesbewußtseins, das die Interpretation vor nicht geringe Schwierigkeiten stellt. Wir werden im Teil 2 (Die philosophische Anthropologie und Gotteslehre der Philosophischen Theologie), genauer in der Frage des „religiösen Gefühls" als Einheit vermittelter Unmittelbarkeit auf dieses zentrale Problem der Dialektik Schleiermachers zurückkommen, vgl. dazu 2.3.

[24] O, Hs, 89.

[25] O, 90.

[26] Vgl. O, 42 f.

[27] O, 28.

[28] O, 42.

man sich der Grenzen alles bedingten, menschlichen Wissens von Gott bewußt sei. Von daher wird die Ablehnung „metaphysischer Anmaßung" verständlich, die, idealistischem Denken verwandt, eine Kenntnis absoluten Wissens, des „Urwissens", beansprucht.

So werden Schleiermachers programmatische Ausführungen einsichtig, die einzulösen seine Philosophie des Wissens intendiert: daß alles Wissen von der Struktur des menschlichen Wissens her begrenzt ist und in Gott seine letzte Basis findet, von dem her und auf den hin alles Denken lebt. Die Analysen der Dialektik suchen von hier aus eine Klärung der Möglichkeiten und Grenzen metaphysischer Gotteserkenntnis, in der Terminologie Schleiermachers, vom Wissenkönnen des „Urwissens".[29] Zu erinnern ist, daß dieses „Urwissen" von Schleiermacher als „immer schon vorausgesetzt" behauptet wird, d.h. daß im Prozeß des Denkens dieses nicht etwa selbst erst entsteht. In der Orientierung an einem streitfreien Denken als der Einheit des Wissens, in das die Differenzen der Vorstellungen aufgehoben werden sollen, muß jenes über den Wissensstreit hinausliegende Wissen als Bedingung der Möglichkeit der Konstruktion des Zusammenhanges allen Wissens angesehen werden.[30]

Es ist von erheblicher Tragweite für Schleiermachers weiteren Entwurf seiner eigenen Metaphysik des Wissens, daß das *Mitgesetztsein des Gottesbewußtseins im Menschen als „ursprüngliches Wissen um das Absolute oder Höchste"*[31] und damit als Bedingung der Möglichkeit allen Wissens angesehen wird. Denn somit erhärtet sich unsere aufgestellte Analogiebehauptung, daß Schleiermachers Philosophie im Mitgesetztsein des „Urwissens" im Wissenwollen in ihrer Argumentationsstruktur mit der *Philosophischen Theologie* übereinstimmt. Denn in ihr wird ein „Mitgesetztsein Gottes" im Glauben behauptet.

Das Denken des Menschen kann aber von sich her nicht die Begründung leisten für das Prinzip, worin alles Denken, das noch in Gegensätzen begriffen ist, selbst fundiert ist. Ganz entsprechend dieser grundsätzlichen Ausgangsposition der metaphysischen Philosophie argumentiert Schleierma-

---

[29] O, 89, 91.

[30] *M. E. Miller* (Der Übergang, Gütersloh 1970) bemerkt zurecht: „Hier spielt im Begriff des Anfangs sichtlich eine Zweideutigkeit mit, die es Schleiermacher ermöglicht, einerseits ein Gegebensein des Anfangssatzes zu verneinen und andererseits doch ein Prinzip des Wissens vorauszusetzen und in der Konstruktion des Wissens haben zu wollen" (a.a.O., 28). Schleiermachers Kritik an Spinoza bleibt daher undeutlich, solange er nicht selbst expliziert hat, in welcher Weise er ein Wissen ums Prinzip des Wissens, d.h. ein Wissen der Idee Gottes erlangen kann.

[31] O, 91.

chers Philosophische Theologie in der Frage der Unmöglichkeit der Begründung des Glaubens durch das menschliche Denken.

Es wird zu zeigen sein, und darin liegt die Absicht der vorliegenden Arbeit, daß in Schleiermachers *philosophischem Gottesbegriff*, d.h. in seinem Verständnis von menschlichem Wissen des göttlichen „Urwissens" und des Verhältnisses Gottes und der Welt, die Argumentationsbasis für die Philosophische Theologie gegeben ist. Von Schleiermachers Gottesbegriff her werden aber auch die Probleme der Vermittlung von Glauben und Wissen allein entscheidbar sein.

1.1.2 Die relative Identität des Wissens

Es wird im folgenden notwendig, Schleiermachers Ausführungen über die Struktur des wirklichen Denkens genauer zu verfolgen, um verstehen zu können, wie auf dem Wege des Denkens das „Urwissen" als Grund und Prinzip allen Wissens erreicht werden kann. Wir gehen dabei wieder aus vom Zustand des Streits der Vorstellungen, dessen Überwindung Schleiermacher der „philosophischen Kunstlehre" als Aufgabe stellt. So muß zunächst genauer geklärt werden, wie Denken und Wissen sich zueinander verhalten.

Einschränkend sei darauf hingewiesen, daß es für unser Erkenntnisinteresse nicht um eine vollständige Aufnahme der differenzierten Argumentationsschritte Schleiermachers gehen kann. Nur zentrale Gedanken und Ergebnisse der Transzendentalanalyse des menschlichen Bewußtseins können hier relevant werden. Ihr Verständnis wird dadurch erleichtert, daß – vor allem für die Grundzüge der folgenden Analysen – der philosophische Problemhorizont mit Hinweis auf Kant vorausgesetzt werden kann, auf dessen Hintergrund Schleiermachers Denken immer zu sehen ist. Schleiermachers inhaltliche Abgrenzung von Kant, die er an einigen Stellen der Dialektik ausdrücklich notiert, ermöglicht ein sehr viel gründlicheres Verständnis von Schleiermachers eigener Position. Wenngleich in der vorliegenden Arbeit darauf verzichtet werden mußte, die Auseinandersetzung von Schleiermacher mit Kant eigens zu thematisieren, so bildet sie für unsere Interpretation doch den begleitenden Problemhorizont.

Inwieweit Schleiermacher sich in der Absetzung von Kant an Spinoza und Schelling orientiert hat, ist für die systematische und nicht philosophiegeschichtliche Intention der vorliegenden Interpretation nicht von Gewicht. Doch sind vergleichende Überlegungen ungemein aufschlußreich gerade in bezug auf den Parallelismus von Denken und Sein oder die identitätsphilosophischen Voraussetzungen der Idee des Absoluten als Einheit des Idealen und Realen. An Kritik an Schleiermachers Denken hat es, wie die Interpretationsgeschichte zeigt, nicht gefehlt.[32] Im Hinblick auf die Bedeutung von Schleiermachers philosophischem Denken für das Verständnis der Philosophischen Theologie interessieren hier nur die Voraussetzungen, die für das Konzept einer fundamentaltheologischen Interpretation der Philosophischen Theologie grundlegend sind.

Welches Denken nennt Schleiermacher nun ein Wissen? Im Zustand strittiger Vorstellungen ist die Richtung auf Wissen der Anfang allen Denkens, das auf Überwindung des Streits ausgeht. Man kann daher ein Denken, das den Streit in sich schließt und ein Denken, das den Streit ausschließt, unterscheiden. Denken als Wissenwollen sucht daher die Differenzen im Streit auf Einheit des Wissens zu überwinden. Schleiermacher kann daher auch „werdendes und gewordenes Wissen"[33] voneinander abheben. Damit wird sichtbar, daß Bedingungen gegeben sein müssen, daß von einem Denken als Wissenwollen gesagt werden kann, es sei Wissen; wohingegen jedes Wissen ein Denken sein muß.

Nicht zu verwechseln ist damit das „Urwissen", das allem wirklichen Wissen vorhergeht und als Ziel zugleich in gewisser Weise die absolute Totalität allen Wissens ist. Differenzierungen des „terminus a quo" und des „terminus ad quem" des Wissens stellen wir noch zurück.

Aus Denkstreitigkeiten geht ein Wissen hervor, wenn die „Identität des Prozesses aller Denkenden"[34] und die „Unveränderlichkeit des Verhältnisses der Vorstellungen zum Gegenstand"[35] gegeben sind. Geht man methodisch wieder vom Zustand strittiger Vorstellungen aus, dann muß man daran erinnern, daß Streit nur zwischen zwei Denkenden entsteht, wenn ihr Denken sich auf einen gemeinsamen Gegenstand bezieht, über den ihr Denken keine Einigung erzielen kann. Schleiermacher hatte schon im § 3 seiner „Einleitung in die Dialektik"[36] die Beziehung des Denkens auf das Sein als grundlegende Bedingung der Dialektik aufgestellt und Wissen bestimmt als ein Denken, das dem Sein entspricht. Eine Auflösung des Streits, d. h.

---

[32] Zum Verhältnis Schleiermacher und Schelling vgl. die schon genannten Arbeiten von *G. Mann* und *H. Süskind;* eine eingehende Erörterung zu Schleiermacher und Spinoza bildet, so weit ich sehe, nur *T. Camerer,* Spinoza und Schleiermacher, Stuttgart 1903; zu Kant vgl. *A. Dorner,* Schleiermachers Verhältnis zu Kant, in: Theologische Studien und Kritiken 74 (1901), 5–75; *H. Kimmerle,* Das Verhältnis Schleiermachers zum transzendentalen Idealismus, in: Kant-Studien 51 (1959/60), 410–426.

[33] O, Hs, 128.

[34] O, 129.

[35] O, 130.

[36] Vgl. O, 19 ff.

„Ruhe des Denkens" als „Überzeugung"[37], tritt demnach dann ein, wenn das Wissenwollen des Denkens mit dem Gedachten, das außerhalb des Denkens ist, völlig übereinstimmt.

Das ganze Denken bewegt sich daher als wirkliches Denken nur in einer *„relativen Identität des Denkens"*[38], d. h. solange nicht der ganze Zusammenhang allen Wissens gegeben ist, brechen immer wieder neue Denkstreitigkeiten auf, sind immer wieder neu Differenzen auf Einheit des Wissens hin zu überwinden. Alles gewordene Wissen unterliegt dieser „Relativität des Wissens".[39]

Man muß in der Lektüre der Dialektik die Unterscheidungen und den untrennbaren Zusammenhang der Begriffe Denken, Wissenwollen, relatives Wissen, „Urwissen" als absolutes Wissen beachten, um das mit „Wissen" bei Schleiermacher jeweils Gemeinte identifizieren zu können.

Mit dem Hinweis auf die „relative Identität" des Denkens und Wissens hat Schleiermacher die wirkliche Konstitution des Denkprozesses bestimmt. In allem Denken, das Wissen werden will, ist in der Beziehung des Denkens auf das Sein der grundsätzliche Gegensatz von „Idealem" (Denken) und „Realem" (Sein) vorausgesetzt. Es drängt sich daher die Frage auf, wie das Denken überhaupt zum Sein gelangt, d. h. welche Bedingungen gegeben sein müssen, daß eine Einheit und Übereinstimmung von Denken und gedachtem Sein möglich werden kann.

Eine erste Antwort findet Schleiermacher, in Anlehnung an Kants Lehre von den zwei Stämmen der Erkenntnis, darin, daß jedes menschliche Denken konstituiert werde in der Einheit von „organischer" und „intellektueller Funktion".[40] Erstere liefert den Stoff des Denkens, letztere die Form des Denkens. „Beides zusammen: die organische und die intellektuelle, identisch gesetzt, sind das Selbstbewußtsein, das Ich".[41] Als *subjektive Bedingung für die Beziehung des Denkens auf das ihm gegebene gegenständliche Sein* versteht Schleiermacher, analog zu Kants Transzendentalphilosophie, dieses „Ich" als „transzendentale Apperzeption", „denn ohne das Selbstbewußtsein nehmen wir nichts wahr".[42]

---

[37] O, 153.

[38] O, 170, Herv. v. mir.

[39] O, 171.

[40] O, 141.

[41] O, 234.

[42] O, 178. Das hier genannte Selbstbewußtsein ist freilich allein die Bedingung der Möglichkeit des Gegenstandsbewußtseins (ratio cognoscendi); davon zu unterscheiden ist das unmittelbare Selbstbewußtsein („Gefühl") als ratio essendi. Vgl. dazu die Ausführungen über die Theorie des „Gefühls" (2.1).

Ist damit geklärt, worin begründet liegt, daß das denkende Bewußtsein zum Sein überhaupt gelangen kann, so fragt Schleiermacher, über Kant hinausgehend, nach dem, was den subjektiven Funktionen des Denkens als objektive Seinsgrundlage zugeordnet werden muß. Denken (Ideales, Subjekt) und Sein (Reales, Objekt) bilden aber eine Differenz im Sein selbst. Der Gegensatz von intellektueller Funktion und organischer Funktion im Denken entspricht daher im Sein dem Gegensatz von Subjekt (Idealem) und Objekt (Realem). Dieser aber ist nach Schleiermacher der „höchste Gegensatz“[43] und „da das Sein nur ist für uns in bezug auf das Denken“, so erschöpft er „alles Sein, was im wirklichen Denken vorkommen kann“.[44]

Die intellektuelle Funktion repräsentiert damit das Denken (im engeren Sinn), die organische Funktion das Sein, d.h. im Denkenden selbst ist der höchste Gegensatz des Seins repräsentiert. Daraus folgert Schleiermacher nun für den Begriff des Denkens, das Wissen werden will, daß in diesem Streben des wirklichen Denkens die Tendenz des Seins auf Einheit selbst zur Darstellung kommt, insofern mit dem Gegensatz von Idealem und Realem die „Totalität des Seins“[45] umfaßt ist. „Alles aber, was im Prozeß des Denkens in bezug auf das Sein geschieht, kann nur ein Wissen sein, wo wir überhaupt das Ideale und Reale gleichsetzen können ... Außerhalb dieses Gegensatzes liegt nichts, was ein denkbares, in Wissen auflösbares Sein ist. Wo ein solches vorkommen soll, muß eine Beziehung des Denkens auf das Sein stattfinden; und innerhalb dieser ist allemal jener Gegensatz schon enthalten“.[46] Alle Untersuchungen Schleiermachers über Möglichkeiten und Grenzen des Wissens intendieren die Aufhebung des Gegensatzes von Idealem und Realem. Das Problem des Wissens, als relatives und absolutes Wissen, kann für Schleiermachers Dialektik erst von diesem ontologischen Zusammenhang des Wissens her geklärt werden. Und von hier aus wird er nach der *objektiven Bedingung der Möglichkeit der Einheit von Denken und Sein fragen als Entsprechung zur subjektiven Bedingung der Beziehung von Denken und Sein.*[47]

Schleiermacher geht in seinen Analysen dabei aus von der Frage, wie sich im denkenden Menschen selbst die intellektuelle Funktion zur organischen

---

[43] O, 174.

[44] O, 176.

[45] O, 177.

[46] O, 177.

[47] Auf diesen Zusammenhang von transzendentalem Grund der Einheit der Gegensätze und ontologischem Grund der Einheit von Denken und Sein („Gefühl“, unmittelbares Selbstbewußtsein) kann hier nur hingewiesen werden. Im Teil 2 (Die philosophische Anthropologie und Gotteslehre der Philosophischen Theologie) wird dieses Problem eingehend erörtert werden.

Funktion menschlichen Denkens verhält. Kann der Mensch im Denkvollzug auch betrachtet werden, einmal als Subjekt, zum andern als Objekt, so ist doch im Denkvollzug die *Einheit von Denken und Sein im Menschen selbst immer schon vorausgesetzt.* In dieser Einheit, so sei vorweg zur Orientierung angedeutet, wird Schleiermacher das Prinzip des Wissens zu finden suchen. Nur von diesem Zusammenhang aus kann dann das Problem eines Wissens von Gott in Schleiermachers Philosophie geklärt werden.

1.2 Die transzendentalen Grenzbestimmungen des Wissens und das Problem der Gotteserkenntnis

Philosophie hatte Schleiermacher in seinem „Allgemeinen Teil" der Dialektik als die Reflexion auf Prinzip und Zusammenhang des Wissens bestimmt. Alle Gedanken und alles Wissen sind unvollkommen, so hieß es, bis die vollkommene Totalität des Wissens in ihrem Zusammenhang erreicht ist; man wisse eigentlich noch überhaupt nichts, bevor man nicht alles wisse. Die Grundlagen und Prinzipien, von denen alles Wissen ausgeht, müsse man solange voraussetzen, bis man sie mit dem Zusammenhang des Wissens erlangt hätte.

Philosophie als Reflexion auf diese transzendente Grundlage des Wissens (als göttliches „Urwissen") verbindet sich nach Schleiermacher zugleich mit dem Vorhaben einer philosophischen „Kunstlehre des Streitens", d. h. mit jenem methodischen Vorhaben, das vom Zustand strittiger Vorstellungen über einen Gegenstand des Wissens ausgeht, um ein streitfreies Wissen in der Aufhebung der Differenzen als Einheit von Denken und Gedachtem zu finden. Soll dieses streitfreie Wissen schließlich nicht bloß eine vorübergehende Einigung im Streit bedeuten, dann müßte in diesem genau jenes „ursprüngliche Wissen" zu finden sein, das jedem strittigen Wissen zugrunde liegt als das von allen gesuchte gemeinsame Wissen, von dem her aller Streit aufgelöst werden könnte.

Wie weit, so muß aber gefragt werden, ist eine Annäherung an diese transzendente Grundlage allen Wissens unter den Bedingungen des wirklichen Denkens (Wissens) überhaupt möglich?

Das Ergebnis unserer bisherigen Überlegungen führte uns auf die Relativität des Wissens, die vom Gegensatz des Idealen und Realen geprägt ist. Liegt der Gegensatz von Denken und Sein dem wirklichen Denken immer zugrunde, dann kann vielleicht von den Endpunkten der Relativität des Wissens, d. h. an den Grenzen des Denkens ein Wissen vom transzendenten Grund möglich werden. Schleiermacher sucht daher Grenzbegriffe für den transzendenten Grund. Diese näherhin zu untersuchen ist im folgenden unsere Aufgabe.

Wir haben an die allgemeine Fragestellung der Dialektik Schleiermachers erinnert, um das bisher Dargestellte im Blick auf die nun folgenden Erörterungen sicherzustellen. Man muß in der Tat das Grundproblem der Dialektik vor Augen haben, um die nun einzeln zu vollziehenden Gedankenschritte vom ganzen Unternehmen der Dialektik her richtig in ihrer Bedeutung erfassen zu können. Die Grundfrage der Philosophie Schleiermachers als Ontologie des Wissens haben wir vorgreifend, gleichsam als Rahmen des Ganzen, entworfen.

Es erleichtert das Verständnis erheblich, wenn man, von der „transzendentalen Aufgabe im allgemeinen" her, die der erste Abschnitt des „Transzendentalen Teils" verhandelt, Schleiermachers Reflexionen auf den transzendenten Grund allen Wissens verfolgt, die von unserem Erkenntnisinteresse her *Möglichkeiten und Grenzen der Gotteserkenntnis, d. h. eines Wissens von Gott* einsichtig machen.

„Das eigentliche Transzendentale haben wir noch nicht", „also kein Transzendentes und keine Voraussetzung des Denkens".[1] Schleiermacher verwendet, wie zu sehen ist, die Begriffe *transzendental* und *transzendent* synonym. Gemeint sein soll „etwas über das gewöhnliche Denken Hinausgehendes".[2] Im Sinne Kants wäre dies eine erstaunliche Austauschbarkeit an sich streng geschiedener Begriffe.[3] Gesucht ist in beiden Begriffen *dasjenige, was allem Wissen zugrunde liegt,* von Schleiermacher Prinzip und Zusammenhang des Wissens genannt. Auf die in diesen Begriffen enthaltenen Unterscheidungen werden wir noch sehr ausführlich eingehen müssen. Zwei vorgreifende Bemerkungen sind allerdings zum Verständnis des Gesamtzusammenhanges notwendig, da Schleiermacher in sehr ungenauen Bestimmungen den *transzendenten Grund und Ursprung allen Wissens* nicht immer deutlich genug abhebt von der vom relativen Wissen her zu erreichen gesuchten *vollendeten Einheit des Wissens.* Beiden *Grenzbegriffen* wird Schleiermacher transzendenten Charakter zusprechen, jedoch in verschiedener Hinsicht, da einmal die transzendente Grundlage des Wissens *(Idee Gottes),* zum anderen die transzen-

---

[1] O, 186.

[2] O, 304.

[3] Schleiermachers begriffliche Ungenauigkeiten, die noch zu erheblichen Verständnisschwierigkeiten führen werden, lassen einen Hinweis auf *Kant* sinnvoll erscheinen, der die Begriffe transzendental und transzendent scharf voneinander unterscheidet: „Das Wort: *transzendental* ... bedeutet nicht etwas, das über alle Erfahrung hinausgeht, sondern was vor ihr (a priori) zwar vorhergeht, aber doch zu nichts Mehrerem bestimmt ist, als lediglich Erfahrungserkenntnis möglich zu machen. Wenn diese Begriffe die Erfahrung überschreiten, dann heißt *ihr Gebrauch transzendent,* welcher von dem *immanenten, d. i. auf die Erfahrung eingeschränkten Gebrauch* unterschieden wird" (Prolegomena A 204, Anm.). Der Begriff der „*Idee*" bei Schleiermacher wird daraufhin zu befragen sein, ob sein Gebrauch immanent oder transzendent zu nennen ist.

dentale Grundlage und Ziel allen relativen Wissens *(Idee der Welt)* gemeint sind. Wir müssen uns hier auf diese sehr knappen Hinweise beschränken. Nur auf ihre Unterscheidung kommt es zunächst an.[4]

Was Schleiermachers Verwendung der Begriffe transzendent und transzendental anbelangt, so sei hier nur darauf hingewiesen, *daß Schleiermacher
den Begriff der transzendenten Grundlage allen Wissens nur transzendental zu
gebrauchen sucht,* d. h. daß er diesen nur als Grenzbegriff des Wissens verstehen will, der, wie zu zeigen sein wird, nur approximativ bestimmt werden
kann.

„Dialektik" als Bewegung, Differenzen des Streits auf Einheit des Wissens
hin zu überwinden, *setzt* zwar ein streitfreies Denken immer schon *voraus,
ohne* es je von sich her *erreichen zu können.* Denn wäre es erreicht, könnte
absolutes, nicht mehr bloß relatives Wissen als Einheit von Denken und Sein
vom endlichen Standpunkt aus möglich werden.

Es stellt sich die Frage, ob von der Relativität des Wissens aus je ein
vollendetes Wissen erreicht werden kann. „In bezug auf dieses ‚Urwissen'
dürfen wir uns also an die Relativität des Wissens nicht kehren, denn diese
liegt nur in dem Wissen, was wirklich zeitlich entsteht, nicht in demjenigen,
was allem vorhergeht. Je näher wir dem Endpunkte kommen, desto mehr
muß die Differenz verschwinden".[5] Ist Gott als Prinzip allen Wissens transzendenter Grund allen Wissens, dann kann für das relative Wissen Gott nur
transzendentaler Grenzbegriff des Wissens sein, das Gott zwar denken muß,
ihn aber nicht wahrnehmen kann. Demgemäß sucht Schleiermacher zunächst
von Grenzbestimmungen („Endpunkten") des Denkens her, d. h. von den
Formen der Begriffsgrenzen und Urteilsgrenzen her ein Wissen des „Urwissens" zu erreichen.

1.2.1 Die beiden Denkgrenzen des Wissens

Schleiermachers von identitätsphilosophischem Denken geprägte Erörterungen der Transzendentalanalyse des Bewußtseins werden verständlicher
und in sich durchsichtiger, wenn man, ausgehend von der „Identität des

---

[4] *R. Stalder* bleibt, trotz seiner Kritik an Schleiermacher, selbst ungenau in der Darstellung dieses
Zusammenhanges, wenn es etwa heißt: „Der geheimnisvolle, den ganzen Wissensprozeß
beherrschende Identitätspunkt steht also vor allem Denken und ist zugleich auch dessen
Zielursache" (a.a.O., 322). Es fällt in Stalders Arbeit auf, daß das Verhältnis der Ideen Gott und
Welt nicht eigens erörtert wird. Hieraus erklären sich die Schwierigkeiten der Unterscheidung.
Vgl. auch *R. Stalder,* a.a.O., 381 (Anm. 293).
[5] O, 171.

Transzendentalen und Formalen"[6], ihre Grundlinien aufnimmt. Wir beabsichtigen damit die formalen Ausführungen auf das notwendigste zu beschränken und nicht im einzelnen zu verfolgen.[7] Schleiermachers Erörterungen der „transzendentalen Aufgabe im allgemeinen"[8] geben dazu die Legitimation.

Eine Annäherung an die transzendente Grundlage allen Wissens wird erreicht, „indem wir die Schranken der Differenz immer mehr zerbrechen. Aber ganz können wir es nie, sondern die Identität ist immer auf der einen Seite die Voraussetzung der Aufgabe, auf der anderen immer das Ziel, wonach wir streben müssen".[9] Es ist zu beachten, daß hier erstmals von einer zweifachen Weise der Identität die Rede ist, die das wirkliche Denken als Wissen umfaßt. Gemeint sind damit *zwei Grenzen des Wissens*, einmal den Anfang allen Wissens betreffend als Voraussetzung, zum anderen das Ende allen Wissens als Ziel.

Gehen wir zurück auf den Zustand strittiger Vorstellungen. Welche gemeinsamen Bedingungen müssen gegeben sein, damit eine Aufhebung des Streits möglich ist? Befindet man sich im Streit, muß das wirkliche Denken schon vollzogen werden, d.h. der Anfang des Denkens kommt uns nicht ausdrücklich zu Bewußtsein, er liegt gleichsam schon im Vergangenen. Schleiermacher spricht daher auch von der „Primärvoraussetzung" gegenüber der „Finalvoraussetzung"[10] als Denkgrenzen. Diese ist mit der Über-

---

[6] O, 187.

[7] Vgl. *F. Wagner*, a.a.O., 92–102. Es ist allerdings wichtig zu sehen, daß Wagner darauf fixiert ist, Verstandeserkenntnis und Vernunfterkenntnis bei Schleiermacher zu unterscheiden, weshalb schon *H. R. Reuter* (a.a.O., 77–82; 119–121) sich kritisch von Wagner abgesetzt hat. Darüber hinaus verkennt Wagner die Bedeutung der Grenzbestimmungen für das Problem der Erkenntnis des transzendenten Grundes. Es ist daher unzutreffend, wenn er behauptet: „Schleiermacher aber hypostasiert die Grenzbestimmungen zu Formeln für die transzendenten Voraussetzungen alles Denkens und Wissens" (a.a.O., 100). Genau das Gegenteil ist der Fall. Vgl. O, 305. Wagners Kritik der Grenzbestimmungen des Wissens (a.a.O., 111) steht im Widerspruch zu seiner Behauptung, die transzendentale Idee der Welt sei zu verstehen als „absolut-ideale Erscheinung des Wissens" (a.a.O., 218), die allerdings „dem bestimmten Denken und Wollen transzendent" (a.a.O.) bleibe. Die Zusammenfassung der transzendentalen Grenzbestimmungen stellt nämlich die Voraussetzung dar dafür, daß die Idee der Welt überhaupt gebildet werden kann. Wie daher der Vorwurf der Hypostasierung der Grenzbestimmungen (a.a.O., 111) mit der zutreffenden Interpretation der Idee der Welt übereinkommen soll, kann nicht einsichtig werden.

[8] Vgl. O, 125–187. Man wird unsere Interpretation allerdings nur dann im einzelnen verfolgen können, wenn man eine Kenntnis des Schleiermacher-Textes besitzt, der eine in sich ausgesprochen differenzierte Konstruktion des Wissens vorlegt.

[9] O, 171.

[10] O, 222.

windung aller Differenzen in die Einheit des Wissens als Einheit der Gegensätze von Denken und gedachtem Sein gegeben. Wir haben damit eine erste Skizzierung der Struktur des Wissens als Wissenwollen in seinen Denkgrenzen. Es sind, wie Schleiermacher formuliert, die „beiden transzendenten Voraussetzungen"[11] des Wissens, die freilich vom Denken nicht mehr vollzogen werden können, d. h. nur negativ zu bezeichnen sind als transzendentale Voraussetzungen, wie Schleiermacher auch sagen kann. Wir müssen aber noch weitergehende Unterscheidungen treffen, die Schleiermacher in formaler Hinsicht sehr ausführlich behandelt, die aber schon im allgemein-transzendentalen Kapitel vorliegen.

Im Anschluß an Kants zwei Stämme der Erkenntnis hatte Schleiermacher, wie gezeigt wurde, die intellektuelle und organische Funktion unterschieden und in der transzendentalen Einheit des Denkens zusammengefaßt. Gemäß seinem identitätsphilosophischen Ansatz repräsentieren die beiden Pole des Denkens aber zugleich den objektiven Gegensatz von Idealem und Realem. In dieser Voraussetzung gründet die Möglichkeit des Wissens, das als relatives Wissen freilich im Übergang vom unvollkommenen zum vollkommenen Wissen nur eine jeweils relative Identität von Denken und gedachtem Sein erreicht. Der Gegensatz beider Denkfunktionen hat aber immer seine Entsprechung im Sein, so, „daß die intellektuelle Seite im seienden Denken das Denken ist, und die organische im denkenden Sein das Sein".[12] Bezogen auf das Wissen kann Schleiermacher daher folgern: „Und in diesem Gegensatz ist also das ganze Sein, wie es für das Denken ist und das Denken, wie es für das Sein ist, beschlossen, so daß das Wissen nichts ist als die reine Gleichheit von beiden".[13] In jedem wirklichen Denken sind beide Funktionen immer untereinander verbunden, da weder Denken (im engeren Sinn) noch Wahrnehmung sonst gegeben sein könnten, im wirklichen Sein sind Subjekt und Objekt, reales Sein und ideales Sein untrennbar verbunden.

Wir werden später in diesen identitätsphilosophisch entworfenen Entsprechungen von Denken und Sein noch weitere Unterteilungen finden. Hier sollen diese Zusammenhänge nur mitgedacht werden, wenn im folgenden die näheren Bestimmungen der Denkgrenzen von der intellektuellen und organischen Seite aus gesucht werden, um die *allem wirklichen Denken zugrundeliegende ursprüngliche transzendente Basis* zu finden. Nur von den

---

[11] O, 222.
[12] O, Hs, 175.
[13] O, 176.

Denkgrenzen her hofft Schleiermacher diese finden zu können, da im Gebiet des relativen Wissens eine gemeinsame Basis allen Wissens nicht gefunden werden kann, es sei denn eine bloß vorläufige, d. h. selbst relative Basis.

Alle organische Tätigkeit eröffnet dem Denken eine Mannigfaltigkeit von Eindrücken, die in der intellektuellen Tätigkeit ihre Bestimmung erhalten. Die Gedankengrenze von der organischen Seite her, der „absolute Anfang des Denkens"[14], faßt diese Mannigfaltigkeit der Impressionen in der bloßen Möglichkeit ihrer Bestimmbarkeit, die von der intellektuellen Funktion beabsichtigt ist; so erhält man „das Chaos", d. h. die Mannigfaltigkeit „in der absoluten Verworrenheit".[15] Gehören beide Funktionen, identitätsphilosophischem Denken gemäß, untrennbar zusammen, so muß dies auch gelten für ihre Denkgrenzen. Was entspricht folglich der Gedankengrenze der organischen Funktion in der intellektuellen Funktion?

Ohne jede Möglichkeit von organischen Einwirkungen und Impressionen auf das Denken verbleibt die intellektuelle Funktion in einer bloßen „Indifferenz des Setzens und Nichtsetzens"[16], d. h. „als das bloße Sein"[17], ohne in Tätigkeit treten zu können. Aus der Zugeordnetheit beider Seiten versteht sich dieser Anfang des Denkens als Gedankengrenze von der intellektuellen Seite her.

Die *Denkgrenze des Anfangs allen Wissens,* von Schleiermacher als „*Primärvoraussetzung*"bezeichnet, unterteilt sich demnach in *zwei Gedankengrenzen,* gemäß den Funktionen des Wissens.

Es ist aber zu fragen, ob diese Gedankengrenzen für sich allein die allem Wissen zugrundeliegenden transzendenten Voraussetzungen sein können. Denn mehr als eine „leere" Identität läßt sich ihnen nicht zuschreiben, d. h. eine Identität der „Indifferenz", die allen Differenzen des Wissensstreites zwar notwendig vorausliegt, aber eine Aufhebung der Differenz in eine Einheit des Wissens noch nicht ermöglichen kann. Denn alles wirkliche Denken bildet sich immer schon durch das Ineinander beider Seiten des Denkvermögens. Nur aus einer Beziehung als vollständiger Durchdringung beider Denkfunktionen läßt sich der Zusammenhang des Wissens finden, in dem aller Streit die Möglichkeit seiner Auflösung finden kann.

Wie muß folglich diese Beziehung ausgebildet sein und wie sind am „Ende des Denkprozesses"[18] die Gedankengrenzen zu umschreiben? Wir hatten

---

[14] O, 147.
[15] A.a.O.
[16] O, 150.
[17] O, Hs, 146.
[18] O, 153.

schon eingangs kurz die „Identität aller Denkenden" im Vollzug der Suche nach Wissen erwähnt, ohne die ein sinnvolles Unterfangen der Auflösung des Streits nicht denkbar ist, d. h. intellektuelle Funktion und organische Funktion des Denkens müssen in allen Menschen dieselben sein. Genauer: die Begriffsbildung des Gleich- und Entgegensetzens muß als allen gemeinsam auf dieselbe Mannigfaltigkeit der sinnlichen Eindrücke bezogen werden können. Daher sagt Schleiermacher: „Die Voraussetzung der notwendigen Zusammengehörigkeit unserer Begriffe und der Welt bedingt alles Denken".[19]

Tritt im Prozeß des Denkens das „Ruhen des Geistes"[20] als „Überzeugung des Denkenden"[21] ein, dann ist eine relative Identität des Wissens erreicht. Erst am *Endpunkt des Denkprozesses*, im Punkt vollständiger Durchdringung beider Denkvermögen erlangt man aber die *„Finalvoraussetzung"* als Gedankengrenze in der absoluten Identität des Wissens. Wieder unterteilt Schleiermacher diese Grenze des Denkens, von der intellektuellen und organischen Seite her: „In der Totalität der Denkform aber liegt der absolute Zusammenhang, und in der Totalität des Denkstoffes der organischen Impressionen die absolute Totalität der Außenwelt; und beides zusammen gibt das vollkommene Wissen. Solange das nicht geschieht, ist unser Wissen immer nur im Werden begriffen, denn es ist noch manches der Impressionen chaotisch, manche Form nicht ausgefüllt".[22] Bei genauer Analyse entfaltet sich vor uns der gesamte Aufriß der Transzendentalanalyse menschlichen Bewußtseins in seiner Einheit mit dem gewußten Sein, die Schleiermacher vorlegen will. Es ergeben sich zugleich weitreichende Folgerungsmöglichkeiten innerhalb Schleiermachers Konstruktion des Wissens.

1.2.2 Die Identifikation der Denkgrenzen

Zwei Denkgrenzen am Anfang und am Ende des Denkprozesses, davon waren wir ausgegangen. Gemäß Schleiermachers identitätsphilosophischem Denken müssen wir uns nun die in sich vielfältigen *Identifikationsmöglichkeiten der Denkgrenzen* vergegenwärtigen; sie werden in den Untersuchungen eines *Wissens vom transzendenten Grund, d. h. des möglichen Wissens von Gott und Welt* eine ausschlaggebende Rolle spielen.

---

[19] O, 152f.
[20] O, 152.
[21] O, 153.
[22] O, 155.

Wir hatten schon gesagt, daß für die Denkgrenzen gilt, was für das wirkliche Denken gilt; daraus folgt die Einheit der Denkgrenzen der intellektuellen Funktion und organischen Funktion. Die Gedankengrenzen des absoluten Anfangs konnten, wie wir gesehen haben, „nur Wahrheit haben"[23], wenn man sie von der wirklichen Grundlage des Streits ausgehend auf die Totalität des Endes bezog. „Bloßes Sein" der Denktätigkeit ist als (unvollkommene) Denkgrenze gleichzusetzen der (vollkommenen) Denkgrenze als „Totalität der Denkform"; entsprechend ist das „bloße Chaos" gleichzusetzen der „Totalität des Denkstoffes". Unterschieden jeweils nur durch den Grad der Vollkommenheit sind sie aber als Denkgrenze, d. h. *als transzendente Voraussetzung kein Wissen und Denken selbst, sondern bloß transzendentale Grenzbestimmungen.*

Diese Identität gilt aber auch innerhalb der Denkgrenzen des absoluten Anfangs und des absoluten Endes. Schleiermacher setzt konsequent beide Funktionen des Denkens ineinander, um das, was allem Wissen zugrundeliegt, zu benennen. Die absolute Verworrenheit der chaotischen Impressionen ist eben bedingt durch die absolute Indifferenz der Denktätigkeit. Erst wenn aus ihrem „bloßen Sein" durch Entgegensetzung Begriffe entstehen, erfolgt damit zugleich eine Bestimmung der in sich ungeordneten Eindrücke. So ist verständlich, wenn Schleiermacher sagt: „Ohne diese Voraussetzung würde es nie ein Denken geben, welches ein Wissen werden könnte"[24], d. h. welches eine Übereinstimmung von Denken und Gedachtem werden könnte.

Verschwindet aber dieser Gegensatz im absoluten Ende als der „reinen Identität des Denkens und Seienden"[25], so ist eben alle Entgegensetzung der Begriffsform aufgehoben im vollkommenen Begriff als der „Totalität der Denkform", mit der zugleich eine vollkommene Bestimmtheit der chaotischen Vielheit erfolgt, als der „Totalität des Denkstoffes". Und so kann Schleiermacher schließlich von der *Identifikation der transzendenten Voraussetzungen*[26] in ihren verschiedenen Verhältnissen reden.

Fassen wir das bisher Erreichte zusammen und bringen wir es mit unserer Frage nach den Grenzen und Möglichkeiten eines Wissens von Gott in Verbindung.

Es war unsere Absicht, Prinzip und Zusammenhang des Wissens zu finden. Eine endgültige Auflösung allen Wissensstreites sollte nur erreichbar werden, wenn ein „ursprüngliches Wissen", von dem alles relative Wissen

---

[23] O, 220.
[24] O, 219.
[25] O, 220.
[26] O, 222, Herv. v. mir.

ausgeht, zu finden ist, das auf ein streitfreies Wissen als Aufhebung aller Differenzen von Denken und Gedachtem ausgerichtet ist. Die transzendente Grundlage allen Wissens konnte innerhalb des Wissensstreites nicht gefunden werden. Um zu einer Bestimmung zu gelangen, wurden daher die Denkgrenzen der organischen und intellektuellen Funktion aufgesucht. Ihre *negative* Bestimmung ergab, daß der transzendente Grund allen Denkens außerhalb des Denkens liegt, als Gedankengrenze des absoluten Anfangs, den alles wirkliche Denken immer schon hinter sich hat, und als Gedankengrenze des absoluten Endes, das als absolute Vollkommenheit des Denkens im wirklichen Gebiet des Streites nicht erreicht werden kann.

Unsere bisherigen Darlegungen hatten den Zusammenhang des Denkens und Seins ständig gegenwärtig durch den Hinweis auf den höchsten Gegensatz des Idealen und Realen, denn dieser entspricht sowohl den beiden Denkfunktionen als Denken und Wahrnehmen als auch dem Gegensatz von Subjekt und Objekt, von Denkendem und Seiendem im Sein selbst, den die beiden Denkfunktionen repräsentieren.

Von daher ist offensichtlich, daß die Gedankengrenzen selbst auf das Sein schon ausgreifen und dieses miteinschließen. Wurde bisher der *transzendente Grund von den Denkgrenzen her* zu bestimmen versucht, so gilt es nun, den *transzendenten Grund von den Seinsgrenzen her* zu fassen. Der transzendente Grund allen Wissens, d.h. allen Denken und Seins wird im folgenden entsprechend der identitätsphilosophischen Parallelisierung der Denk- und Seinsordnung an den vier Endpunkten als Gedankengrenzen positiv zu bestimmen versucht. „Also, bloß so *negativ* vorgestellt, ist die Denkgrenze nur das dem Denken, welches kein Wissen ist, und sofern es auf die Idee des Wissens gar nicht bezogen ist, Vorangehende. Dasselbe gilt auch von der entgegengesetzten Denkgrenze … Um nun das *Positive* in jener Analogie bleibend zu finden, müssen wir aufs neue, von beiden Formen des wirklichen Denkens ausgehend, das ihnen im Sein Entsprechende genauer auffassen".[27] Erreicht aber Schleiermacher, von der Analogie des Zusammenhangs von Denken und Sein her, ein positives Wissen vom transzendenten Grund, d.h. von der Grenze des Wissens als der Identität des höchsten Gegensatzes von Idealem und Realem her? Dies muß bezweifelt werden. Es hatte sich gezeigt, daß die Grenzbestimmungen als transzendente Voraussetzungen außerhalb des Denkens lagen, obwohl ihre Aufstellung von den Operationen des Denkens her erfolgte. Nicht anders kann aber Schleiermacher verfahren, wenn er Grenzbestimmungen des Seins anzugeben sucht. Gemäß der Ent-

---

[27] O, Hs, 228.

sprechung von Denken und Sein muß daher vom Innenbereich des Wissens
her entworfen werden, was als Grenzbestimmung des Seins gelten soll. So
kann das Ergebnis nur das gleiche sein bzgl. negativer und positiver Bestimmung des transzendenten Grundes allen Seins. Werden die Grenzbegriffe des
Denkens und Seins in ihrer Einheit auf den transzendenten Grund bezogen,
muß dieser außerhalb, d.h. transzendente Voraussetzung bleiben. Dabei ist
es gleichgültig, ob man sich ihm zu nähern versucht, von der oberen oder
unteren Grenze der organischen oder intellektuellen Seite her. Ohnehin
können die Bestimmungsversuche nicht absehen von der gegenseitigen Identifikation der Grenzen des Wissens. Was heißt dann aber „positiv"?

Ehe wir diese Frage zu beantworten versuchen, die von erheblicher Tragweite für die Möglichkeiten und Grenzen der Gotteserkenntnis ist, fragen
wir nach dem uns *bisher möglichen Wissen von Gott.*

Es zeigt sich, daß vom unvollkommenen Wissen immer ausgegangen
werden muß, um die Grenzen des Denkens zu erreichen. Diese sind daher,
vom bedingten Denken her entworfen, eben immer nur Grenzen dieses
bedingten Denkens, können daher das Unbedingte, d.h. den transzendenten
Grund, der außerhalb allen relativen Denkens und Wissens liegt, nicht
adäquat wiedergeben. Die menschliche Erkenntnis kann nicht begründen,
was für sie selbst Grund und Bedingung ihrer Möglichkeit ist. *Nur Grenzbestimmungen für den transzendenten Grund, d.h. nur ein an transdendentalen
Grenzbegriffen sich orientierendes Wissen von Gott läßt sich entwickeln.* „Das
Unzureichende", sagt Schleiermacher, „liegt allein darin, daß wir, von der
Beziehung zwischen Denken und Gedachtem ausgehend, im Gebiet des
Gegensatzes stehenblieben ... Aus einer bedingten Weise ergibt sich aber
kein Unbedingtes".[28]

Ohne hier die Konsequenzen dieser Einsicht für Schleiermachers *Philosophische Theologie* schon aufzuzeigen, kann betont werden, daß der mögliche
philosophische Einfluß einer Begründung des Glaubens an Gott als den
letzten Grund des Glaubens nur von der endlichen Bedingtheit jeden Wissens von Gott her beurteilt werden kann.

---

[28] O, 270.

1.3. Die „Grenzformeln"
für den transzendenten Grund

Wir müssen nun *die endliche Bedingtheit des Wissens von Gott* von Schleiermachers Grenzbestimmungen des den Gedankengrenzen analogen Seins her aufnehmen. Dabei, wir hatten es schon kurz erwähnt, müssen wir vier Grenzbegriffe des Seins untersuchen, und zwar einmal die „oberen" Seinsgrenzen der intellektuellen Funktion, dann die der „unteren" Seinsgrenze der organischen Funktion.

Nun hatte Schleiermacher bereits in seinen Ausführungen zur „transzendentalen Aufgabe im allgemeinen" betont, daß die Begriffe des Denkens immer mit dem in der Wahrnehmung gegebenen Sein in Beziehung gebracht werden müssen. Aus dem Ineinander des Allgemeinen und Besonderen[1], das die Denktätigkeit dabei entfaltet, entstehen weitreichende Verschränkungen beider Denkfunktionen. „Je mehr das Besondere mit dem Allgemeinen gedacht wird, um desto mehr Organisches in jenem; je mehr das Allgemeine mit im Besonderen, um desto mehr Intellektuelles in diesem".[2] Entsprechend der Übereinstimmung von Transzendentalem und Formalem[3] nimmt Schleiermacher, im Anschluß an seine eingehende Analyse der beiden Formen des Denkens, Begriff und Urteil[4], die Verschränkung von intellektuellem und organischem Denkvermögen von der Begriffs- und Urteilsbildung her auf.

Der Vorteil unserer Vorgehensweise[5] liegt einmal in der nicht nur formalen, sondern immer schon die Einheit von Denken und Sein betonenden

---

[1] Im folgenden findet sich in Schleiermachers formaler Theorie des Wissens (und der Wissenschaften) grundgelegt, was in der *Philosophischen Theologie* dann bestimmend wird für die Methode „komparativer Kritik" (O, 273) als der dem endlichen Wissen möglichen Durchdringung des allgemein-spekulativen und empirisch-besonderen Wissens zur Aufstellung des allgemeinen Wesens des geschichtlichen christlichen Glaubens.

[2] O, Hs, 141.

[3] Vgl. O, 187.

[4] Vgl. O, 187–230.

[5] Vgl. 1.2.1.

Bedeutung der Denkgrenzen; zum anderen scheint uns der Überblick über die in sich sehr komplexen Ausführungen Schleiermachers besser möglich.

In seinen „Transzendentalen Erörterungen über das Wissen unter der Form des Begriffs"[6] und das Wissen „unter der Form des Urteils"[7] verhandelt Schleiermacher die „Grenzformeln"[8] für den transzendenten Grund des Wissens, indem er die Begriffsgrenzen und Urteilsgrenzen und die ihnen analogen Seinsgrenzen jeweils getrennt untersucht. D.h. jene Grenzen, die allem Prozeß des Wissens schon vorausliegen, und jene Grenzen, die als Vollendung des Wissens selbst nicht erreicht werden können. Schleiermacher hatte diese dann auch Indifferenz-Identität und reine Identität genannt.

Wie oben zitiert, verschränken sich in den Denkfunktionen das Allgemeine mit dem Besonderen und das Besondere mit dem Allgemeinen bis zu den jeweiligen Grenzen des Allgemeinen und Besonderen. Dabei findet sich einmal ein Übergewicht des Allgemeinen, d.h. der Denk- und Seinsgrenzen der „intellektuellen Funktion", zum anderen ein Übergewicht des Besonderen, d.h. der Denk- und Seinsgrenzen der „organischen Funktion". Beide Ebenen stimmen dann in Schleiermachers Konstruktion des Wissens insgesamt überein in den Grenzbestimmungen des Allgemeinen und den Grenzbestimmungen des Besonderen; sie sind aber auch untereinander untrennbar verbunden. Es zeigt sich aber zugleich die nicht aufhebbare Duplizität der intellektuellen Funktion (des Idealen) und der organischen Funktion (des Realen) auch von den Begriffs- und Urteilsgrenzen her in ihrer Analogie zum Sein.

Behält man diesen Zusammenhang im Auge, dann fällt es leichter, Schleiermachers Analysen, die für die Bestimmung eines Wissens von Gott diese Duplizität der Denk- und Seinsgrenzen wieder sichtbar machen, zu verstehen.

1.3.1 Höchste Kraft, Gott und Materie

Schleiermacher beginnt in der Suche nach dem den Begriffsgrenzen analogen Sein zunächst damit, daß er die Seinsbestimmungen angibt, die den höheren

---

[6] Vgl. O, 230–249.

[7] Vgl. O, 249–265. Eine übersichtliche Skizze der gesamten Bestimmungen der Begriffs- und Urteilsgrenzen sowie der entsprechenden Seinsgrenzen findet sich bei *F. Wagner*, a.a.O., 103. Auch die Gegenüberstellung der Unterschiede der verschiedenen Dialektik-Entwürfe ist aufschlußreich für das Verständnis des Entwurfs von 1822 (a.a.O., 102–104).

[8] O, 265.

und niederen Begriffen jeweils entsprechen sollen. „Was bringt uns im Sein das Höhere als ein Niederes zur Anschauung? Es ist die Erscheinung. Das Höhere, worin eine Mannigfaltigkeit von Erscheinungen gegründet ist, der produktive Grund des Erscheinens, ist die Kraft. Wenn es ein Wissen geben soll, so muß dem Verhältnis der Begriffe der Gegensatz von Kraft und Erscheinung im Sein entsprechen. Kraft ist die reale Wahrheit des höheren Begriffs, die Erscheinung entspricht der Mannigfaltigkeit der niederen Begriffe".[9] Dem Begriffsverhältnis von Allgemeinem und Besonderem korrespondiert also das Seinsverhältnis von Kraft und Erscheinung.

Was entspricht dann aber dem höchsten Begriff als Sein, d.h. was entspricht der *oberen Begriffsgrenze*, dem bloßen „Sein mit aufgehobener Entgegensetzung"?[10]

Als transzendente Voraussetzung müßte dieses Sein, dem man sich in Gedanken nur annähern kann, ohne daß dieses selbst in der Wirklichkeit des Seins antreffbar wäre, weil es allem Sein zugrundeliegt, das Unbedingte sein, d.h. daß es „die oberste Kraft sein muß, die alles bedingt, und die zugleich nicht wieder Erscheinung sein kann".[11] An alle antreffbaren Vorstellungen einer solchen höchsten Kraft muß dabei nach Schleiermacher nun die Frage gerichtet werden, ob die *Differenz von Unbedingtem und Bedingtem* hinreichend zur Geltung kommt. Schleiermacher fordert eine Differenz von transzendentem Sein und im Gegensatz von Denken und Sein befindlichem immanentem Sein.

Das Wissen soll also eine Seins-Bestimmung des transzendenten Grundes formulieren können, indem es auf seine eigene Grundlage reflektiert. Kann aber überhaupt vom Immanenten her über dessen Grenze hinaus etwas ausgesagt werden? Offensichtlich muß der Begriff *transzendent* gültig sein sowohl für den Grenzbegriff des Denkens als auch für das Unbedingte selbst, das der Grenzbegriff als zum Denkvollzug gehörig doch nur annähernd fassen kann.

Schleiermacher hat eine Unterscheidung zwar sachlich immer versucht, jedoch gelangen durch den ständigen Wechsel der Ausdrücke transzendental und transzendent begriffliche Ungenauigkeiten in die Argumentation. Man muß daher sagen, daß die *Grenzformeln*, deren erste als „oberste Kraft" angedeutet ist, für das Denken, weil von ihm gebildet, formulierbar sind *als transzendental-transzendente Grundlage allen Wissens*. Denn da das Erkennen die vollendete Identität von Denken und Sein nicht erreicht, weder vom

---

[9] O, 237.
[10] O, Hs, 198.
[11] O, 241.

Begriff noch vom Urteil her, sollen nach Schleiermacher die Grenzformeln eine über sich hinausweisende Bezeichnung der transzendenten Voraussetzung allen Wissens darstellen. In den Grenzformeln soll nur ein transzendentaler Gebrauch der transzendenten Grundlage allen Wissens vorliegen, der die Erfahrungsgrenze nicht übersteigt. In dieser Hinsicht muß, wie im Verlauf der Interpretation noch deutlicher wird, auch das transzendente Sein des Unbedingten als transzendente Voraussetzung und Grund allen immanent-gegensätzlichen Seins verstanden werden.

Kann, so muß man fragen, solch strenger Unterscheidung gemäß die *Vorstellung Gottes als höchster Kraft* genügen?

Es ist interessant, daß Schleiermacher die im Aufstieg vom besonderen Bereich der Wahrnehmung zum allgemeinsten Bereich des Denkens entwickelten Überlegungen gleichsetzt mit Spinozas pantheistischem Denken. Die „Einheit einer weltbildenden, selbst nicht erscheinenden Kraft ... ist natura naturans, wie die Gesamtheit der Erscheinung natura naturata".[12] Es sei dahingestellt, inwieweit diese Parallelisierung zutreffend ist.[13]

Im Verständnis Schleiermachers soll jedenfalls der „Irrtum der pantheistischen Konstruktion"[14] von den Voraussetzungen der Dialektik her widerlegt werden. Angesichts des Streits in der Interpretationsgeschichte um Schleiermachers Nähe bzw. Abgrenzung von Spinoza kommt diesen knappen, wenngleich präzisen Ausführungen großes Gewicht zu.[15] Erst im letzten Teil unserer Interpretation der Philosophie Schleiermachers, die Verhältnisbestimmung der Idee Gottes und der Idee der Welt betreffend, wird zu fragen sein, ob Schleiermachers hier im folgenden vorgenommene Abgrenzung von Spinoza dort ebenfalls deutlich sichtbar wird.

Das Verhältnis von natura naturans und natura naturata ist nach Schleiermacher nur so zu fassen, daß das eine nicht ohne das andere gedacht werden kann, daß die Abhängigkeit der natura naturans von der Gesamtheit des von

---

[12] O, Hs, 243.
[13] Sehr aufschlußreich sind in diesem Zusammenhang weder *F. Wagners* (a.a.O., 109) noch *H. R. Reuters* (a.a.O., 136) Ausführungen.
[14] O, 238.
[15] *R. Stalder,* dessen Erkenntnisinteresse auf den Nachweis der Übereinstimmung der Philosophie Schleiermachers mit der Tradition christlicher Philosophie zielt, bemerkt: „Nur wer die ‚Dialektik' nicht kennt, wird sich anmaßen, Schleiermacher des Spinozismus zu bezichtigen" (a.a.O., 368). Vergleicht man die Dialektik mit den Reden „Über die Religion", dann kommt schon in der Begrifflichkeit des „transzendenten Grundes allen Seins" Schleiermachers Betonung der Differenz im Verhältnis von Gott und Welt deutlich zum Ausdruck. Das Kapitel 6 des II. „Transzendentalen Teils" der Dialektik, das Stalder unverständlicherweise nicht erörtert, hätte seine geäußerte Bemerkung bestätigt.

ihr Geschaffenen aber nicht immer festgehalten werde. Denn die oberste Kraft ist, was sie ist, nur durch und im Geschaffenen, d. h. sie ist durch dieses selbst bedingt. Der Gegensatz von Kraft und Erscheinung gehört daher selbst zur Bestimmung der natura naturans. „Denn die Kraft ist durch die Totalität der Erscheinungen bedingt, sie ist nur im Zyklus der Erscheinungen und im Zugleichgesetztsein derselben".[16]

Das dem immanenten Sein zugrundeliegende transzendente Sein kann aber nicht in einer Verhältnisbestimmung gedacht werden, die dem Gegensatz des Immanenten noch verhaftet ist. Daher betont Schleiermacher die Differenz (zu Spinoza), indem er diese *Einheit im Transzendenten ... nicht transzendent genug*[17] findet. Das kann nur heißen: die Einheit von natura naturans und natura naturata hat den Gegensatz noch nicht gänzlich überwunden, bedarf in ihrem Bedingtsein noch des Unbedingten; sie ist nur transzendentaler Grenzbegriff, der das mit der transzendenten Grundlage allen Seins Gemeinte nicht zum Ausdruck bringen kann. „Das Unbedingte wird eigentlich geleugnet, weil das Gesetzte nur ein Bedingtes ist".[18]

Schleiermacher wird, die *obere Urteilsgrenze* („Totalität der Denkform") betreffend, in der Frage von Freiheit und Notwendigkeit seine Kritik an Spinoza erneuern.[19]

Ging Schleiermacher bisher vom niederen Begriff (Wahrnehmung) zum höchsten Begriff (Denken), so geht er jetzt den umgekehrten Weg. Wieder ist das alles bedingende transzendente Sein, das dem endlichen Sein des Gegensatzes zugrundeliegt, gesucht. Zu welchen Vorstellungen gelangt Schleiermacher mit dem jetzigen Vorgehen? Es geht, daran soll erinnert werden, um die *Grenzen des absoluten Anfangs von Denken und Sein als den oberen (intellektuelle Funktion) und unteren (organische Funktion) Begriffsgrenzen*, die dem wirklichen Denken immer schon vorausliegen.

Vom allgemeinsten Begriff, dem „Sein, in dem alle Entgegensetzung aufgehoben ist"[20], ausgehend, d. h. von der Vorstellung eines höchsten Wesens, das durch Bestimmung alle Entgegensetzung setzt, gelangt man zur *unteren Begriffsgrenze* („bloßes Chaos"), d. h. der bloßen Möglichkeit des Seins als Materie, die ihre Bestimmung noch erhalten muß, um zu wirklichem Sein werden zu können. „Daher ist nun die ursprüngliche Verfahrensweise, daß man nur diese beiden zusammengenommen für das transzendente, dem

---

[16] O, 245.
[17] O, Hs, 244, Herv. v. mir.
[18] O, 245.
[19] Vgl. 1.3.2.
[20] O, 197.

Wirklichen zum Grunde liegende Sein hält, Gott und die Materie, in dem aus dieser von jenem die Welt gebildet wird".[21] Wir müssen diese Gottesvorstellung eingehender untersuchen, bildet sie doch in Schleiermachers weiteren Überlegungen einmal den Ansatzpunkt seiner Kritik am Schöpfungsbegriff; zum anderen zielt Schleiermachers Philosophische Theologie der Gotteslehre[22] in ihrer Konzentration auf den Begriff göttlicher Ursächlichkeit immer auf den Schöpfungsbegriff.

Schleiermacher zählt drei in der Geschichte des Denkens antreffbare Möglichkeiten der Verhältnisbestimmung auf. Werden *Gott und Materie* als gleichursprünglich gesetzt, Gott aber die weltschaffende Tätigkeit zugesprochen, so bleibt Gott durch die transzendente Materie bedingt, ohne die er nicht die Welt bilden könnte und nichts aus der Materie hervorginge. Der göttliche Akt der Erschaffung der Welt bedarf als Bedingung seiner Möglichkeit dessen, woraufhin er tätig werden kann. In die Idee Gottes überträgt das Denken somit den für es selbst konstitutiven Gegensatz, von dem es nicht zu abstrahieren vermag.

Die Vorstellung, die diese Aporien des Denkens zu überwinden suchte, entwickelte nach Schleiermacher die Annahme, Gott habe zunächst die Materie geschaffen und aus dieser dann die Welt hervorgebracht. Dieser Ansatz enthält freilich, von Schleiermacher her gesehen, noch größere Probleme, denn er nimmt eine Duplizität göttlichen Handelns an, die überdies offenläßt, weshalb sie zeitlich getrennt sein soll, d.h. die gegensätzliche Struktur des Denkens findet sich in mehrfacher Weise vor.

Der Grund der Einheit des Denkens und Seins wird, so zeigt sich, noch nach Bedingungen gedacht, deren Überwindung er doch ermöglichen soll. Was aber selbst noch im Gegensatz befindlich ist, kann nicht zugleich Grund der Aufhebung des Gegensatzes sein; d.h. aber, daß das gegensätzliche

[21] O, Hs, 244.

[22] Vgl. 2.5.2. Zur Gotteslehre vgl. *G. Ebeling*, Schleiermachers Lehre von den göttlichen Eigenschaften, in: ders., Wort und Glaube II, Tübingen 1969, 305–342. Ebeling verweist in der Gottesfrage darauf, „mit welcher Entschlossenheit Schleiermacher den Gesichtspunkt göttlicher Ursächlichkeit durchhält" (a.a.O., 323). Vom Begriff traditioneller Metaphysik hebt Ebeling Schleiermachers Denken mit dem Hinweis auf die „Erfahrung schlechthinniger Ursächlichkeit" (a.a.O., 324) im Menschen ab, d.h. Ebeling zielt auf den unlösbaren Zusammenhang von *Gotteslehre und Anthropologie* in Schleiermachers Denken. Wir stimmen in diesem Ansatz mit Ebeling überein (vgl. 2.), zumal er zurecht auf das in diesem Ansatz enthaltene *fundamentaltheologische Problem* für Schleiermacher" (a.a.O., 325) aufmerksam macht, das sich im Verhältnis von „Gefühl von Gott" und Wissen von Gott konzentriert. Dazu vgl. 3.1.3.

Denken nicht von sich her den transzendenten Grund allen Seins angemessen begrifflich zu fassen oder gar zu begründen vermag.

Von daher kritisiert Schleiermacher ebenfalls die Vorstellung einer „creatio ex nihilo". Dieser Ausdruck formuliert nur negativ, was mit dem Begriff der Materie gesagt wird, denn es bedarf „noch eines anderen transzendenten Faktors"[23], des Nichts, um Gott als das Unbedingte denken zu können, das allem Sein zugrundeliegt.

Die verschiedenen Formen eines metaphysischen Wissens von Gott, deren traditionelle Herkunft offensichtlich ist[24], kann von Schleiermachers an kantischer Vernunftkritik orientiertem Denken her nicht genügen. Die „Duplizität, worin jedes durch das andere bedingt ist, wobei wir also nicht stehenbleiben können"[25] gleicht sich damit der pantheistischen Konstruktion einer weltschaffenden Kraft an, die durch die Gesamtheit ihrer Erscheinungen selbst bedingt ist, ohne die sie nicht bestehen könnte. Wieder unterscheidet Schleiermachers Denken die „transzendentale Voraussetzung"[26] vom transzendenten Grund allen Seins. Ein absolutes Wissen, d. h. das göttliche „Urwissen" „zustande zu bringen und nachzuweisen, kann uns in diesem Kreise nicht gelingen".[27] Das Denken bleibt immer bedingt, d. h. es kann ein Verständnis des Unbedingten nur so zustandebringen, daß die Vorstellung Gottes selbst wieder eine bedingte werden muß.

Schleiermachers *Philosophische Theologie*, das wird zu zeigen sein, ist von dieser Einsicht in die Endlichkeit des Denkens geprägt, wenn sie als theologische Disziplin anknüpft an philosophisches Denken, um den zeitgeschichtlichen Herausforderungen der Neuzeit begegnen zu können. Unterliegt der Schöpfungsbegriff, von philosophischem Denken her gefaßt, der Bedingtheit des Denkens, dann muß Schleiermachers Kritik diese Begrenztheit aufzuheben suchen, will er nicht einfachhin im Schöpfungsbegriff biblischen Sprach-

---

[23] O, Hs, 244.
[24] Vgl. *R. Stalder*, a.a.O., 369 ff. Interessant ist der Hinweis: „In der Tat gründete die protestantische Ontologie und ‚theologia naturalis' in der spätscholastischen, aristotelischen Philosophie, die – man denke an die ‚disputationes metaphysicae' eines Suarez – sich von der Theologie unabhängig gemacht hatte. Als Produkte einer rein philosophischen Gotteslehre also erscheinen Schleiermacher die Begriffe des ‚ens summum' und der ‚creatio ex nihilo' fragwürdig" (a.a.O., 371). Schleiermachers Intention einer Philosophischen Theologie sucht die Gotteslehre aus ihrem philosophischen Begründungszusammenhang zu lösen und wieder in die Theologie selbst einzugliedern. Vgl. das in der Anmerkung (22) zu *G. Ebeling* Gesagte.
[25] O, 248.
[26] A.a.O.
[27] A.a.O.

gebrauch unkritisch übernehmen. Wir werden sehen, daß der Gedanke des *„Mitgesetztseins Gottes" im Geschaffenen* den Ausgangspunkt bilden wird, von dem her Schleiermacher den Begriff der göttlichen Ursächlichkeit zu denken versucht als *Idee Gottes*.[28] Damit wird sich die Übereinstimmung von Dialektik und Philosophischer Theologie verdichten, die wir eingangs notiert hatten. Denn im Prozeß des Denkens ist nach Schleiermacher das göttliche „Urwissen" im Wissenwollen mitgesetzt, d. h. das Prinzip, von dem alles Wissen ausgeht, muß als „treibendes und gestaltendes Prinzip"[29] mitgesetzt sein, soll der Bezug des Denkens auf das Sein und damit die Richtung auf das Wissen überhaupt möglich sein. Dieser Zusammenhang und seine Bedeutung für Schleiermachers philosophische Gotteslehre und Philosophische Theologie wird sich im folgenden von seiner philosophischen Anthropologie her erweisen.

Es bleibt nämlich zu fragen, wodurch Schleiermachers Kritik der traditionellen Gottesvorstellungen sich legitimiert. Zwar läge es nahe, im Anschluß an kantische Vernunftkritik das kritische Denken zum Maßstab dieser Kritik Schleiermachers zu erklären. Vom Fortgang der Ausführungen der Dialektik her gesehen reicht diese Annahme jedoch nicht aus.

Im Anschluß an das oben Gesagte läßt sich daher fragen, was Schleiermachers Behauptung vom Mitgesetztsein des Prinzips des Wissens im Wissenwollen notwendig impliziert. Offensichtlich schließt diese Behauptung nämlich eine bestimmte Kenntnis vom Prinzip des Wissens ein, eine Kenntnis als Korrektiv, von dem her Schleiermacher das Ungenügen der traditionellen Gottesvorstellungen notieren kann. Dieses antizipierte Wissen ermöglicht Schleiermachers Ansatz, den er erinnert: „Denn es hält uns immer fest im Streben nach dem Wissen und im Durchdringenwollen des wirklichen Seins, inwiefern wir immer auf den letzten Grund desselben zurückgehen. Die wirkliche Vollendung alles Wissens kann nur jenseits aller streitigen Vorstellungen liegen. Wir müssen daher stets im Wissenwollen bleiben".[30] Offensichtlich bedarf das menschliche Denken (d. h. hier Schleiermachers Kritik) zur Einsicht in die Bedingtheit seines eigenen Denkvermögens einer Ergänzung, die für diese Einsicht schon antizipiert werden muß; und, wie sich zeigt, von Schleiermacher auch implizit in Anspruch genommen wird. Eine Klärung dieses Problemkreises wird, wie schon angemerkt wurde, erst

---

[28] Vgl. vor allem den Zusammenhang von religiösem „Gefühl von Gott" und Wissen von Gott in 2.4.

[29] O, 271.

[30] O, 271 f.

Schleiermachers Analyse des unmittelbaren Selbstbewußtseins („Gefühls") ermöglichen.

1.3.2 Freiheit und Notwendigkeit

Noch eine andere Frage drängt sich auf, die im Bestimmungsversuch des transzendenten Grundes schon enthalten war, als für die Grenzbestimmung des Denkens eine analoge Grenzbestimmung des Seins gesucht wurde. Man hat gemeint, hierin Schleiermachers Kritik am ontologischen Gottesbeweis anzutreffen.[31] Was dann auf seiten der Begriffsgrenzen (absoluter Anfang des Denkens) zu finden sein sollte, sollte für die Urteilsgrenzen (absolutes Ende des Denkens) gleichfalls gelten. Darin sah man dann Schleiermachers Kritik am kosmologischen Gottesbeweis. Inwieweit diese Analogien zutreffen, wollen wir erst zu beurteilen versuchen, wenn wir die *Seinsbestimmungen der Urteilsgrenzen* genauer betrachtet haben.

Schleiermacher beginnt mit den Seinsbestimmungen, die der Form des Urteils entsprechen sollen. Das „System der gegenseitigen Einwirkungen"[32], das zwischen Subjekt und Prädikat vorherrscht, muß für das wirkliche Sein in gleicher Weise Gültigkeit haben. Entsprach der Begriffsbildung in ihrem Verhältnis von höherem und niederem Begriff das System von Kraft und Erscheinung im Sein, so entspricht der Urteilsbildung zwischen Subjekt und Prädikat im Sein das „System der Kausalität"[33] als Ineinander von Ursache und Wirkung. Von da ausgehend, faßt Schleiermacher das endliche Sein als unter den Bedingungen der Notwendigkeit stehend, insofern es den Formen des Urteils korrespondiert; demgegenüber repräsentiert die Begriffsbildung die Bestimmung der Freiheit.

„Der Begriff der Notwendigkeit geht immer auf das Verhältnis der Kausalität, der Begriff der Freiheit immer auf das System der Kräfte zurück. Nichts ist frei, als was als Kraft gesetzt wird; notwendig ist etwas, sofern es als Ursache oder als Wirkung gesetzt ist. Wo wir irgend Freiheit setzen, denken wir an die Art und Weise eines für sich gesetzten Seins, zu wirken oder zu erscheinen (sich zu äußern). Das Substrat (Subjekt) der Erscheinung aber ist die Kraft, und die Erscheinung ist in der Kraft begründet und dadurch bestimmt. In der Notwendigkeit dagegen liegt die Bestimmtheit durch ein

---

[31] Vgl. *M. E. Miller*, Der Übergang, Gütersloh 1970, 40 ff.
[32] O, 251.
[33] O, 256.

anderes; das Sein ist mithin als ein Leidendes gesetzt".[34] Von diesen sehr
dichten Konstruktionszusammenhängen her gesehen kann das endliche Sein
immer nur aus dem Zusammen von Freiheit und Notwendigkeit betrachtet
werden; wieder findet sich die in allen Punkten durchkonzipierte Parallelisierung und Identifikation des Gegensatzes des Idealen und Realen.

Unter wissenschaftssystematischem Gesichtspunkt betrachtet ist dabei
interessant, daß für Schleiermacher das spekulative Wissen unter der Form
des Begriffs das Sein als Freiheit, das empirisch-historische Wissen unter der
Form des Urteils das Sein als Notwendigkeit erfaßt. Da Schleiermacher in der
„Kurzen Darstellung" die Theologie den historischen Wissenschaften zuord-
net, bildet die *Philosophische Theologie* die Disziplin der Vermittlung, in der
ein Wissen von Gott nicht losgelöst gedacht werden kann von einem geschichtlichen Offenbarungswissen von Gott. Es kann von hier aus erneut
ausgeschlossen werden, daß wir mit Schleiermachers Philosophischer Theologie eine rein spekulative Disziplin vor uns haben. Wenn Schleiermacher
daher sagt, das „Höchste wäre also die Durchdringung des vollständigen
spekulativen und vollständigen empirischen Wissens"[35], dann kann man den
Anspruch entnehmen, der mit der Disziplin der Philosophischen Theologie
gestellt wird. Es gilt freilich auch in ihr das Gesetz der Unerreichbarkeit dieser
höchsten Einheit für das endliche Wissen. Vorgreifend sei auf die Glaubenslehre verwiesen, die das „Gleichgewicht des Geschichtlichen und Spekulativen"[36] fordert, um für den Glauben, als Basis der kirchlichen Gemeinschaft,
„das Wesentliche und Sichgleichbleibende von dem Veränderlichen und
Zufälligen zu unterscheiden".[37]

Gleichzeitig kommt mit der Disziplin Philosophischer Theologie zum
Ausdruck, daß eine theologische Reflexion über den Glauben an Gott nicht
sinnvoll denkbar ist, ohne eine Kenntnis der Möglichkeiten und Grenzen
eines Wissens von Gott. Allein so kann das Interesse der Philosophischen
Theologie an philosophischen Fragestellungen gegenüber unzulässigen Über-
griffen der Philosophie auf die Theologie überzeugend legitimiert werden.
Von gegenüber der Interpretationsgeschichte anders gewichteten Voraussetzungen her, ist Theologie damit von Schleiermacher *um ihrer selbst willen*
auf die eingehende Kenntnis philosophischen Wissens von Gott verwiesen.
Genau darin scheint auch die Absicht der Grundlagendisziplin Philosophischer Theologie zu liegen, wie sie Schleiermacher beabsichtigt, um von der

---

[34] O, 257.
[35] O, 273.
[36] 2. Aufl. § 2, 2 I, 13.
[37] 2. Aufl. § 2, 2 I, 12.

Theologie her einer atheistisch geprägten Zeit begegnen zu können. Sicherheit in theologischer Argumentation läßt sich, das zeigt Schleiermachers gesamtes Werk, nicht ohne eingehende Kenntnis des Zeitgeistes gewinnen, d.h. nicht ohne Kenntnis dessen bewußtester, sich selbst reflektierender Form als Philosophie. Dieses Selbstverständnis der Theologie schließt gerade ein, sich von philosophischem Autonomieanspruch begründet abgrenzen zu können. Von daher erscheinen Schleiermachers philosophisches Denken abwehrende Beteuerungen in anderem Licht, d.h. sie werden geradezu zwingend. Denn sie erweisen sich als überzeugend, insofern sie von einer präzisen Kenntnis philosophischen Denkens getragen sind und nicht aus kenntnisloser eigener Unsicherheit resultieren.

Zugleich läßt es sich rechtfertigen, Schleiermachers philosophische Reflexion auf Möglichkeiten und Grenzen philosophischer Gotteserkenntnis vor der Interpretation der Philosophischen Theologie selbst zu verhandeln. Dies muß angesichts der Philosophiekritik breiter Kreise der Interpreten Schleiermachers betont werden; sonst könnte bereits die Anordnung der Arbeit den Verdacht einer philosophischen Begründung der Theologie hervorrufen.

Mit diesen knappen ersten Hinweisen bestätigt sich aber auch erneut die gerade an fundamentaltheologischen Fragestellungen interessierte Ausrichtung der Philosophischen Theologie. In welcher inhaltlichen Bedeutung Fundamentaltheologie dabei verstanden wird, haben wir deutlich zu machen versucht.[38]

Kommen wir zurück auf die erwähnte Identität von Begriffs- und Urteilsbildung, die sich im endlichen Sein im Gegensatz von Freiheit und Notwendigkeit äußert. Ein mögliches Wissen um die absolute Identität von Idealem und Realem setzt eine Analyse des den Begriffsgrenzen und Urteilsgrenzen entsprechenden transzendenten Seins voraus; dies muß unter den Bestimmungen von Freiheit (System der Kräfte und Erscheinungen) und Notwendigkeit (System der Kausalität) erfolgen. Um dies einsichtig zu machen, muß man kurz erinnern, daß die Urteilsgrenzen dem absoluten Endpunkt des Denkens zugeordnet sind. Der „Totalität der Denkform", so hatten wir gesehen, entspricht die obere Urteilsgrenze (als „absolutes Subjekt"), der „Totalität des Denkstoffes" entspricht die untere Urteilsgrenze (als „absolutes Sein der Prädikate").

Welche Grenzbestimmung des Seins gehört nun zu einem im Gegensatz von Ursache und Wirkung notwendig immer durch anderes bestimmten Sein? Die Vorstellung drängt sich auf, daß die *untere Begriffsgrenze* als bloßes

---

[38] Vgl. 0. Einleitung.

Chaos gemeint sein muß, deren spezifischer Charakter darin besteht, „bloße Möglichkeit (zu sein), von anderem bestimmt zu werden".[39] Variiert man diese Vorstellung, dann bringt sie eine „isolierte Notwendigkeit"[40] zum Ausdruck, d. h. ebenfalls ein Bestimmtsein durch ein anderes, jedoch unter Aufhebung der Möglichkeit, erklären zu können, wie wirkliches Sein aus ihr entstehen könnte. „Und so gibt es lauter Bestimmtes, nichts Bestimmendes".[41] So fehlt dieser Vorstellung genau jene Ergänzung, derer die bloße Materie bedurfte, um aus ihrer unbestimmten Mannigfaltigkeit durch Gott als Bestimmendem die Entstehung des Bedingten durch das Unbedingte erklären zu können. Schleiermacher nennt diese Vorstellung *Schicksal* als „die Idee, nach der die Grundlage allen Seins eine solche isolierte Notwendigkeit sei, woraus sich niemals die Freiheit entwickeln könnte".[42] Von ihr gilt, daß sie „zum Bedingten das Unbedingte sucht. Nicht aber ihrem Gehalt nach. Ihr Unbedingtes ist die reine Negation".[43]

Die Grenzbestimmung des Seins als „Schicksal" kann nicht als adäquate Bestimmung des „Transzendenten, als Voraussetzung und Grundlage alles Seins"[43a] angesehen werden, ist sie doch bedingt durch den Verzicht auf ein unbedingtes Sein. Darin kommt das noch dem Gegensatz des Idealen und Realen verhaftete Denken wieder zum Vorschein, in zugespitzter Form jetzt durch die Unfähigkeit, das bestimmende Moment im System von Ursache und Wirkung auf eine allem Sein zugrundeliegende Voraussetzung übertragen zu können. *Ein Wissen von Gott kann auf dieser Ausgangsbasis nicht sinnvoll erreicht werden.* Determinismus bzw., worauf Schleiermacher selbst verweist, Materialismus sind Derivate solchen Denkens.[44]

„Das absolute Subjekt ist das Ziel alles eigentlichen Urteilens"[45], d. h. es stellt unter der Form des Begriffs die Grenze des Denkens dar. Gelangt Schleiermacher von diesem Punkt aus zu einer positiveren Einschätzung eines Wissens von Gott, indem er das jener Grenze analoge Sein bestimmt? Man darf dies zunächst vermuten, sind doch in Schleiermachers Verständnis

---

[39] O, Hs, 260.

[40] O, 261.

[41] O, 262.

[42] O, 262.

[43] A. a. O.

[43a] A. a. O.

[44] Determinismus und Materialismus sind nach Schleiermacher philosophische Denksysteme, die Gott und Welt nicht in ihrer Differenz bedenken und von daher für theologisches Denken in seinem Versuch sprachlicher und formaler Selbstvergewisserung „untauglich" (2. Aufl. § 28, 1 I, 155) sind. Vgl. auch KD § 214.

[45] O, 262.

die Begriffsgrenzen innerhalb der intellektuellen Funktion nur unterschieden im Grad der Vollkommenheit, als Grenzbestimmungen selbst in sich jedoch gleich.

So kann die absolute höchste Kraft als Gottesvorstellung „zu der sich alle anderen Kräfte als Erscheinungen verhalten"[46], d.h. die selbst nicht mehr vom Geflecht von Ursache und Wirkung durchdrungen ist, nur auf den *Begriff absoluter Freiheit* führen.

Dieser Ansatz Schleiermachers verdient besondere Aufmerksamkeit, da er hier wieder ganz explizit spinozistische Vorstellungen aufnimmt und eine gewisse Vorrangstellung dieser Gottesvorstellung gegenüber den bisher genannten durchaus zugibt. Überdies hat man in der Interpretation Schleiermachers gemeint, hier die seiner eigenen Überzeugung am nächsten kommende Gottesvorstellung anzutreffen.[47]

Wir hatten gesagt, daß dem Verhältnis von Begriff und Urteil im Denken das Verhältnis von Freiheit und Notwendigkeit im Sein entspricht. Ist die *obere Urteilsgrenze in der Form des Begriffs* gegeben, dann kann als Grenzbestimmung des Seins nur möglich sein, was analog für diese Begriffsgrenze behauptet worden war. So verliert das System der Notwendigkeit seine Gültigkeit, denn der Gegensatz im Sein, dem die Begriffsbildung entsprach, war das Verhältnis von Kraft und Erscheinung. „Die transzendente Grundlage des Seins für dieses Gebiet kann also immer nur die Freiheit darstellen, nicht die Notwendigkeit".[48] Enthält diese Grenzbestimmung unter der Form des Begriffs alle Prädikate, dann muß die absolute Freiheit auch alle Bestimmungsmöglichkeiten des Seins in sich vereinen, d.h. sie ist das schlechthin Bestimmende. Diese ist als nur aus sich und durch sich selbst Gesetztes die „absolute Aussichselbstentwicklung".[49] Damit wäre ein Begriff gewonnen, der Schleiermachers gesuchter Forderung entspräche nach einem „schlechthin Vorausgesetzten zu allem Gegebenen".[50]

Von daher ist es nicht verwunderlich, daß Schleiermacher jenen *Begriff der Freiheit „innerhalb welcher alle Notwendigkeit liegt"*[51] *als die „vorzüglichste"*[52] *unter jenen gefundenen Formeln* bezeichnet, ja sogar einmal diese Bestimmung des transzendenten Grundes, die er auch die „*Vorsehung*" nennt, die

---

[46] O, 263.
[47] Vgl. *M. E. Miller*, a.a.O., 47f. Vgl. auch zum Begriffspaar Freiheit und Leben J, 530f.
[48] O, 263.
[49] O, Hs, 261.
[50] O, 241.
[51] O, 263.
[52] O, Hs. 266.

„wahre Unbedingtheit"[53] nennen kann. „In der Idee der Vorsehung ist Einheit und Unbedingtheit gesetzt.[54]

Indem Schleiermacher die Begriffe absolute Kraft, natura naturans und Freiheit als absoluter Notwendigkeit dann gleichsetzt, bringt er in dieser begrifflichen Fassung der Gottesvorstellung, die dem höchsten Begriff entspricht, unbestreitbar den Gottesbegriff Spinozas zum Ausdruck.[55]

Wann immer Schleiermachers philosophisches Denken Gott als transzendenten Grund allen Seins formuliert und behauptet, muß es den Gedanken wahrer Unbedingtheit in Anspruch nehmen. Schleiermachers Denken kann von diesem Zusammenhang nicht abstrahieren. Die Aporie des Denkens, Gott als wahre Unbedingtheit behaupten zu müssen und gleichzeitig das damit Gemeinte begrifflich nicht angemessen zum Ausdruck bringen zu können, kennzeichnet die grundsätzliche Schwierigkeit aller philosophischen Gotteslehre.

Im 6., dem letzten Kapitel des II. „Transzendentalen Teils" erörtert Schleiermacher ausdrücklich diese Problematik im „Verhältnis von Gott und Welt". Wir werden darauf noch eingehend zurückkommen. Erst aus dem Verständnis dieses Zusammenhanges kann man auch entscheiden, in welcher Bedeutung die göttliche Kausalität (höchste Kraft) als Gottesbegriff der philosophischen Gotteslehre Schleiermachers im Verhältnis von Gott und Welt zu verstehen ist. Dieses Verhältnis wird im folgenden im Ausgang von Schleiermachers Kritik der Grenzbegriffe als Gottesbegriffe erörtert; denn die negative Feststellung, diese Begriffe lägen eigentlich außerhalb des Denkens, wird positiv gewendet in der Bestimmung der Grenzbegriffe in ihrer Einheit als Idee der Welt, nicht als Idee Gottes.

---

[53] O, Hs, 265.

[54] O, 269.

[55] Erinnert seit an Def. 7 der Ethik *Spinozas:* „Ea res *libera* dicitur, quae ex sola suae naturae necessitate existit et a se sola ad agendum determinatur" (Ethik, I, Def. 7). „Frei heißt ein Ding, das einzig aus der Notwendigkeit seiner eigenen Natur heraus existiert und einzig durch sich selbst zum Handeln bestimmt wird". Demgegenüber heißt notwendig bei Spinoza dasjenige, was nicht aus sich selbst, sondern von einem andern bestimmt wird; also bei Schleiermacher dasjenige, was noch bedingt genannt werden muß. Vgl. dazu Spinozas Gottesbegriff: „Deus ex solis suae naturae legibus et a nemine coactus agit" (Ethik, I, Prop. 17). „Gott handelt einzig aus den Gesetzen seiner Natur und von niemandem gezwungen". „Necessaria" und „coacta" sind Synonyma, vgl. Ethik I, Def. 7. Zu dieser Problematik findet sich ein Deutungsversuch bei *T. Camerer,* Spinoza und Schleiermacher, Stuttgart 1903. Die Arbeit enthält allerdings sehr problematische Ausführungen zum Verhältnis der Idee Gottes und der Welt bei Schleiermacher, vor allem im letzten Abschnitt: „Das gefundene Transzendentale" (a.a.O., 162 ff.).

Es kann aber kein Zweifel daran sein, daß Schleiermacher die Bedingtheit des endlichen Denkens nicht immer für das von ihm behauptete philosophische Wissen von Gott mitbedacht hätte. Auch gegen die Idee der Freiheit als absoluter Notwendigkeit macht Schleiermacher daher geltend, daß sie aus dem Gegensatz zur Notwendigkeit nicht herauskommt; sie stelle „Freiheit nur als Schein, die Notwendigkeit aber als das Wirkliche dar. Denn etwas entwickelt seine Erscheinung nicht aus sich selbst, wenn in bezug auf die transzendente Grundlage alles in gegenseitiger Bestimmtheit gesetzt ist".[56] In der Übereinstimmung der Begriffs- und Urteilsgrenze, die intellektuelle Seite betreffend, zeigt sich daher zugleich die Gemeinsamkeit ihrer dem Gegensatz verhafteten Bedingtheit.

Von daher gesehen sind Versuche, Schleiermacher von diesen Aussagen her nicht streng genug nehmen zu wollen, zurückzuweisen. Daß in dieser Problematik Schleiermacher selbst die Vermittlung kantischer Vernunftkritik und spinozistischer Identitätsphilosophie sah, die zum Grundproblem seines philosophischen Denkens wurde, kann an seinen, wenngleich unvollendet gebliebenen Ausführungen der „Kurzen Darstellung des spinozistischen Systems", einer sehr frühen Schrift, deutlich werden. Ihre Problemstellung ist auch in der Dialektik gegenwärtig.[57]

Bevor Schleiermachers Kritik der vier Formeln für den transzendenten Grund von einer letzten Parallelisierungsstufe her aufgenommen wird, muß auf die Behauptung eingegangen werden, Schleiermachers Kritik der Grenz-

---

[56] O, 269.

[57] Die leider nicht vollständig erhaltene Schrift (Kurze Darstellung des spinozistischen Systems, in: Kritische Gesamtausgabe, a.a.O., 559 ff.), die sich auch mit *Leibniz* auseinandersetzt, nennt als die gemeinsame metaphysische Fragestellung der genannten verschiedenen philosophischen Denkpositionen das Grundproblem der Dialektik, d.h. sie gehen „ebenfalls von dem allgemeinen Problem aus, das Unbedingte zum Bedingten zu finden" (a.a.O., 570). Und zum Vergleich *Kant–Spinoza* umreißt Schleiermacher beide philosophischen Ansätze so: „Es läßt sich zwar nicht gerade behaupten, daß bei Spinoza das unendliche Ding sich zu den endlichen verhalte, wie bei Kant die noumena zu den Phänomenen, denn sonst müßte Spinoza die kritische Philosophie vor Kant erfunden haben; *inzwischen, da doch bei beiden die Idee zum Grunde daß eins das wirkliche und wesentliche, das a priori, das an sich des andern enthalte* so muß allerdings von dieser Seite die Vergleichung angestellt werden. Beide sind auf ganz verschiedenen Wegen zu dem Bedürfniß gelangt den Dingen unserer Wahrnehmung ein anderes Daseyn unterzulegen welches außer unserer Wahrnehmung liegt, es fragt sich also: Wie statten beide dieses Daseyn aus, und wer geht dabei am selbständigsten und consequentesten zu Werk?" (a.a.O., 573). Der Gedanke der Inhärenz und Abhängigkeit wird hier als gemeinsames philosophisches Interesse reklamiert. Vgl. hierzu die knappen, aber sehr gut als Einführung geeigneten Ausführungen von *E. Herms*, a.a.O., 144–152.

bestimmungen des Denkens und Seins enthalte in sich die Kritik des ontologischen und kosmologischen Gottesbeweises.[58]

Zwei Probleme stellen sich: einmal, welche Begriffs- und Urteilsgrenzen sind jeweils gemeint, wenn vom ontologischen Gottesbeweis die Rede ist, bzw. wenn vom kosmologischen Gottesbeweis die Rede ist; zum anderen ist zu fragen, ob Schleiermacher diese Kritik überhaupt von seinen Argumentationsvoraussetzungen her beabsichtigt hat.

Schleiermacher redet nicht explizit von einer solchen Intention; gleichwohl hatte sich gezeigt, daß philosophiegeschichtliche Denkpositionen gemeint waren, etwa aristotelisch die Zweiheit von Gott und Materie, spinozistisch die Notwendigkeit erzeugende Freiheit, und die Vorstellung der natura naturans, schließlich materialistisch die absolute Notwendigkeit. Da Schleiermachers Kritik der Gottesvorstellungen wohl letztlich orientiert ist an Kants Vernunftkritik, ohne dieser, etwa schon vom Verständnis der Transzendentalphilosophie her gesehen, gänzlich sich verschrieben zu haben, wird man annehmen dürfen, daß Kants Kritik des ontologischen Gottesbeweises Schleiermacher – wohl auch aus theologischen Gründen der Kritik des metaphysischen Wissens von Gott – mit beeinflußt hat.

So gesehen ist es berechtigt, beide Kritikansätze, die eigentlich untrennbar sind in Schleiermachers Parallelisierungskonzept, aufzuweisen. Man wird aber beachten müssen, Begriffsebene und Urteilsebene in ihrer Überlagerung nicht zu verkennen. Jedenfalls wird die intellektuelle Seite, d.h. die obere Begriffs- und Urteilsgrenze und ihre analoge Seinsbestimmung auf den ontologischen Gottesbeweis, die organische Seite, d.h. die untere Begriffs- und Urteilsgrenze und ihre analoge Seinsbestimmung auf den kosmologischen Beweis bezogen werden müssen; d.h. zum ontologischen Gottesbeweis gehört die Vorstellung der natura naturans, der absoluten Freiheit (Vorsehung); zum kosmologischen Gottesbeweis die Vorstellung der Materie und der absoluten Notwendigkeit (Schicksal); eine Zwischenstellung nimmt wohl die Vorstellung von Gott und Materie ein; und hier sind die

---

[58] Zum vorliegenden Zuordnungsversuch von Begriff Gottes (entsprechend den transzendentalen Begriffs- und Urteilsgrenzen) und Sein Gottes (entsprechend den Seinsgrenzen) bzw. dem Grenzbegriff der Identität von Denken und Sein, der mitvorausgesetzt ist, sei auf *F. Wagner* (a.a.O., 113) und *M. E. Miller* (a.a.O., 39 ff.) verwiesen, die teilweise andere Zuordnungen vornehmen. *R. Stalder* erwähnt die Problematik der Gottesbeweise nicht. Ihm geht es vielmehr um die anti-idealistische Tendenz der Argumentation Schleiermachers: „Strebt aber das Denken nach einem ‚absoluten Wissen' im idealistischen Sinn, so zerfällt es in sich selbst: nicht allein weist jeder einzelne transzendente Ausdruck eine unüberwindliche von der Struktur des Denkens herrührende ‚Duplizität' auf, auch unter sich verglichen gehen die vier Formeln des Absoluten auseinander" (a.a.O., 381). Vgl. dazu das Folgende.

obere und untere Begriffsgrenze Ausgangspunkt der Entsprechung zum ontologischen Gottesbeweis.

Eine Kritik des ontologischen Gottesbeweises liegt daher in Schleiermachers Kritik der Seinsbestimmungen, die den Grenzen der intellektuellen Funktion entsprechen; Gott und Materie betreffend, kritisiert Schleiermacher die Seinsbestimmungen der Begriffsgrenzen sowohl der intellektuellen wie organischen Funktionen. Eine Kritik des kosmologischen Gottesbeweises liegt in Schleiermachers Kritik der Seinsbestimmungen, die den Grenzen der organischen Funktion entsprechen.

Inhaltlich liegen die Schwierigkeiten des Problems der Gottesbeweise darin, daß Schleiermacher für das *„Gefühl" die Identität von Denken und Sein* in Anspruch nimmt und mit der Analogie von Gott und „Gefühl" (dazu später) den Gottesbeweis zu ersetzen sucht. Vom *„Mitgesetztsein Gottes" im Sein des Menschen* her als Grundvoraussetzung allen Denkens und Seins verwirft Schleiermacher den Versuch eines Gottesbeweise, der selbst voraussetzen müßte, was er doch begründen soll.[59]

---

[59] „. . . wenn Gott uns nicht unmittelbar gewiß ist, dann dasjenige unmittelbare gewisse, woraus Gott bewiesen werden könnte, uns Gott sein müßte" (1. Aufl. § 38, 1 I, 127, 10 f.). Vgl. auch 2. Aufl. § 33 I, 174 ff. Vgl. auch dazu den in der „Kurzen Darstellung des spinozistischen Systems" geäußerten Gedanken der Inhärenz und Abhängigkeit, den Schleiermachers Begriff des „Mitgesetztseins Gottes" im „Gefühl" thematisiert. Vgl. dazu 2. sowie 3. – Gänzlich abwegig ist der Versuch von *W. Bender* (Schleiermachers Theologie. I. Die philosophischen Grundlagen. Nördlingen 1876), der für Schleiermacher einen Gottesbeweis behauptet, der in der Tendenz des endlichen Wissens auf Einheit zu finden sei (a.a.O. 64 f.). Bender entgeht, daß diese Tendenz nur auf die Idee der Welt ausgerichtet sein kann, d. h. auf die Bedingung der Wirklichkeit, nicht jedoch die Bedingung der Möglichkeit des Wissens. Vgl. dazu das Folgende, vor allem J, 164.

1.4 Die Identität von Wissen und Wollen im „Gefühl"

1.4.1 Die endliche Bedingtheit des Wissens von Gott

Schleiermacher faßt seine Kritik der Grenzformeln für den transzendenten Grund allen Seins abschließend zusammen, indem er fragt, ob nicht durch eine mögliche Ergänzung der Ideen der Gottheit und der „Vorsehung" die Idee des Unbedingten eher möglich werden könnte.

Es ist zunächst deutlich, daß die Richtung dieser Fragestellung aus Schleiermachers identitätsphilosophischem Denken resultiert, denn die Identifikation der Denkgrenzen der intellektuellen Funktion (der Begriffe) bildet die Aufhebung des Gegensatzes von unvollkommenem und vollkommenem Denken.[1] Diese Identifikationstendenz beider Ideen liegt nach Schleiermacher ohnehin „allen natürlichen Theologien"[2] zugrunde. Da sich gegen diese – wir werden in der Behandlung der Philosophischen Theologie sehen, weshalb – Schleiermachers Kritik immer richtet, muß es ihm ein Anliegen sein, diesen Ergänzungsversuch der Idee Gottes und der Idee der Vorsehung als unhaltbar zu erweisen.

Nach unseren bisherigen Erörterungen kann der Nachweis nur darin liegen, daß die Idee des Unbedingten, die nicht unter die Bedingungen des Gegensatzes fallen soll, nicht erreicht werden kann. „Allein es zeigen sich immer Schwierigkeiten, weil Gott auch der Vorsehung das durch die Materie Bedingte mit zubringt, was jener Formel eignet, und dadurch verliert nun die Vorsehung von ihrer Unbedingtheit".[3] Und: „Nun geht die Idee der Vorsehung auf den Zusammenhang von Ursache und Wirkung, da sie auf dem Urteil beruht. Also ist ihre Unbedingtheit nur auf diesem Gebiet gefunden".[4] Beide Formeln können somit keine Ergänzung füreinander darstellen, ihre Analogie mit Gegensätzen endlichen Seins ist offensichtlich, d. h. sie bedürfen selbst noch des Unbedingten als des „Urgrunds des Seins".[5]

---

[1] Vgl. O, 213.
[2] O, Hs, 266.
[3] A.a.O.
[4] O, 269.
[5] O, Hs, 266.

So gelangt Schleiermacher zu einem Ergebnis, das sein Unternehmen, ein Wissen von Gott zu erreichen, in Frage zu stellen scheint; daß „eine durchgehende Differenz"[6] die Idee des Unbedingten ausschließt, ist von Schleiermachers Betonung des höchsten Gegensatzes von Idealem und Realem her nur konsequent. Damit wird die Unmöglichkeit noch einmal ganz deutlich sichtbar, von der Bedingtheit des Denkens und Wissens her ein Wissen von Gott erreichen zu können, das Gott als der transzendenten Grundlage allen Seins angemessen wäre. Es bestätigt sich: „Das Unzureichende liegt allein darin, daß wir von der Beziehung zwischen Denken und Gedachtem ausgehend, im Gebiet des Gegensatzes stehenbleiben ... *Aus einer bedingten Weise ergibt sich aber kein Unbedingtes"*.[7]

Alles endlich bestimmte Wissen von Gott gehört noch in das Gebiet der strittigen Vorstellungen, wie der Streit der Philosophie über den „wahren" Gottesbegriff in der Geschichte offensichtlich macht.

An dieser Stelle erklärt sich von Schleiermachers Philosophieverständnis her, weshalb die Metaphysik der Prinzipien des Wissens, die als „eigenes Wissen"[8] auftrat, scheitern muß. Schleiermacher nennt Scholastik und u.a. Spinozas „Wissenschaft des Wissens" von Gott. Geht man von der Endlichkeit menschlichen Denkens aus, so zeigt sich unabdingbar die Bedingtheit und Begrenztheit allen Wissens von Gott. Es war daher gegenüber einem metaphysischen, d.h. transzendenten Wissen von Gott Schleiermachers Ausgangspunkt – wir erinnern daran –, ein „Wissen ums Prinzip" nur vom bestimmten, realen Wissen her erreichen zu können, denn im *„Urwissen"* als dem Prinzip allen Wissens, d.h. in Gott als transzendentem Grund allen Wissens, gründet alles bestimmte Wissen.

Was wurde aber dann als bisheriges Ergebnis erreicht? Die Frage wird dringend: „Geben uns diese Formeln irgendein Zeichen vom transzendenten Grund allen Seins?"[9] Und Schleiermacher antwortet: „Allerdings, denn wir sind zu ihnen gekommen durch die Voraussetzung der Beziehung des Denkens auf das Gedachte. *Sie enthalten alle etwas, was dem transzendenten Grund eigen ist, aber sie stellen nicht die Einheit dar".*[10]

Wie ist es aber, so muß Schleiermacher von seiner Einsicht in das fragmentarische Wissen von Gott her fragen, möglich, „den transzendenten Grund

---

[6] O, 269.
[7] O, 270, Herv. v. mir.
[8] O, 88.
[9] O, 267.
[10] O, 269f., Herv. v. mir.

des Seins auf andere Weise zu haben als durch das Denken"[11], zumal Schleiermacher ausdrücklich hervorhebt, daß der „transzendente Grund des Seins kein Gedachtes sein (kann)".[12]

Läßt sich das Unbedingte nicht finden im Wissen allein, so muß auch die Funktion des Wollens auf ihre Möglichkeit und Begrenztheit, den transzendenten Grund adäquat zu fassen, untersucht werden.

„Dialektik" und „Ethik" (soweit die „Dialektik" diese Thematik überhaupt aufnehmen muß) gelangen jedoch zu gleichem Ergebnis.[13] *Denken und Wollen können, als dem Gegensatz verhaftet, nicht das erfassen, was über allen Gegensatz hinausliegend als Einheit des transzendenten Grundes gesucht ist.* So heißt es, daß theoretische Vernunft und praktische Vernunft für sich, daß Denken und Wollen den transzendenten Grund nicht „zu einer Einheit des wirklichen Bewußtseins zu bringen"[14] vermögen.

Schleiermacher richtet sich mit dieser Aussage ganz explizit gegen die *„natürliche Theologie", die allein vom Denken aus ein Wissen von Gott zu erreichen sucht;* in gleicher Weise wird Kants praktische Philosophie der Einseitigkeit bezichtigt, nur vom Wollen aus ein Bewußtsein von Gott zu erreichen zu hoffen, „woher denn kam, daß bei Fichte Weltordnung die einzige Formel"[15] für Gott wurde.

1.4.2 „Gefühl" und transzendentale Idee des transzendenten Grundes

Schleiermachers identitätsphilosophisches Denken findet die Einheit des Bewußtseins, indem es Denken und Wollen zusammenfaßt, „denn jedes Denken ist ein Wollen und umgekehrt".[16] Nimmt man, Schleiermachers Methode entsprechend, die Übereinstimmung von Denken, Wollen und Sein hinzu[17], dann wird deutlich, daß Schleiermacher die Einheit des Be-

---

[11] O, 275.

[12] O, 270.

[13] Vgl. O, 273–286.

[14] O, Hs, 284.

[15] A.a.O.; zur Kritik an *Kant* vgl. O, 281 f. Dazu später 2.5.

[16] O, 274.

[17] „Wenn nun Denken und Wollen so ineinandergehen, so gibt uns dies eine durchgehende Beziehung auf das Sein" (O, 279). Und: „Wie man nicht denken kann, ohne etwas zu denken, so will man auch nicht, ohne etwas zu wollen. Dieses Etwas aber hat immer einen Ort im Sein, es muß also immer eine Übereinstimmung des Seins mit dem Wollen vorausgesetzt werden" (O, 278). Es kann kein Zweifel sein, daß *F. Wagner* diesen für alle folgenden

wußtseins in ganz spezifischer Weise als *Einheit des menschlichen Seins als Bewußt-Sein*[18] begreift. Der Mensch ist dasjenige Seiende, heißt es dann, das als die „lebendige Einheit der Aufeinanderfolge der Akte"[19] des Denkens und Wollens anzusehen ist.

Man kann den bisher vorgelegten Ausführungen Schleiermachers entnehmen, daß in der Einheit von Wissen, Wollen und Sein jener Bereich der Aufhebung der Gegensätze thematisch werden wird, *von dem her allein sich die unbedingte Identität des transzendenten Grundes als ein, wie auch immer noch zu begreifendes Gottesbewußtsein des Menschen zu gestalten vermag.*[20] Anders gesagt, es muß mit dieser Einheit des wirklichen Bewußtseins von Schleiermacher ein identitätsphilosophischer Einheitsgedanke formuliert sein, der sein transzendentalphilosophisches Denken mit seinem ontologischen Denken verbindet.

Schleiermachers identitätsphilosophischer Einheitsgedanke formuliert sich genauerhin in seiner Theorie des „Gefühls" als unmittelbarem Selbstbewußtsein. Grundlegend für diese Theorie ist die folgende Aussage Schleiermachers, auf die hier zunächst nur hingewiesen sei: *„Wir müssen also von der Identität von Denken und Sein in uns ausgehen, um zu jenem transzendenten Grund allen Seins aufzusteigen".*[21] Grundlegend für diese Aussage ist Schleiermachers hypothetische Annahme, daß das Mitgesetztsein der Einheit des transzendenten Grundes als konstitutives Prinzip von Denken und Sein mit dem Sein des Menschen unmittelbar gegeben ist.

Es ist zutreffend behauptet worden, daß das „unmittelbare Selbstbewußtsein den transzendentalen Ort für die Erkenntnis des transzendenten Grundes

---

Erörterungen Schleiermachers entscheidenden Zusammenhang mißachtet und – idealistischem Denkduktus verpflichtet – sein Erkenntnisinteresse einzig auf die intellektuelle Funktion einschränkt. Von daher mußte Wagners Interpretation der Theorie des unmittelbaren Selbstbewußtseins („Gefühls") Schleiermachers Denken in idealistischer Perspektive verzeichnen.

[18] Ohne daß Schleiermacher explizit davon handelt, kommt hier erstmals die Thematik des „Gefühls" als unmittelbarem Selbstbewußtsein ins Blickfeld.

[19] O, 274.

[20] „Der transzendente Grund des Seins wird somit nur in der Identität des Denkens und Wollens erkannt werden können, d.h. wenn beide einander ergänzen und sich wechselseitig durchdringen" (O, 282). Hier ist mit dem Gedanken der gegenseitigen Ergänzung erstmals formuliert, was für das Verständnis des *„Gefühls" als Einheit vermittelter Unmittelbarkeit* (vgl. 2.3) zentrale Bedeutung für unsere Interpretation erlangen wird.

[21] O, 270, Herv. v. mir. Die folgenden Ausführungen sind nur gedacht als umrißhafte Anzeige dessen, was die Interpretation im Teil 2 (Die philosophische Anthropologie und Gotteslehre der Philosophischen Theologie) zu begründen und zu belegen sucht.

als einer transzendentalen Idee"[22] für Schleiermacher bilden soll. Diese Interpretation trifft allerdings keineswegs die ganze Bedeutung des ontologischen Begriffs des unmittelbaren Selbstbewußtseins.[23] Diese sucht unsere Interpretation im folgenden demgegenüber ausdrücklich aufzunehmen. Es gilt jedoch hervorzuheben, daß ein Verständnis der Theorie des unmittelbaren Selbstbewußtseins ("Gefühls") nur möglich ist, wenn man die ontologische Begründung der Idee Gottes in *methodischer Hinsicht* trennt von dem transzendentalen Denkentwurf des Verhältnisses der Idee Gottes und der Idee der Welt. Nur so läßt sich Schleiermachers vorgängiges "Wissen ums Prinzip", d.h. den transzendenten Grund, als vorrangig in logischer, nicht ontologischer Hinsicht in der Dialektik rechtfertigen. Denn das als vorgängig verstandene Wissen erweist sich dann als nachträgliche, das ontologisch Vorgegebene nur nachvollziehende Reflexion.

In den Entwürfen der Dialektik verhandelt Schleiermacher daher das Verhältnis von Gott und Welt immer im Anschluß an die Theorie des "Gefühls". Dies muß als Ausdruck dafür verstanden werden, *daß die zentrale Bedeutung des ontologischen Begriffs des "Gefühls" in seiner begründenden Funktion für die transzendentale Bedingung der Möglichkeit der Erkenntnis des transzendenten Grundes als vorgeordnet betrachtet werden muß.*

Allein in methodischer Hinsicht läßt sich legitimieren, weshalb unsere Interpretation Schleiermachers Absicht, die "positive Aufgabe" zu lösen, d.h. "durch ein rein spekulatives Verfahren den transzendenten Grund zu bestimmen"[24] zunächst *vorordnet* und näherhin thematisiert. Denn Schleier-

---

[22] *F. Wagner*, a.a.O., 214.

[23] Der Interpretation *F. Wagners* entgeht in ihrer eingegrenzten, idealistischen Deutungsperspektive des Schleiermacher-Textes diese Dimension des Begriffs des "Gefühls". Wagner reflektiert nicht die Konsequenzen der *ontologischen* Begründung der Idee der Welt in der Idee Gottes für das Wissen der Vernunft. Demgegenüber richtet sich sein Erkenntnisinteresse vornehmlich auf die von der Vernunft entworfene Idee der Welt, d.h. auf das, was die Vernunft von sich her zu "konstruieren", zu "erweisen" vermag. Somit entgeht ihm, daß Schleiermacher das entgegengesetzte Ziel verfolgt, d.h. den "Ort" der Idee Gottes im Menschen aufzuweisen sucht, von dem aus diese sich ins menschliche Wissen vermittelt und dessen Möglichkeiten und Grenzen begründet. Wagners (a.a.O., 213) Kritik an Schleiermachers Kant-Kritik, dieser habe die Idee Gottes in der Vernunft "als er weiß nicht wie gegeben" (J, 172) angenommen, verkennt Schleiermachers Kritikabsichten. Vgl. hierzu *H. R. Reuters* (a.a.O., 210–247) weithin zutreffende Kritik an Wagner. Der Abschnitt V in Reuters Arbeit, überschrieben "Selbst (Transzendentale Ontologie)" (a.a.O., 210) verdient empfehlende Erwähnung. Ebenso *G. Ebelings* (Schleiermachers Lehre von den göttlichen Eigenschaften, a.a.O., 325ff.), wenngleich knappe, jedoch den Problemzusammenhang treffende Ausführungen. Vgl. ebenfalls *H. Kimmerle*, Das Verhältnis Schleiermachers zum Transzendentalen Idealismus, in: Kant-Studien 51 (1959/60), 421.

[24] O, 299.

machers Theorie des „Gefühls" setzt zu ihrem Verständnis selbst wieder die Kenntnis der Verhältnisbestimmung der Ideen Gott und Welt voraus, wobei wir gleichzeitig die ontologische Begründung des rein spekulativen Verfahrens nachreichen.

Waren Schleiermachers bisherigen Überlegungen bisher der negativen transzendentalen Bestimmung des Unbedingten zugewandt, so werden nunmehr positive Bestimmungen versucht, wenngleich unter Berücksichtigung schon erreichter grundsätzlicher Einsichten. Von der genauen Interpretation der Verhältnisbestimmung von Unbedingtem und Bedingtem, von Gott und Welt hängt zugleich das gesamte Verständnis der *Philosophischen Theologie* ab, die für ihre *Thematisierung des Verhältnisses von Glauben an Gott und Wissen von Gott vom philosophischen Gottesbegriff der Dialektik und seiner Begründung im Begriff des „Gefühls" her argumentiert.*

1.5 Die Idee Gottes und die Idee der Welt

Schleiermachers Absicht, die „positive Aufgabe" zu lösen durch ein rein spekulatives Verfahren, d. h. allein vom Denken her den transzendenten Grund zu bestimmen, muß zunächst überraschen; hatten doch die bisherigen Untersuchungen gezeigt, daß nur transzendentale Grenzbegriffe des transzendenten Grundes für das Wissen erreichbar sind, die aber selbst noch in den Bereich des bedingten Wissens fallen, d. h. in das Gebiet des Endlichen.

Nun hatte Schleiermacher allerdings betont, daß alle „Grenzformeln" für den transzendenten Grund in ihrer Tendenz auf Einheit gleichsam an der Einheit des transzendenten Grundes partizipieren, teilhaben. Wie läßt sich dies verstehen?

Schleiermacher geht in seiner Verhältnisbestimmung von Gott und Welt davon aus, daß die Grenzformeln einen „wahren Gehalt"[1] haben müssen; d. h.: *„diese Formeln enthalten alle die Idee der Welt, denn sie sprechen die Totalität des Seins aus"*.[2] Und auf das Problem des Wissens zurückkommend, fügt er erklärend hinzu: „Die Idee der Welt ist die Grenze unseres wirklichen Denkens, der transzendente Grund liegt außerhalb dieser Grenze".[3]

So drängt sich die Frage auf nach dem Verhältnis von Idee Gottes und Idee der Welt, d. h. es müssen die genauen Bestimmungen beider Ideen aufgesucht werden. Die Übereinstimmung des Wissensproblems mit dem Gottesproblem in Schleiermachers Dialektik[4] läßt vermuten, daß bereits in den bisherigen Untersuchungen dieses Grundsatzproblem des Verhältnisses von Idee Gottes und Idee der Welt mitenthalten war, ohne selbst Gegenstand der Erörterung zu sein.

Schleiermacher greift auf das Unternehmen der Dialektik zurück, um die *Untrennbarkeit der Ideen Gott und Welt* deutlich zu machen. „Wir haben kein anderes Interesse am transzendenten Grund als immer in der Beziehung auf

---

[1] O, 299.
[2] A.a.O., Herv. v. mir.
[3] A.a.O.
[4] „Es zeigt sich also hier eine genaue Parallele zwischen dem Zustand unserer Vorstellung vom Transzendenten und der Vollständigkeit des Wissens" (O, 273).

die Idee der Welt ... In der Trennung von der Welt wäre er etwas, was wir weder kennten noch wollten. Jeder Versuch, den transzendenten Grund in solcher Verbindungslosigkeit mit der Idee der Welt darzustellen, zerstört immer sich selbst".[5] Diese Ausführungen lassen sich genau in den Gang unserer bisherigen Deutung der Dialektik einfügen.

In der begrifflichen Bestimmung eines Wissens von Gott (dem „Prinzip des Wissens") erreichte Schleiermachers Analyse nur „Grenzformeln" für den transzendenten Grund allen Seins. Diesen teilt Schleiermacher nun einen „realen"[6] Wert als Idee der Welt zu, den er durch Zusammenfassung der Denkgrenzen der intellektuellen und organischen Funktion gewinnt. Ihr „symbolischer Wert"[7] besteht darin, daß die „Grenzformeln" in ihrer Gesamtheit den transzendenten Grund ausdrücken, wenngleich nicht in adäquater Weise, da sie dem Gebiet des bedingten-endlichen Wissens von Gott zugehören.

Auf der Basis der Beziehung des „realen" und „symbolischen" Wertes der Ideen entwirft Schleiermacher ein *Wissen von Gott* allein von der intellektuellen Funktion her.[8] Denn, die „Totalität des Seins, vom transzendenten Grund getrennt, hört auf, diese zu sein";[9] in gleicher Weise gilt, daß ein Wissen von Gott nicht möglich ist, wenn man auf die Idee des transzendenten Grundes, abgelöst von der Idee der Welt, als dem für das Wissen notwendigen Grenzbegriff, reflektieren wollte.

Man kann von diesem Zusammenhang aus sagen, daß der „reale Wert" der Grenzformeln als *Idee der Welt das bedingte Wissen von Gott mit der Idee*

---

[5] O, 301.

[6] Vgl. O, 299f.

[7] A.a.O.

[8] Eine treffende Formulierung des philosophischen Ansatzes eines Wissens von Gott bei Schleiermacher findet *R. Stalder:* „Was Schleiermacher der menschlichen Vernunft abspricht, ist nicht die Einsicht, *daß* unserem Sein ein Absolutes, Gott, zugrunde liegt und unsere ganze Geistestätigkeit sich zu ihm hinbewegt, sondern das Erkennen, *was* dieser ‚transzendente Grund' ist ... Insofern ist also die dem Denken zugängliche Gotteserkenntnis ein Wissen von Gott in *statu nascendi* ... in seiner Hinbewegung zu einer höheren Entfaltung, welche nur das Leben aus dem Glauben gewährt" (a.a.O., 385). Stalder hebt in diesem Zusammenhang die Übereinstimmung des ersten Vatikanums mit Schleiermachers Ansatz hervor, „das ‚natürliche' Erkenntnisvermögen auf das Wahrnehmen Gottes als principium et finis allen Seins" (a.a.O.) zu beschränken. Vgl. hierzu auch Stalders Hinweise auf *Thomas v. Aquin, Augustinus* und *Bonaventura*, a.a.O., 384–400. Es fällt auf, daß Stalders Arbeit, die sich vor allem Schleiermachers philosophischer „Ethik" und „Dialektik" widmet, ihre Ausführungen mit dem *Problem des Übergangs vom Wissen von Gott zum Glauben an Gott* beschließt und in ihrem ausdrücklichen Hinweis auf die „Glaubenslehre" genau auf jene Fragestellung zielt, die die vorliegende Arbeit zum Gegenstand ihrer Erörterungen macht.

[9] O, 302.

Gottes als „symbolischen Wert" der Grenzformeln *vermittelt*. Es muß folglich gefragt werden, wie eine positive Verhältnisbestimmung, in der Identität und Differenz beider Ideen die Grundlage der Vermittlung darstellen, genauerhin möglich werden könnte.

Mit einem kurzen Hinweis auf Schellings Schrift „System des transcendentalen Idealismus" (1800) läßt sich Schleiermachers Abgrenzung von Schelling sehr gut sichtbar machen und Schleiermachers eigener Ansatz in der Frage nach dem Prinzip des Wissens verdeutlichen. Es geht dabei zentral wieder um die Unterscheidung der Begriffe transzendental und transzendent. „Der Transzendental-Philosoph" sagt Schelling, „fragt nicht: welcher letzte Grund unseres Wissens mag außer demselben liegen? sondern: was ist das Letzte in unserem Wissen selbst, über das wir nicht hinauskönnen? – Er sucht das Prinzip des Wissens innerhalb des Wissens (es ist also selbst etwas, was gewußt werden kann)".[10] Es zeigt sich, daß Schleiermachers Idee der Welt genau dem nahezukommen scheint, was Schelling den transzendentalen, d.h. „letzten Grund" des Wissens nennt. Gleichwohl lassen sich zwei Unterschiede kenntlich machen. Weder läßt Schleiermacher in diesem transzendentalen Grund mehr als einen bloßen Grenzbegriff erreichbar sein, noch nennt er diesen das letzte Prinzip des Wissens. Damit kommt zum Ausdruck, daß diese transzendentale Idee der Welt für Schleiermacher über sich hinausweist, d.h. daß ihr zugleich symbolischer Wert zukommt. Genau darin unterscheidet Schleiermachers Ansatz sich von Schelling, sucht doch Schleiermacher jenes Prinzip des Wissens *außerhalb allen Wissens als transzendenten Grund allen Wissens*, der nicht in das Gebiet des Gegensatzes gehören kann.

Der Unterschied zu Schelling macht deutlich, wie entscheidend die Idee Gottes von der Idee der Welt in Schleiermachers Denken abgehoben werden muß. Wie leicht eine Verwechslung mit Schellings Ansatz möglich ist, zeigt die vom Sprachgebrauch her vermeintliche Nähe der Problemstellungen. Nochmals Schelling: „Nun ist aber offenbar, daß, wenn es nicht eine absolute Grenze des Wissens – etwas gäbe, das uns, selbst ohne daß wir uns seiner bewußt sind, im Wissen absolut fesselt und bindet, und das uns, indem wir wissen, nicht einmal zum Objekt wird, eben deswegen, weil es Prinzip alles Wissens ist – daß es alsdann überhaupt nie zu einem Wissen, nicht einmal zu einem einzelnen kommen könnte".[11]

So zeigt sich der mit dem Hinweis auf Schellings Transzendentalphilosophie jetzt deutlich werdende Konflikt Schleiermachers, das *Prinzip des Wis-*

---

[10] *F. W. J. Schelling,* Schriften von 1799–1801, Darmstadt 1982, 355.
[11] *F. W. J. Schelling,* a.a.O.

sens, d.h. den transzendenten Grund innerhalb des Wissens eigentlich nicht erreichen zu können und doch das Verhältnis von Totalität des Bedingten und Unbedingten denken zu müssen. Überträgt nicht schon Schleiermachers Verständnis, Gott als transzendenten Grund zu behaupten, eine endlich-bedingte Kategorie, die der Kausalität nämlich, auf Gott? Der Satz: „Kein Gott ohne Welt, so wie keine Welt ohne Gott"[12] läßt darüberhinaus fragen, ob damit nicht die Idee Gottes unter die Bedingtheit der Idee der Welt fällt. Zugespitzt formuliert könnte man von einer notwendigen Verbindung der Idee Gottes mit der Idee der Welt reden.

Es ist jedoch zu beachten, daß Schleiermacher die Überzeugung zum Ausdruck bringt, daß, wenn von unserem bedingten Denken her die Idee Gottes gedacht wird, nicht eine Aussage über Gottes Sein an sich versucht wird, d.h. diese Aussage bleibt in sich negativ. Die Idee des transzendenten Grundes versteht Schleiermacher bloß transzendental, d.h. er faßt das Verhältnis der Idee Gottes und der Idee der Welt als äußersten transzendentalen Gegensatz des Wissens, ohne einen transzendenten Gebrauch der Ideen zu machen. Ganz im Sinne Kants läßt Schleiermacher keinen jenseits der Erfahrungsgrenze positiven Gebrauch beider Ideen zu. Sie bleiben „immer ein unausgefüllter Gedanke"[13], machen keine Aussage über Gott bzw. Welt „an sich".[14] Im Entwurf von 1814 heißt es an gleicher Stelle: „Eben deshalb sind Absolutes, Höchste Einheit, Identität des idealen und realen nur Schemata.[15] Sollen sie lebendig werden: so kommen sie wieder in das Gebiet des endlichen und des Gegensatzes hinein, wie wenn man sich Gott als natura naturans, oder als bewußtes absolutes Ich denkt".[16]

„Kein Gott ohne Welt" besagt demnach, wie Schleiermacher zutreffend bemerkt, nur etwas aus über *die „Art,* wie die Idee des transzendenten

---

[12] O, Hs, 303.

[13] J, 161.

[14] Vgl. O, 303, wo Schleiermacher den transzendentalen Charakter der Ideen betont, insofern sie immer nur gedacht sein können, nicht jedoch real als Erscheinung gegeben sind. Im Odebrecht-Text von 1822 steht dafür auch der Begriff „transzendent" (O, 305).

[15] „Der nur schematisch konstruierte Begriff will auch real werden und kann es nur, indem er einseitig und relativ wird. Man weiß aber dann, daß das Schema nicht ausgefüllt wird, worüber sich die bloß religiösen leichter täuschen" (J, 159).

[16] J, 158. Indem *F. Wagner* diese Unterscheidung Schleiermachers nicht beachtet, kommt er zu der für seine eigenen Ausführungen widersprüchlichen Behauptung, Schleiermacher übertrage „die endliche Kategorie der Kausalität auf den transzendenten Grund" (a.a.O., 167), d.h. er überschreite die Grenze eines bloß immanent-transzendentalen Gebrauchs des Begriffs des transzendenten Grundes; demgegenüber hatte es jedoch Wagner (a.a.O., 214) gerade als bedeutsam für Schleiermachers Argumentation hervorgehoben, daß ihr dieser Fehler nicht unterliefe.

Grundes entstanden ist".[17] Schärfer gesagt: es liegt ein nur immanenter Gebrauch der Idee Gottes vor, denn allein das Denken kann nicht absehen von der Idee der Welt, wenn es die *Idee des transzendenten Grundes* überhaupt zu denken versucht. Von einer Untrennbarkeit der Ideen, d. h. einer notwendigen Verbindung der Ideen muß allein das endliche Denken ausgehen; eine Aussage über Gottes Verhältnis zur Welt, von Gott her gesehen, wird in keiner Weise beansprucht.

„Keine Welt ohne Gott" sagt demgegenüber nicht etwas aus über das endliche Denken, insofern es Gott zu denken sucht, sondern insofern es die *Idee der Welt* denkt. Die Idee der Welt ist vom Denken her nicht sinnvoll zu behaupten, wenn nicht auf ihre Begründung in Gott reflektiert wird.

Von diesem Zusammenhang her ist der in sich konzise, sehr genau differenzierende Text zu verstehen: „Das Verhältnis der beiden Werte unserer Formeln, des realen und symbolischen, muß ein solches sein, daß das eine nicht ohne das andere gedacht werden kann. Die Art, wie die Idee des transzendenten Grundes entstanden ist, verbietet sie ohne die Idee der Welt zu denken; aber die Idee der Welt verbietet uns, sie zu denken ohne Bezug auf den transzendenten Grund".[18]

Der *Streit*, ob *Gott in der Welt* oder ob *Gott ausserhalb der Welt* sei, d. h. der Streit zwischen Pantheismus, Deismus und Theismus kann von Schleiermachers philosophischen Bestimmungen her nur dahingehend aufgelöst werden, daß man sagt: von den notwendigen Voraussetzungen endlichen Denkens her sind Gott und Welt untrennbar verbunden, so allerdings, daß die damit allein vom Denken her entworfene und daher nur für dieses Denken gültige Behauptung der *Identität von Gott und Welt* zugleich notwendig die *Differenz von Gott und Welt* für die Begründung der Welt notwendig fordert.

Es ist daher gänzlich abwegig, gegen Schleiermachers Denken den Vorwurf zu erheben, Gott an sich nicht gedacht zu haben oder doch an dieses die Forderung zu erheben, Gott an sich denken zu müssen.[19] Die äußerste Form einer möglichen Aussage ist im Text von Jonas 1822 so gefaßt, daß „Gott die noch weiter zurückliegende Voraussetzung ist, also auch die Quelle der totalen, in der Welt als Einheit aller Kraft gesetzten Aktivität".[20]

---

[17] O, 302.

[18] O, 302. Im Text von *Jonas* heißt es: „Gott nicht ohne Welt, weil wir nur von dem durch die Welt in uns Hervorgebrachten auf Gott kommen. Die Welt nicht ohne Gott, weil wir die Formel für sie nur finden als etwas Unzureichendes und unserer Forderung nicht Entsprechendes. In diesem *notwendigen Zusammendenken* liegt aber auch, daß beides gedacht werde als ineinander aufgehend" (O, Hs, 303). Zur Differenz vgl. das Folgende.

[19] Vgl. *F. Wagner*, a.a.O., 167 u. ö.

[20] O, Hs, 303.

Damit ist im notwendigen Zusammenhang der Ideen Gottes und der Welt der Übergang markiert, die Differenz beider Ideen deutlicher hervorzuheben. Bisher wurde das Verhältnis zweier für das Denken untrennbarer Ideen zu bestimmen versucht. Diese Ideen werden aber von Schleiermacher zugleich transzendent in dem Sinne genannt, daß sie „nie in der Wahrnehmung aufgehen und also auch nie ein Wissen werden"[21] können.

1.5.1. Die Idee der Einheit des zeitlosen Abhängigkeits-verhältnisses der Welt von Gott

Schleiermacher behauptet nun in dieser Argumentationslinie: „Die Idee der Welt ist also ebenso transzendent wie die Idee der Gottheit. Jedoch ist deshalb beides nicht das gleiche; wir können die Idee der Welt und die Idee Gottes nicht identifizieren . . . die Idee der Gottheit im Bewußtsein zu realisieren, ist eine zum wirklichen Wissen heterogene Aufgabe".[22] Unsere eingangs gestellte Frage nach Identität und Differenz beider Ideen kommt nun deutlicher ins Blickfeld.

Die eigentliche Bestimmung des Verhältnisses von Gott und Welt überläßt Schleiermacher allerdings, dies muß hier ausdrücklich gesagt werden, der Interpretation mit der Aufgabe der Deutung seiner sich oft nur in Andeutungen erschöpfenden Ausführungen.

Vergleicht man die verschiedenen Entwürfe zu diesem Grundsatzproblem der Philosophie und Theologie Schleiermachers, so kann man den Entwurf von 1831 als vielleicht knappste, wenngleich präziseste Fassung kommentierend zur Dialektik von 1822 hinzuziehen.[23]

Nimmt man auf, daß Gott transzendenter Grund allen Wissens ist, so läßt sich sagen, daß die Idee Gottes (als Einheit ohne Gegensätze) als Bedingung und Grund der Idee der Welt (als Einheit aller Gegensätze) bezeichnet ist. „Die Idee der Einheit, aus welcher alle Gegensätze ausgeschlossen sind, (ist) dasjenige, worauf alles Denken zurückgeht, inwiefern es ein Wissen werden will; die Idee der Einheit mit allen Gegensätzen dasjenige, wohinein alles Denken als Wissen gesetzt sein will. Jedes Denken, welches Wissen werden will, bezieht sich völlig auf dieselbe Weise auf die Idee der Gottheit zurück".[24]

---

[21] O, 305.
[22] O, 305.
[23] Vgl. vor allem J, 526–533 (Beilage E).
[24] O, 314.

Allein im Entwurf von 1831 nennt Schleiermacher aber *die im transzendenten Grund begründete Identität von Gott und Welt* in jener Begrifflichkeit, auf die sein philosophisches und theologisches Denken gleichermaßen zentriert ist; denn „jenes Verhältnis (ist) der reine Ausdruck für die *Abhängigkeit* alles wirklichen Denkens vom transzendenten Grund".[25] Ist, wie oben gezeigt, Gott transzendenter Grund des einzelnen Wissens wie des ganzen Wissens, dann läßt sich jetzt das Verhältnis von Gott und Welt *als Verhältnis der Abhängigkeit* der Welt als Einheit aller Gegensätze von Gott als transzendentem Grund, d. h. als Einheit ohne Gegensätze verstehen. Für den Prozeß des Wissens gilt dabei, identitätsphilosophischem Denken gemäß, was für den Prozeß des Seins, Denken und Sein, Ideales und Reales in sich fassend, zutrifft: das Wissen bewegt sich innerhalb der Gegensätze, wobei die Idee Gottes und die Idee der Welt allem Wissen gleichmäßig zugrundeliegen. Denn alles Wissen geht immer „von Gott aus und auf die Construction der Welt hin".[26]

Das Verhältnis der Abhängigkeit der Welt von Gott läßt sich auch vom Begriff der Zeit her formulieren. Auf das Problem der Zeit im vorliegenden Zusammenhang zielt vor allem der Entwurf von 1814 ab: „Ist das absolute das gänzlich ursprüngliche in allem wirklichen Denken, der terminus a quo, immer jenseits alles zeitlichen liegend und nie als zeitliche Entwicklung zu fassen"[27], so „ist die Idee der Welt immer nur terminus ad quem"[28], d. h. die Totalität des Zeitlichen. Worin unterscheidet sich die Totalität der Zeit von der Zeitlosigkeit des Absoluten, worin liegt ihre Gemeinsamkeit? Was besagt dies *das Verhältnis der Einheit der Ideen betreffend*, in bezug auf die Einheit der Gegensätze als Totalität der Zeit und jene zeitlose Einheit jenseits aller Gegensätze, die das Abhängigkeitsverhältnis beider Ideen begründet?

In diesem Kontext gilt es daran zu erinnern, daß Schleiermacher die Identität von Gott und Welt anzielend, behaupten konnte, die Idee der Welt sei „ebenso transzendent" wie die Idee Gottes, d. h. gemeint sei in beiden etwas „über das gewöhnliche Denken Hinausgehendes".[29]

Die Interpretation muß versuchen, von einem immanenten Gebrauch des Begriffs des Transzendenten her, wie er bei Schleiermacher wohl intendiert ist, *das transzendentale Analogon* in der Identität und Differenz der transzendentalen Ideen der Einheit Gottes und der Welt zu finden.

---

[25] J, 530.
[26] J, 168.
[27] A.a.O.
[28] A.a.O.
[29] O, 304.

Schleiermachers Ausführungen der Dialektik in allen Entwürfen lassen eine präzise Bestimmung dieses Problemzusammenhanges vermissen. Es wechseln nicht nur die begrifflichen Andeutungen des Transzendenzcharakters des gemeinten Verhältnisses von Gott und Welt („Einheit", „Analogie", „Anteil"); über eine bloß thesenhafte Problemlösung gelangt Schleiermacher nicht hinaus. Die daraus resultierenden Verständnisschwierigkeiten greifen auch auf Schleiermachers Ausführungen über den *Begriff des „Gefühls"* über, der – wie schon hervorgehoben wurde – aufs engste mit der Grundsatzproblematik des Verhältnisses von Gott und Welt zusammengesehen werden muß. Es ist daher keineswegs überraschend, wenn sich in der Interpretationsgeschichte die gegensätzlichsten Deutungen finden.

Der geeignetste Einstieg in die vorliegende Thematik scheint sich mir, ausgehend von der Dimension der Zeitlosigkeit, die im Transzendenzcharakter beider Ideen zum Ausdruck kommt, finden zu lassen.

Auf das Problem der Zeit wird Schleiermacher später wieder gerade auch im Begriff des „Mitgesetztsein" des transzendenten Grundes im Sein zurückgreifen, wenn er dieses „treibende und gestaltende Prinzip"[30] allen Seins explizit aufnimmt. Diesen Begriff werden wir im weiteren ebenfalls aus dem Horizont der Zeit zu verstehen suchen.

Von beiden Ideen behauptet Schleiermacher, wir seien nicht in der Lage sie zu beschreiben oder zu vollziehen, insofern beide über unser Wissen und Denken hinausgehen. Gesteht man im Anschluß an Schleiermacher dennoch zu, über diesen letzten transzendentalen Gegensatz der Idee alles Bedingten gegenüber der Idee des Unbedingten transzendentale Grenzbestimmungen im Rückgriff auf die Zeitlichkeit der Ideen anzudeuten, so kann man die *Idee der Welt als zeitlose Idee der Totalität der Zeit* formulieren. Damit soll gesagt sein, daß diese Idee zwar das Nicht-Mehr-Zeitliche meint, jedoch so, daß diese Totalität als Totalität der Zeit selbst bedingt ist durch dasjenige, woraus sie hervorgeht, d.i. eben das Zeitliche. Auf den Einheitsbegriff bezogen kann man daher von der Idee der zeitlosen Einheit allen bedingten Weltseins reden. Demgegenüber ist die Idee Gottes allein die zeitlose Einheit des transzendenten Grundes. Worin besteht also der Transzendenzcharakter der Ideen Gottes und der Welt?

Zweifellos ist das tertium comparationis zwischen der Idee Gottes und der Idee der Welt der *transzendentale Begriff zeitloser Einheit,* in sich dann unterschieden als Einheit Gottes und Einheit der Welt. Die Zeitlosigkeit der Einheit ist mit dem Abhängigkeitsverhältnis der zeitlosen Einheit des Bedingten von der zeitlosen Einheit des Unbedingten gegeben. So resultiert aus der

---

[30] O, 271.

zeitlosen Einheit des transzendenten Grundes zugleich die Zeitlosigkeit des Abhängigkeitsverhältnisses.

Es ist der *Gottesbegriff* Schleiermachers, der mit der Identität, die im Abhängigkeitsverhältnis formuliert ist, zugleich die Differenz in der Identität beider Ideen zum Ausdruck bringt. Die gemeinte Differenz von Gott und Welt betrifft allein die Differenz zeitloser Einheiten, die in sich unterschieden sind. Die Vermittlung dieser Differenz in der *Einheit des zeitlosen Abhängigkeitsverhältnisses von Gott und Welt* kann allein von der zeitlosen Einheit Gottes als transzendentem Grund her als konstituiert gedacht werden.

Es hängt für diese Interpretation alles davon ab, daß Schleiermachers Gottesbegriff als Relationsbegriff verstanden wird. Schleiermacher selbst sagt im Entwurf von 1831 sehr prägnant, daß „die Spekulation *für die Bezeichnung des transzendenten Grundes* das Verhältnis von diesem und der Gesamtheit des Seins (Welt), sofern alle Gegensätze darin zusammengefaßt sind, zum Grunde legt".[31] *Gott zu denken* heißt für Schleiermacher, *den transzendentalen Gegensatz von Unbedingtem und Bedingtem als Verhältnis der Abhängigkeit zu denken,* genauer: in Gott als der zeitlosen Einheit des transzendenten Grundes sind Identität und Differenz von Gott und Welt im zeitlosen Verhältnis der Abhängigkeit der Einheit der Gegensätze von der Einheit ohne Gegensätze begründet.

Schleiermacher kann die Idee Gottes, d.h. die transzendentale Idee des transzendenten Grundes daher begrifflich fassen „als die Gegensätze aus sich entwickelnd, aber, weil zeitlos, nicht in sie übergehend".[32] Im Entwurf von 1814 heißt es gleichsam kommentierend: „Als Einheit schließt die Welt das Sein in sich, als Gemeinschaftlichkeit ist sie nur werdend. Insofern hat also, was als Welt bezeichnet wird einen Anteil am Transzendenten und das gibt bei der Bestimmung des Verhältnisses beider Ideen den Ausschlag und rektifiziert immer die Darstellung".[33]

Man muß in der Problemlösung des Verhältnisses von Gott und Welt, die Schleiermacher vorlegt, im Hintergrund den Pantheismus-Streit der Jahrhundertwende mitberücksichtigen. Um dem Vorwurf des Pantheismus zu entgehen, muß Schleiermacher die Differenz von Gott und Welt deutlich machen; um dem Vorwurf des Dualismus entgegenzuarbeiten, muß er in der Differenz die Einheit des zeitlosen Abhängigkeitsverhältnisses als einzige Weise der Identität von Gott und der Totalität der Welt betonen. Die letztere Absicht veranlaßt Schleiermacher zu mißverständlichen und ungenauen

---

[31] J, 529 f., Herv. v. mir.
[32] J, 531.
[33] J, 167.

Bestimmungen des beiden Ideen gemeinsamen Transzendenzcharakters, ja ein Übergewicht der Identität Gottes und der Welt brachte Schleiermachers Argumentation in die Nähe des Pantheismus, der Schleiermacher in der Interpretationsgeschichte immer wieder unterstellt wurde. Allein in der ungenügenden Beachtung der in der Untrennbarkeit der Ideen zugleich geforderten Differenz von Gott und Welt, die Schleiermacher jedoch deutlich kenntlich macht, kann das Mißverständnis eines Pantheismus Schleiermachers resultieren.[34]

1.5.2 Die transzendentale Vermittlung der Idee der Welt

Besondere Aufmerksamkeit muß aber gleichfalls Schleiermachers Unterscheidung der Welt als „Einheit der Gegensätze", d.h. als Totalität der Welt gegenüber der Welt als endlichem Prozeß zukommen. Von Schleiermachers identitätsphilosophischem Denken aus gesehen gilt es festzuhalten, daß der

---

[34] Wird diese Unterscheidung mißachtet, dann identifiziert man die Einheit der Welt mit der Einheit Gottes und sieht im Verhältnis von gegensätzlich-endlichem Sein und Einheit von Denken und Sein nur den pantheistischen Versuch, die Gegensätze des Seins als Modi der ihr zugrundeliegenden Einheit der Gegensätze zu begreifen. Dieses unzutreffende Verständnis der Verhältnisbestimmung von Gott und Welt, das auf einer ungenügenden, weil ungenauen Textinterpretation beruht, wird Schleiermacher, so hofft unsere Interpretation deutlich gemacht zu haben, in der Dialektik zu Unrecht unterstellt. Von daher muß *W. Benders* (Schleiermachers Theologie. I. Die philosophischen Grundlagen, Nördlingen 1876) Vorwurf des Pantheismus gegenüber Schleiermacher, dem exemplarischer Charakter in der Literatur zukommt, zurückgewiesen werden. Vgl. auch *W. Bender*, Schleiermachers Gotteslehre, Worms 1868. Hinzuzufügen ist, daß eine zutreffende Interpretation des Begriffs des „Gefühls" von unzutreffenden Voraussetzungen her überdies nicht gelingen kann. – Demgegenüber hat *H. Scholz* (Christentum und Wissenschaft in Schleiermachers Glaubenslehre, Berlin 1909) sehr differenziert den Einfluß pantheistischen Denkens auf Schleiermacher untersucht. Er kommt zu einem Ergebnis, das sich überzeugend abhebt von einem ungeklärten Verdacht und Vorwurf des Spinozismus gegenüber Schleiermacher. „Ein anderes ist die Spinozistische Diktion, ein anderes die Spinozistische Stimmung ... Schleiermacher ist nicht Spinozist gewesen; aber er hat die Spinozistische Stimmung geteilt" (a.a.O., 146f, vor allem 145–175). Bezeichnend ist, daß Scholz eine genaue Unterscheidung der Idee Gottes und der Idee der Welt zu treffen weiß, die aufschlußreich ist im Blick auf Bender: „Wo über der Gleichsetzung beider Ideen die Trennung ganz vernachlässigt wird, ja schon da, wo das höchste Wesen als synthetische Einheit der Weltgegensätze gedacht wird, ist nach Schleiermacher der Ausdruck ‚Pantheismus' wirklich am Platze" (H. Scholz, a.a.O., 167f). Und: „Ist gleich die Welt das Spiegelbild der Gottheit, so bleibt doch die Gottheit immer und überall der erhabene Welt*grund*, der Grund des dem Geiste wie der Natur einwohnenden Gesetzes, also der Grund dessen, was zusammengefaßt die Welt der Idee ausmacht" (a.a.O., 169).

Begriff der Abhängigkeit der Welt von Gott immer den Grenzbegriff der
Welt als der Einheit der Gegensätze meint.

Von dieser ganz wesentlichen Unterscheidung her kann dann in Schleiermachers Dialektik zusammenfassend die Vermittlungsfunktion der Idee der
Welt für den Wissensprozeß sehr genau zugeordnet werden. Als Ansatz zur
Lösung der Problemstellung erweist sich die uns schon bekannte „formal-
transzendentale" Struktur des Wissensprozesses, die Schleiermacher, ausgehend von der Absicht der Überwindung strittiger Differenzen von Vorstellungen auf Einheit des Wissens, entwickelt hatte.

Zunächst sei der Zusammenhang der Dialektik mit einer Frage erinnert: In
welchem Verhältnis stehen in Schleiermachers Denken „Primärvoraussetzung" und „Finalvoraussetzung" des Wissens, und was bedeutet die „Identifikation jener beiden transzendenten Voraussetzungen"?[35] In bezug auf den
Zustand strittiger Vorstellungen war die erste Voraussetzung die („unausge-
füllte") leere Identität der Indifferenz von Idealem und Realem, die allem
wirklichen Denken vorausliegt, selbst jedoch nicht dem Gebiet des Denkens
zugehört, das im Gegensatz des Idealen und Realen sich erst konstituiert.
Eine Aufhebung des Streits ist nur möglich in Beziehung auf die zweite, die
„Finalvoraussetzung" als der vollendeten Identität des Idealen und Realen.

Wenn Schleiermacher nun die Idee der Welt als Totalität des Seins bezeichnet, dann faßt er, ausgehend von der Identität der organischen und intellektuellen Funktion die dem Denken möglichen Grenzbestimmungen zusammen; die Idee der Welt wird so Ausdruck für die vollendete Identität des
Idealen und Realen. Diese ist als Gedanke selbst jedoch nicht vollziehbar,
weil es unter den Bedingungen des Gegensatzes von Idealem und Realem
„nicht zu einem Zusammensein beider Funktionen des Denkens kommt".[36]

· Aufgrund der Übereinstimmung des transzendentalen und formalen Denkens, gemäß Schleiermachers Dialektik-Ansatz, kommt die eben erinnerte
Struktur des Wissens in dem Bestimmungsversuch der Identität und Differenz von Gott und Welt wieder ins Blickfeld. So allerdings, daß die *Identität
der Indifferenz der Gegensätze*, d. h. als „Form des Wissens an und für sich"[37],
und die *Identität der Einheit der Gegensätze*, d. h. als Form der Verbindung
des Wissens auf ihre Bedeutung für die Idee der Welt und die Idee Gottes
befragt werden.[38] Die Idee der Welt stellt danach den Zielpunkt des Wissens-

---

[35] O, 222.
[36] O, 240.
[37] J, 169.
[38] „Dieses beides ist schon . . . unterschieden worden als verschiedene Richtungen und Aeuße-
rungen des formalen, aber doch als Eins nicht von einander zu trennen; *und eben so verhalten*

prozesses selbst dar als „terminus ad quem", ohne jedoch je selbst ein Wissen werden zu können, d. h. die Idee der Welt ist die Einheit der Gegensätze, weil aus dem Streben nach Aufhebung der Gegensätze des Idealen und Realen entworfen. Auf den Ausgangspunkt allen Wissens kann daher der „reale Wert" der „Grenzformeln" des Wissens, d. h. die Idee der Welt nicht bezogen werden.

Der transzendente Grund allen Wissens, d. h. die Idee Gottes verhält sich zum Anfangspunkt und Endpunkt allen Wissens „völlig gleich"[39], d. h. sie entsteht nicht im Prozeß des wirklichen Denkens. Schleiermacher formuliert dies folgendermaßen: „Die Idee der Gottheit hat zu jedem einzelnen Denken dasselbe Verhältnis wie zum gesamten Komplexus des Wissens. Sie ist der Grund des einzelnen Denkens wie des ganzen".[40]

Trotz dieser eindeutigen Zuordnung der Idee Gottes als Grund des gesamten Denkens und Seins, wie sich aus Schleiermachers identitätsphilosophischem Standpunkt ergibt, ordnet Schleiermacher die Idee Gottes in seinen Ausführungen dann als Form jeden Wissens dem „terminus a quo" zu, um freilich im unmittelbaren Anschluß daran zu betonen: „. . . in die beiden Formen der Denkfunktionen kann er (der transzendente Grund) nie aufgehen, weder als terminus ad quem noch a quo".[41]

Die reflexive Darstellungsmöglichkeit des transzendenten Grundes innerhalb des transzendentalen Gegensatzes findet Schleiermachers Philosophie demnach im Modell der formalen Struktur des Wissens. Die Vermittlungsfunktion der Idee der Welt ist von dieser Struktur her erklärbar. Im Entwurf von 1814 findet sich der entscheidende Text: „Wie die Idee der Gottheit der transzendentale terminus a quo ist, und das Prinzip der Möglichkeit des Wissens an sich: so ist die Idee der Welt der transzendentale terminus ad quem, und das Prinzip der Wirklichkeit des Wissens in seinem Werden".[42]

Auf dem Hintergrund der von mir vorgelegten Interpretation ist die Einheit des transzendenten Grundes ἀρχή jenes „Urwissen", von dem alles Streben nach Wissen überhaupt ausgeht. Die absolute Einheit des „Urwissens" ist für Schleiermacher daher die *Bedingung der Möglichkeit des Wissens*, ausgedrückt in der Idee Gottes. Das bestimmte Wissen bewegt sich jedoch schon immer innerhalb der Gegensätze des Idealen und Realen. Im Streben

---

sich auch die beiden Ideen, in denen diese formalen Beziehungen gegeben sind" (J, 169 f., Herv. v. mir).

[39] O, Hs, 305.

[40] O, 307.

[41] A. a. O., Erg. v. mir.

[42] J, 164.

nach dem gemeinsamen Wissen, das allen Streit der Differenzen überwinden könnte, sucht das bestimmte Wissen jene Einheit des Wissens, jenes „Urwissen", in dem es begründet ist. Schleiermachers Philosophie könnte demgemäß ohne die Voraussetzung der Idee Gottes als absoluter Einheit des „Urwissens" das „Wissenwollen" nicht verständlich machen.

Es entsteht für Schleiermachers Denken aber nun zugleich die Notwendigkeit, unter den Bedingungen der Wirklichkeit bestimmten Wissens eine Idee der Einheit des Wissens zu entwickeln, die für das gegensätzlich verfaßte Wissen einen Zielpunkt in der Suche nach einem gemeinsamen Wissen überhaupt sichtbar werden läßt. Ist doch die transzendente Grundlage allen Wissens, die absolute Einheit des „Urwissens", für Schleiermachers Denken im Prozeß endlichen Wissens nicht erreichbar. So entwirft Schleiermachers Philosophie die Idee der Welt als Einheit aller Gegensätze des Idealen und Realen. In ihr ist nun die transzendentale *Bedingung der Wirklichkeit des bestimmten Wissens* gegeben, d. h. der Prozeß des Wissens kann die Idee der Welt zwar nicht wirklich vollziehen, denn sie wird von Schleiermacher ebenfalls als transzendente Idee bezeichnet; Schleiermacher gelingt mit diesem Ansatz allerdings das, was man als die Vermittlung des realen und symbolischen Wertes der Idee der Welt bezeichnen kann. *Die in der Idee Gottes mitbegründete Idee der Welt,* ein Zusammenhang, den ich als Grundlage der Vermittlungsidee ausdrücklich eingehend zu interpretieren versuchte, *vermittelt das gegensätzlich-bedingte Wissen mit der Idee Gottes.*

So zeigt sich schließlich auch für die Vermittlung der Idee der Welt nochmals die ganze Bedeutung des Gottesbegriffs der Philosophie Schleiermachers.

Ein Problemfeld wurde bisher jedoch ausgespart, das jetzt alles Gewicht der Interpretation für sich beanspruchen muß. Gemeint ist Schleiermachers Theorie des unmittelbaren Selbstbewußtseins, die den „Ort" der Idee der Einheit des transzendenten Grundes im menschlichen Sein thematisiert.

2. Die philosophische Anthropologie und Gotteslehre der philosophischen Theologie

2.1 Die Unmöglichkeit reflexiver Selbstbegründung des Selbstbewußtseins

Vom Denken her mußte ungeklärt bleiben, wie es unter den Bedingungen der Gegensätzlichkeit und Vielheit den Gedanken Gottes als Idee absoluter Einheit des transzendenten Grundes entwerfen konnte, d.h. von seinen eigenen Möglichkeiten her konnte das Denken nicht jenen Grund finden, der im Streben nach Einheit des Wissens als vorausgesetztes „Agens" im Wissenwollen *mitgesetzt* sein muß.[1] So lautet Schleiermachers Resumée: „Der Grund des Mißlingens liegt darin, daß wir uns das Transzendente denken wollen".[2]

Schleiermachers Intention, den transzendenten Grund allen Seins nicht nur vom Denken aus zu finden, führt ihn daher auf *die metaphysisch-ontologische Grundlage seiner gesamten Philosophie*. In der Theorie des unmittelbaren Selbstbewußtseins („Gefühl") wird diese thematisiert. Man muß – gerade

---

[1] Vgl. dazu O, 271. *R. Stalder* vergleicht in diesem Zusammenhang Schleiermacher mit *Augustinus:* „Diese in der philosophischen Sprache des neunzehnten Jahrhunderts formulierten Sätze, würden in die Terminologie Augustins umgesetzt . . . so viel bedeuten, daß wir wohl ganz im Lichte Gottes befangen durch es zur Erkenntnis gelangen, ohne aber das Licht Gottes als solches je zu sehen . . . Doch diese Illumination darf nicht als unmittelbare Vision des göttlichen Wesens ausgelegt werden, sondern vielmehr als akthafte Gegenwart Gottes im Grunde der menschlichen Seele" (a.a.O., 329). Von Bedeutung scheint mir dieser Hinweis Stalders insofern, als er von dieser Deutung Schleiermachers her zu einer zutreffenden Beurteilung des Begriffs des „Gefühls" gelangt: „Dem augustinischen ‚*geistigen Erspüren* der Gegenwart Gottes' entspricht . . . das Schleiermachersche ‚Fühlen'" (a.a.O., 330, Anm., Herv. v. mir). Und kommentierend fügt Stalder hinzu, philosophiegeschichtliche Bezüge aufdekkend: „Schleiermacher wendet sich gegen die ‚intellektuelle Anschauung' Fichtes und Schellings, gegen die Möglichkeit eines Begreifens des Absoluten, wie Augustin gegen die neuplatonische Gottesschau" (a.a.O., 330).

[2] O, 270.

gegen alle interpretatorischen Verzerrungen[3] – diesen in keiner Weise subjek-
tivistisch reduzierbaren Begriff des „Gefühls" bzw. unmittelbaren Selbstbewußtseins in seiner ontologischen Bedeutung aufnehmen, um die Vermittlungsebene von Gott und menschlicher Welt, die Schleiermacher im „Gefühl"
festmacht, überhaupt zutreffend verstehen zu können.

Es ist allerdings zunächst nötig, sehr genau zu beachten, wie Schleiermacher zur begrifflichen Bestimmung des unmittelbaren Selbstbewußtseins gelangt. Allein mit Blick auf Kant, Fichte und Schelling – in freilich nur knapper
Erinnerung – kann man verstehen, welche entscheidenden Unterschiede
Schleiermachers philosophisches Denken setzt. Darüberhinaus ist man gezwungen, den Entwurf von 1822 zu ergänzen durch den Text von 1814, da
sonst undeutlich bleibt, in welchen Zusammenhang die Theorie des unmittelbaren Selbstbewußtseins innerhalb der Dialektik einzuordnen ist.

Indem Schleiermacher das Problem menschlichen Selbstbewußtseins expliziert, bringt er sein eigenes Vorverständnis zum Ausdruck[4], in welcher
Weise in menschlichem Streben nach Wahrheit, d.h. nach Wissen als Einheit
von Denken und Sein der transzendente Grund der Einheitssuche im unmittelbaren Selbstbewußtsein „mitgesetzt" ist, d.h. immer schon gegenwärtig ist
im menschlichen Sein und zu Bewußtsein gelangt.

2.1.1 Die Einheit des transzendentalen Selbstbewußtseins

Eine präzise Darstellung der bei Schleiermacher nicht immer genau genug
bestimmten und unterschiedenen Begriffe, woraus nicht unerhebliche Verständnisschwierigkeiten und Fehldeutungen in der Interpretationsgeschichte

---

[3] Hervorzuheben ist hier *R. Stalders* Feststellung, daß „das ,Gefühl' *nicht das geringste* mit
irgendwelcher subjektiven Befindlichkeit gemein (hat), wie namentlich *von katholischer Seite*
immer wieder zu Unrecht behauptet wird" (a.a.O., 334, Herv. v. mir).

[4] Die *F. Wagners* Interpretation umtreibende Frage nach dem von Schleiermacher *vorausgesetzten „Wissen des Wissens"* zur Bestimmung der Konstruktion des Wissens, hat schon *H. R.
Reuter* (a.a.O., 210–247) in Erinnerung der Zirkelstruktur des Denkens versachlicht, die *Kant*
mit der Inanspruchnahme des „transzendentalen Subjekts der Gedanken" (KrV, B 404)
nachzuweisen vermochte. Man kann sich bei Wagner ohnehin nicht des Eindrucks erwehren,
als werde die Fragestellung so verkompliziert, daß sie das eigentliche Problem eher verstellt als
klären hilft. Die ständig in Wiederholungen sich abmühende Methode der Argumentation
Wagners verstärkt noch diesen Eindruck. In der Frage des „Wissens des Wissens" muß man
Wagner darüberhinaus den von Schleiermacher als „neue Aufgabe der Dialektik" gekenn-
zeichneten Text entgegenhalten, in dem gefordert wird, *„daß man das ganze Wissen basiere auf
das dem Menschen innewohnende religiöse Bewußtsein von einem Absoluten und Höchsten"* (O,
91, Herv. v. Schleiermacher). Dazu zutreffend auch *R. Stalder*, a.a.O., 329–344.

resultierten, erreicht man am ehesten im Rückgriff auf Kants Begriff des Selbstbewußtseins und mit gleichzeitigen Hinweisen auf Schelling und Fichte.

Den transzendentalen Begriff des Selbstbewußtseins als „ursprünglich-synthetische Einheit der Apperzeption" hatte Schleiermacher als subjektive Bedingung der Einheit von intellektueller und organischer Funktion des Denkens von Kant her übernommen.[5] Das transzendentale Selbstbewußtsein bildete den Erkenntnisgrund für die Beziehung von Denken und Sein, d.h. für das Gegenstandsbewußtsein, wie Schleiermacher im Entwurf von 1814 deutlich zum Ausdruck bringt: „Allein im Selbstbewußtsein ist uns gegeben, daß wir beides sind, Denken und Gedachtes, und unser Leben haben im Zusammenstimmen beider".[6]

Selbstbewußtsein wird damit verstanden als durch Reflexion vermitteltes Wissen von uns selbst. Aus diesem Wissen leitet Schleiermacher dann die im Selbstbewußtsein gegebene Identität des erkennenden Subjekts ab für die Beziehung von Denken und gedachtem Sein. Es ist hier aber zu betonen, daß Schleiermachers Interesse nicht vorrangig einer Theorie des reflektierten Selbstbewußtseins gilt. Dies wird sichtbar, wenn Schleiermachers Differenz zu Kant in den Blick genommen wird.

Kant hatte bekanntlich auf die zirkuläre Struktur der Reflexion hingewiesen, die in einer Theorie des Selbstbewußtseins die grundsätzliche Schwierigkeit aufwirft, daß das Selbstbewußtsein allein im Prozeß einer Reflexion erreicht werden kann, in dem dieses sich als Wissen von sich selbst erfaßt. Damit setzt jedoch der Prozeß der Reflexion bereits eine Vorstellung von dem voraus, was Selbstbewußtsein eigentlich ist; denn die Reflexion muß dasjenige, was sie erklären soll schon kennen, in welcher Form auch immer. Kant hat diesen Zusammenhang in der „Kritik der reinen Vernunft" genau formuliert: „Zum Grunde derselben können wir aber nichts anderes legen, als die einfache und für sich selbst an Inhalt gänzlich leere Vorstellung: Ich, von der man nicht einmal sagen kann, daß sie ein Begriff sei, sondern ein bloßes Bewußtsein, das alle Begriffe begleitet.[7] Durch *dieses Ich,* oder Er, oder Es (das Ding), welches denkt, wird nun nichts weiter, als *ein transzendentales Subjekt der Gedanken vorgestellt = x,* welches nur durch die Gedanken, die seine Prädikate sind, erkannt wird ...; um welches wir uns daher in

---

[5] Vgl. O, 234.

[6] J, 53.

[7] An dieser Stelle sei nur erst darauf aufmerksam gemacht, daß Schleiermacher an zentraler Stelle seiner Argumentation den Begriff „begleiten" selbst aufgreift: „Wie können wir nun nachweisen, daß der transzendente Grund des Seins das Für-sich-sein des Denkenden auf zeitlose Weise begleitet?" (O, 291).

einem beständigen Zirkel herumdrehen, indem wir uns seiner Vorstellung jederzeit schon bedienen müssen, um irgend etwas von ihm zu urteilen; eine Unbequemlichkeit, die davon nicht zu trennen ist, weil *das Bewußtsein an sich* nicht sowohl eine Vorstellung ist, die ein besonderes Objekt unterscheidet, sondern eine *Form derselben überhaupt,* so fern sie Erkenntnis genannt werden soll; denn von der allein kann ich sagen, daß ich dadurch irgend etwas denke".[8]

Schleiermachers Begriff des reflektierten Selbstbewußtseins ist in gleicher Weise von dieser von Kant verdeutlichten zirkulären Selbstbeziehung des Selbstbewußtseins geprägt. Es wäre nun allerdings zu kurz gegriffen, wollte man annehmen, Schleiermacher beschränke sich in der Suche nach der Einheit des wirklichen Bewußtseins auf Kants transzendentalen Begriff des reflektierten Selbstbewußtseins. Schleiermacher zielt vielmehr darauf ab, die ursprüngliche Einheit des Ich, d. h. jenes immer schon mitvorausgesetzte „*x*" im Prozeß reflektierten Selbstbewußtseins näherhin zu bestimmen.

Hatte Kant diesen Versuch als illegitim abgewiesen und das *im Denken etwas = x* nur als transzendental-reflektiertes Selbstbewußtsein für erkennbar erklärt, so intendiert Schleiermacher nun, den transzendentalphilosophischen Einheitsgedanken des Selbstbewußtseins als „Identität des Subjekts in der Differenz der Momente"[9] identitätsphilosophisch zu erweitern. Die Identität des erkennenden Subjekts hat ausschließlich Gültigkeit für die organische und intellektuelle Funktion des Denkens, um die Identität des Gegenstandsbewußtseins zu sichern. Gegenüber Kant begreift Schleiermacher Selbstbewußtsein aber nicht nur als eine Art des Wissens, sondern zugleich als eine Art des Seins.

Im Entwurf von 1814 bindet Schleiermacher daher das Wissen des reflektierten Selbstbewußtseins in den für sein philosophisches Interesse zentralen Zusammenhang des Seins ein. So heißt es: „Allein das Wissen selbst ist uns im Selbstbewußtsein *nur im Sein gegeben,* aber als ein von ihm verschiedenes".[10] Schleiermacher zielt mit dieser Aussage, wie noch näher zu zeigen sein wird, auf zwei grundlegende Unterscheidungen. Zum einen hebt er darauf ab, daß das Wissen des reflektierten Selbstbewußtseins allein zugänglich ist im Ausgang vom Sein des Selbstbewußtseins; mit diesem benennt

---

[8]   *Kant,* KrV, B 404, Herv. v. mir. Es sei vorgreifend darauf hingewiesen, daß Schleiermacher Kants Terminologie des „Ich" als „x", ontologisch gewendet, wieder aufnehmen wird. Der Begriff des „Gefühls" wird von Schleiermacher darüberhinaus als „Form des Wissens" behauptet werden.

[9]   O, Hs, 288.

[10]   J, 53, Herv. v. mir.

Schleiermacher den ontologischen Einheitsgedanken des Selbstbewußtseins. Zum anderen hebt Schleiermacher mit der Differenz von Wissen und Sein auf das Problem der Begründung der Einheit des Selbstbewußtseins ab, womit die Frage nach dem einheitlichen Grund von Denken und Sein thematisch werden wird.

Die zitierte Textstelle führt folglich auf den Begriff des unmittelbaren Selbstbewußtseins im Unterschied vom reflektierten Selbstbewußtsein. Es sei vorgreifend darauf hingewiesen, daß, in Erweiterung des kantischen *im Denken etwas* = x als transzendental-reflektiertem Selbstbewußtsein, von Schleiermacher in bewußter Absetzung von Kant, ein *„im Sein etwas* = x "[11] als ontologisch-unmittelbarem Selbstbewußtsein, betont werden wird. Unsere Interpretation wird diese Behauptung noch eingehend zu erörtern haben.

Halten wir an dieser Stelle, gerade angesichts der interpretatorischen Schwierigkeiten und Fehldeutungen des Begriffs des Selbstbewußtseins, die in der Rezeptionsgeschichte Schleiermachers zu finden sind, Schleiermachers Differenz von Kant fest, trotz der Übernahme des Ich-Begriffs. Diese Differenz soll noch deutlicher gemacht werden mit einer Textstelle aus Schellings „System des transzendentalen Idealismus" (1800), mit der zugleich Schleiermachers ontologisch-identitätsphilosophischer Standpunkt gegenüber Schelling hervortritt. Wir konnten mit einem Hinweis auf Schelling schon einmal eine Verdeutlichung des philosophischen Standpunkts Schleiermachers erreichen.

„Der Transzendental-Philosoph", sagt Schelling, „sucht das Prinzip des Wissens *innerhalb des Wissens* (es ist also etwas das gewußt werden kann) . . . Dieses *erste Wissen* ist für uns nun ohne Zweifel das Wissen von uns selbst, oder das Selbstbewußtsein. Wenn der Idealist dieses Wissen zum Prinzip der Philosophie macht, so ist dies der Beschränktheit seiner ganzen Aufgabe gemäß, die außer dem Subjektiven des Wissens nichts zum Objekt hat . . . Daß nun aber dieses Selbstbewußtsein nur die Modifikation eines höheren Seyns . . . seyn könne – mit Einem Wort, daß auch das Selbstbewußtsein noch etwas überhaupt *Erklärbares* seyn möge, erklärbar aus etwas von dem wir nichts wissen *können*, weil eben durch das Selbstbewußtsein die ganze Synthesis unseres Wissens erst gemacht wird – geht uns als Transzendental-Philosophen nichts an; denn das Selbstbewußtsein ist uns nicht eine Art des *Seyns*, sondern eine Art des *Wissens*, und zwar die höchste und äußerste, die es überhaupt für uns gibt".[12] Deutlicher läßt sich wohl kaum markieren, in

---

[11] O, Hs, 303, Herv. v. mir.
[12] *F. W. J. Schelling*, Schriften von 1799–1801, Darmstadt 1982, 355 f., Herv. v. Schelling.

welcher Weise Schleiermacher den transzendentalphilosophischen Standpunkt durchbricht. Einige Punkte seien kurz herausgegriffen.

Das Wissen des Selbstbewußtseins als Prinzip philosophischen Denkens
bei Schelling trifft Schleiermachers gegen die Metaphysik erhobener Vorwurf[13], aus einem Prinzip alles Wissen zu deduzieren, wohingegen doch ein
„Wissen ums Prinzip" erst im Prozeß des realen Wissens, approximativ
freilich nur, erreichbar sein soll. Schleiermachers ontologisches Denken
sichert sich demgegenüber mit der Einbeziehung des Wissens ins Sein die
Möglichkeit, das *mitgesetzte „x"* in der Reflexion des Denkens auf sich selbst
so aufzunehmen, daß nicht nur die transzendentale Identität des erkennenden Subjekts, sondern die ontologische Identität von erkennendem Subjekt
und erkanntem Objekt, d. h. die ontologische Einheit von Denken und Sein
thematisiert werden muß. Man kann, diesen Ansatz betreffend, *Schleiermachers Denken als ontologische Erweiterung des „transzendentalen Subjekts"
Kants* verstehen.

Das transzendentale Selbstbewußtsein setzt in der vermittelnden Reflexion des Denkens auf sein eigenes Denken, nach Schleiermacher, das ontologische Selbstbewußtsein als „unmittelbares Selbstbewußtsein" notwendig
voraus. Aus diesem Ansatz resultiert allerdings die grundlegende Schwierigkeit der Philosophie (und Theologie) Schleiermachers, in welcher Weise das
unmittelbare Selbstbewußtsein um sich selbst wissen kann, wenn jede in der
Reflexion auf sich selbst notwendige Vermittlung mit der Behauptung der
Unmittelbarkeit ausgeschlossen sein soll. Schelling hatte dieses Problem
notiert, wenn er auf die Aporie verweist, das reflektierte Selbstbewußtsein
durch etwas erklären zu wollen, „von dem wir nichts wissen können".

Schleiermacher hat dieser Problematik keine besondere Aufmerksamkeit
geschenkt.[14] Er legitimiert, wie mir scheint, sein Wissen von jenem im
reflektierten Selbstbewußtsein *ontologisch mitgesetzten „x"* dadurch, daß er
philosophisch nur nachträglich zu bedenken sucht, was als vorgängig-
mitgesetztes Immer-Schon-Sein durch den denkenden Nachvollzug ohnehin nie begründet werden kann. Schleiermacher würde reflexive Spielräume

---

[13] Vgl. O, 42; O, 88.

[14] Auf diese, zugegeben problematische Seite im Denken Schleiermachers konzentriert sich das
     Erkenntnisinteresse der „kritischen Interpretation" *F. Wagners*. In ihrem Insistieren auf einer
     Vermittlung der Unmittelbarkeit – einer Vermittlung durch Reflexion, Sprache und Tradi-
     tion, ohne die ein unmittelbares Selbstbewußtsein nicht behauptet werden könnte, stimmt die
     vorliegende Interpretation der Forderung Wagners zu. Eine andere Frage ist, inwieweit
     Schleiermachers eigene Intention einer Vermittlung ausdrücklich gemacht werden kann, d. h.
     inwieweit die Frage geklärt werden kann, was sich hinter Schleiermachers bewußter Beto-
     nung der Unmittelbarkeit eigentlich verbirgt.

der Bestimmung des *mitgesetzten* „x" sicherlich zulassen, vorausgesetzt, sie negierten nicht die philosophisch notwendige Differenz im Begriff des Selbstbewußtseins.

Jedenfalls lehnt Schleiermacher ausdrücklich den Versuch ab, eine Begründung des Selbstbewußtseins durch Reflexion im Sinne eines sich selbst setzenden Ich, wie Fichtes Wissenschaftslehre (1794) es versucht hatte, zu denken. Die Problematik jenes in der Reflexion selbst schon vorauszusetzenden und mitgesetzten „x" werde darin unterlaufen. Wir verweisen auch deshalb auf Fichte, wenngleich nur zitierend, weil die Begrifflichkeit in der Bestimmung dessen, was mit unmittelbarem Selbstbewußtsein gemeint ist, aus eingeschränktem Blickwinkel als eine Anlehnung Schleiermachers an Fichtes Denken gedeutet werden könnte.[15]

Fichtes Theorie des Selbstbewußtseins intendiert gegenüber Schleiermacher die zirkuläre Selbstbeziehung des Selbstbewußtseins so zu überwinden, daß das Selbstbewußtsein für sich Unmittelbarkeit beansprucht. Eine Erklärung des Selbstbewußtseins durch Reflexion wird angestrebt, die auch jenes ursprüngliche Selbstbewußtsein, um das die Reflexion immer schon wissen muß, noch einzuholen vermag und so die Einheit des Selbstbewußtseins durch sich selbst zu begründen versucht. So heißt es in der Wissenschaftslehre Fichtes 1794: „Das Ich setzt sich selbst, und es ist, vermöge dieses blossen Setzens durch sich selbst; und umgekehrt. Das Ich ist, und es setzt sein Seyn, vermöge seines blossen Seyns".[16] Und: „Das Ich setzt ursprünglich schlechthin sein eigenes Seyn".[17] Ohne hier auf Einzelheiten eingehen zu können, läßt sich leicht einsichtig machen, daß die von Kant notierte Unvermeidbarkeit eines Zirkels in der reflexiven Selbstbegründung eines sich selbst setzenden Ich wieder zu finden ist. Der Anspruch auf Unmittelbarkeit des Selbstbewußtseins kann durch den immer vermittelten Selbstbezug des Ich auf sein eigenes Sein nicht widerspruchsfrei behauptet werden.

2.1.2 Die Einheit des ontologisch-unmittelbaren Selbstbewußtseins als „Gefühl"

Schleiermacher hat die Schwierigkeiten einer Theorie des Selbstbewußtseins in der bewußten Abgrenzung von unmittelbarem Selbstbewußtsein und reflektiertem Selbstbewußtsein zu überwinden versucht. Von daher ist aus-

---

[15] So bei *F. Wagner*, a.a.O., 146–149, u.ö.
[16] *J. G. Fichte*, Sämtliche Werke, I, Berlin 1971, 95f.
[17] *J. G. Fichte*, a.a.O., 98.

geschlossen, daß Schleiermachers ontologischer Begriff des Selbstbewußtseins von Fichte her zu verstehen sei. Welche Bedeutung kommt ihm dann
aber zu als Begriff der Einheit des Selbstbewußtseins? In welcher Weise, so
wird schließlich zu fragen sein, führt diese Einheit des Selbstbewußtseins auf
den transzendenten Einheitsgrund allen Seins?

Der im folgenden zitierte Text der Dialektik (1822) schließt direkt an die
Einheit von Denken, Wollen und Sein an, in der Schleiermacher die Einheit
des wirklichen Bewußtseins zu fassen suchte, ohne jedoch näherhin schon zu
bestimmen, was darunter zu verstehen sei. Dies geschieht jetzt – soweit wir in
der Interpretation in einem ersten Schritt diese Ausführungen Schleiermachers aufgreifen.

„Das Denken setzt das Sein der Dinge in uns, weil sie uns Gegenstände
sind; die Willenstätigkeit macht unser Sein zum Sein der Dinge, weil wir
unsere Zweckbegriffe in ihm realisieren. *So bleibt unser reines Sein nur im
Selbstbewußtsein;* in den beiden anderen Funktionen ist es schon mit dem
Sein der Dinge vermischt".[18] Und: „Also, sofern nicht mehr das Sein der
Dinge in uns gesetzt wird, wird unser Sein in die Dinge gesetzt. Aber unser
Sein ist das setzende, und dieses bleibt im Nullpunkt übrig; also unser Sein,
als setzend, in der Indifferenz beider Formen. Dies ist das *unmittelbare
Selbstbewußtsein = Gefühl*".[19] Erinnert man sich an den Textauszug aus der
Wissenschaftslehre Fichtes, dann wird der inhaltliche Unterschied offen-
sichtlich: nicht das Ich wird von Schleiermacher als selbstsetzend gedacht,
sondern das „reine Sein" des Menschen wird als „setzend" behauptet. Das
unmittelbare Selbstbewußtsein ist als „setzendes" Sein das Daß menschlichen
Seins in seiner unmittelbaren Einheit, von der erst das vermittelt-reflektierte
Selbstbewußtsein als Ich-Bewußtsein, *indem es allerdings das Daß seines
eigenen Seins schon voraussetzen muß*, ein Wissen von sich selbst auszubilden
vermag. Zunächst muß daher die reflexive Unmöglichkeit der Selbstbegründung des Selbstbewußtseins auf ihre Konsequenzen hin besehen werden.

In der von Schleiermacher ebenso wie von Kant vorausgesetzten Differenz
von denkendem Bewußtsein und gegenständlichem Sein bildet, wie gezeigt
wurde, das reflektierte Selbstbewußtsein die subjektive Bedingung der Möglichkeit der Beziehung des Denkens auf das Sein. Das reflektierte Selbstbewußtsein ist somit die ratio cognoscendi des Gegenstandsbewußtseins. Kant
hatte zu Recht die „synthetische" Einheit des reflektierten Selbstbewußtseins
betont; denn in ihr kommt die notwendige Identität des erkennenden Subjekts zur Geltung, ohne die der Bezug des denkenden Bewußtseins auf den

---

[18] O, 291, Herv. v. mir.
[19] O, 288, Herv. v. Schleiermacher.

Gegenstand nicht zu erklären ist. Aber diese synthetische Einheit behauptet Schleiermacher, wie Kant, zugleich als „ursprüngliche" Einheit, die das Gegenstandsbewußtsein immer schon „begleitet". Als „verschieden von dem reflektierten Selbstbewußtsein = Ich"[20] muß das unmittelbare Selbstbewußtsein, wie Schleiermacher dann ausdrücklich über Kant hinausgehend sagt, als *ursprüngliche Einheit* explizit gemacht werden. Denn das reflektierte Selbstbewußtsein als Resultat der Reflexion, d. h. als Wissen von sich selbst, muß für seinen eigenen Reflexionsprozeß sich selbst noch einmal dessen „bedienen", was es allererst erklären will, nämlich das *„reine Sein"*.

Schleiermacher thematisiert nun dieses *ontologisch mitgesetzte „x"* des Denkens als „die allgemeine Form des Sich-Selbst-Habens"[21] im unmittelbaren Selbstbewußtsein. Dieses unmittelbare Sich-Haben des Selbstseins liegt dem vermittelten Sich-Selbst-Wissen immer schon zugrunde.

Bildete das reflektierte Selbstbewußtsein die ratio cognoscendi des Gegenstandbewußtseins, so bildet, gemäß identitätsphilosophischem Kontext, das unmittelbare Selbstbewußtsein die ratio essendi der Einheit von Denken und Sein. In gleicher Weise wie das reflektierte Selbstbewußtsein als Identität des Subjekts das Gegenstandsbewußtsein begründet und nicht umgekehrt, muß das unmittelbare Selbstbewußtsein als Identität von Subjekt und Objekt das Sein, dessen sich der Mensch im endlichen Selbstbewußtsein bewußt wird, begründen und nicht umgekehrt.

Ein unmittelbares Bewußtsein des ursprünglich-unmittelbaren Daß seines Selbstseins, das Schleiermacher auch die „höchste Lebenseinheit"[22] nennt, kann der Mensch aber nicht erreichen, da sein Wissen von seinem Selbstsein stets ein vermitteltes ist. Der Selbstbezug in der Reflexion gehört in den Bereich des Gegensatzes, aus dem die Einheit des Selbstseins nicht zu begründen ist. Weil diese *ontologische Einheit von Denken und Sein* im unmittelbaren Selbstbewußtsein vom reflektierten Selbstbewußtsein als *prä-reflexiv mitgesetztes „x"* selbst in Anspruch genommen werden muß, läßt sich

---

[20] O, Hs, 288.

[21] O, 288. *H. J. Rothert* (Die Dialektik F. Schleiermachers, in: ZThK 67 [1970], 182–214) hat diesen Begriff des „Sich-Selbst-Habens" sehr genau getroffen, wenn er ihn als „Sein-vom-Grund-her, dem das Sein-zum-Ziel entspricht" (a.a.O., 203) interpretiert. Ein „In-Besitz-genommen-Haben" (a.a.O.) durch das menschliche Selbstbewußtsein ist darin ausgeschlossen. *F. Wagners* Interpretation des unmittelbaren Selbstbewußtseins als „Selbst-Setzen" (a.a.O., 141 ff.) betont demgegenüber, Vermittlung der Unmittelbarkeit pointierend, den „konstruktiven Charakter des unmittelbaren Selbstbewußtseins" (a.a.O., 149 ff.). Wagner mißversteht allerdings den Begriff des „Setzens", in dem Schleiermacher am Denken Fichtes gemessen wird. Vgl. dazu *M. Franks* (a.a.O. 103, 107, Anm.) Kritik an Wagner.

[22] J, 153.

aus den Möglichkeiten der Reflexion die Unmittelbarkeit der Einheit des Selbstbewußtseins nicht begründen.[23] Fichtes Versuch der reflexiven Selbstbegründung des setzenden Ich wird in Schleiermachers Ansatz als undurchführbar verworfen. Anders gesagt: das Denken als zur endlich-gegensätzlichen Seinsweise des Menschen gehörig, kann nicht selbst als Grund der Einheit unseres Seins behauptet werden.

Erinnert man sich, daß das bedingte gegensätzliche Wissen ein Wissen des Unbedingten, d. h. der Einheit des transzendenten Grundes nicht zu erreichen vermochte, so hat der Gang unserer Interpretation nun mit der Einheit des unmittelbaren Selbstbewußtseins den eigentlichen „Ort" im Sein thematisch gemacht, um das Problem des *„Mitgesetztsein Gottes in uns"* aufzuklären. *Die gesuchte unbedingte Einheit Gottes muß in dieser Einheit der Unmittelbarkeit zu finden sein.*

---

[23] Im Blick auf Schleiermachers Entwurf einer Philosophischen Theologie, die im Begriff des „Gefühls" als unmittelbarem Selbstbewußtsein ihre entscheidende Argumentationsbasis findet, kann bereits hier das Verhältnis von „Gefühl" und philosophischer Reflexion in seinen Grundvoraussetzungen, d. h. Möglichkeiten und Grenzen, sichtbar werden.

2.2 Die transzendental-ontologische Vermittlung des „Gefühls"

Um die Schwierigkeiten für das Verständnis des Begriffs des „Gefühls" (unmittelbares Selbstbewußtsein) in den Griff zu bekommen, gilt unser Interpretationsinteresse nun der zeitlichen Einheit des Selbstbewußtseins, von der aus Schleiermacher ein Wissen um den transzendenten Grund zu erreichen behauptet. Das Problem der Vermittlung der Unmittelbarkeit wird mit den folgenden Erörterungen erstmals gestreift, ohne daß wir es hier schon explizit aufnehmen. Zunächst gilt unser Interesse allein der Einheit der Unmittelbarkeit. Man kann den bisher vorgelegten Ausführungen entnehmen, daß die zeitliche Einheit des wirklichen Bewußtseins als Einheit von menschlichem Wissen, Wollen und Sein für Schleiermacher jenen Bereich der Aufhebung der Gegensätze thematisch macht, von dem her allein die unbedingte Identität des transzendenten Grundes als ein, wie immer noch zu begreifendes, Gottesbewußtsein des Menschen sich zu gestalten vermag.

2.2.1 Das „Gefühl" als zeitlose Identität des zeitlichen Lebens

„Im Gefühl sind wir uns die Einheit des denkend wollenden und wollend denkenden Seins".[1] Das menschliche Selbstbewußtsein hatte Schleiermacher zugleich als Ineinander oder, wie er sagt, als „Übergang aus Denken in Wollen und umgekehrt"[2] bestimmt, d. h.: im menschlichen Selbstbewußtsein ist das Sein der Dinge mit den Funktionen des Wissens und Wollens verschränkt und umgekehrt. Um die ontologische Bedeutung und gleichzeitig unlösbare Verbindung von endlichem Wissen und Wollen mit dem sie bedingenden unmittelbaren Selbstbewußtsein („Gefühl") hervorzuheben, spricht Schleiermacher auch vom *endlichen Selbstbewußtsein* des Menschen. In dieser *„lebendigen Einheit" menschlichen Seins* muß jenes „Urwissen" von

---

[1] O, Hs, 289.
[2] O, Hs, 288.

Gott als transzendentem Grund angelegt (mitgesetzt) sein, das aller Suche des endlich-bedingten Wissens von Gott als Basis voraus- und zugrundeliegt.

Wie versteht Schleiermacher diese „lebendige Einheit" nun näherhin? In dem „Übergang von einem zum anderen", so Schleiermacher, liegt das „zeitliche Leben"[3], d.h. das Denken hört dort auf, wo es in das Wollen übergeht und das Denken beginnt dort, wo das Wollen aufhört und in das Denken übergeht. Als Vollzüge menschlichen Seins realisiert sich in ihnen das Leben des Menschen. Dabei führt Schleiermacher nun eine wesentliche Unterscheidung ein: *„Die Identität liegt eben in diesem Übergang;* Übergang aus einem zum anderen und Identität sind eigentlich dasselbe und *nur durch die Zeitform geschieden . . .* In dem Übergang ist die Zeitform gesetzt, in der Identität ist sie negiert".[4] Aus dem Gesagten läßt sich schließen, daß die Identität von Denken und Wollen im Vollzug des Übergangs das Zeitlose, der Übergang das Zeitliche darstellen soll. Untrennbar sind beide miteinander verbunden: „Nehme ich aber die Identität an, so ist in dem Übergang das ganze Leben gesetzt".[5] So ergibt sich die Identität im Übergang von Denken und Wollen als *zeitlose Identität des zeitlichen Lebens,* d.h. anders formuliert, als zeitlose Identität von Denken, Wollen und Sein.

In diesem Zusammenhang klärt sich der Begriff des unmittelbaren Selbstbewußtseins. „Wir haben also im unmittelbaren Selbstbewußtsein das Gefühl auf zeitlose Weise"[6], und Schleiermacher führt diese Aussage so weiter: „Doch leugnen wir nicht, daß das unmittelbare Selbstbewußtsein in der Zeit gegeben ist, nur nicht für sich allein, sondern mit einem andern"[7], d.h. als zeitlicher Übergang, der in die zeitlose Identität so eingeschlossen ist, daß diese nur als relative Identität in menschlichem Sein zur Erscheinung kommt.[8]

Die Zeitlosigkeit des unmittelbaren Selbstbewußtseins („Gefühl") meint demnach die zeitlose Identität von Denken und Sein (Wollen immer mitein-

---

[3] O, 286.

[4] A.a.O., Herv. v. mir.

[5] O, 286.

[6] O, 292.

[7] A.a.O. *M. Frank* benennt sehr genau die mit diesen Ausführungen Schleiermachers gegebene „Aporie: wie soll ein seinem Wesen nach Ewiges einem Zeitlichen sich mitteilen, ohne daß entweder die zeitliche différance aufgehoben oder das Außerzeitliche rückhaltlos verzeitlicht würde?" (a.a.O., 117). Vgl. dazu das Folgende.

[8] Eine genauere Bestimmung des Zusammenhangs von unmittelbarem Selbstbewußtsein („Gefühl") und endlichem Selbstbewußtsein als „lebendiger Einheit", d.h. als Einheit vermittelter Unmittelbarkeit wird Schleiermacher im Begriff des „religiösen Gefühls" zum Ausdruck bringen. Die folgenden Erörterungen sollen das Verständnis dieses Begriffs anhand der Zeitform dieser Einheit vorbereiten. Vgl. 2.3.

bezogen), die im Vollzug menschlichen Lebens „in jedem Menschen"[9] gegeben ist. Von jedem Moment des Denkens und Wollens im Menschen läßt sich sagen, daß „wir ihn immer begleitet finden von dem unmittelbaren Selbstbewußtsein".[10] Schleiermacher bevorzugt zur Bezeichnung des zeitlosen Immer des unmittelbaren Selbstbewußtseins („Gefühl") den kantischen Ausdruck „begleiten", oder „zeitlose Begleitung".[11] Die zeitlose Identität von Denken und Sein „begleitet" gleichsam immer den Vollzug des Übergangs, in dem das zeitliche Leben sich realisiert.

In dieser nicht sehr prägnanten Bestimmung verbirgt sich jedoch Schleiermachers Verständnis dessen, was als das Göttliche im Menschen bezeichnet wurde. So konzentriert sich die Dialektik auf die Frage: „Wie können wir nun nachweisen, daß der transzendente Grund des Seins *das Für-sich-sein des Denkenden* auf zeitlose Weise begleitet?".[12] Und Schleiermacher führt dies näherhin so aus: „ ‚Auf zeitlose Weise' heißt: es soll dieses Begleiten nicht in der Zeit erscheinen und daher nicht wahrgenommen, also auch nicht nachgewiesen werden können".[13] Demnach soll es ausschließlich eine Erkenntnis sein, für die sich „kein Korrelat in der organischen Funktion"[14] finden läßt, d. h. letztlich nur, daß kein Wissen mehr möglich ist, sondern nur noch in der intellektuellen Funktion ein bloßes Denken der Idee des transzendenten Grundes.

Indem Schleiermacher nun die „zeitlose Begleitung" des transzendenten Grundes im „Gefühl" behauptet, muß er schon in dieser Reflexion die Idee des transzendenten Grundes in Anspruch nehmen, wenngleich diese doch allein im unmittelbaren Selbstbewußtsein zeitlos-unmittelbar als bloße Form der Einheit anwesend sein soll. Erst von der Einheit vermittelter Unmittelbarkeit im „religiösen Gefühl" her wird sich aus dem *Zusammenhang von „Gefühl" und „Übergang von Wissen und Wollen"* klären, wie das bloße Denken überhaupt in Anspruch nehmen kann, was es doch selbst voraussetzen muß. Der unlösbare Zusammenhang von unmittelbarem Selbstbewußtsein und reflexiv-vermitteltem Denken wird wieder sichtbar, den wir in der Theorie des Selbstbewußtseins antrafen. Es kann aber kein Zweifel sein, daß

---

[9] O, 289.
[10] O, 288.
[11] O, 293.
[12] O, 291, Herv. v. mir. „Wenn der Übergang zeitlich und identisch zumal sein soll, Zeitform und Identität aber miteinander inkompatibel sind, muß man ‚die Unmöglichkeit (zugeben), im unmittelbaren Selbstbewußtsein den transzendentalen Grund rein darzustellen' (Dial. O 296)" (*M. Frank*, a.a.O., 120).
[13] A.a.O.
[14] A.a.O.

Schleiermacher der oben genannten Forderung eines bloß immanent-transzendentalen Gebrauchs der Idee des transzendenten Grundes auch dann genügt, wenn er eine nähere philosophische Bestimmung – zumindest andeutungsweise – des Verhältnisses von zeitloser Identität des „Gefühls" und transzendentem Grund vornimmt.

Hatte Kant eine Erkenntnis des „transzendentalen Subjekts … nur durch die Gedanken, welches seine Prädikate sind"[15], zulassen wollen, so kommt er dennoch nicht umhin, jenes, von mir als *im Denken etwas = x* bezeichnete, transzendentale Selbstbewußtsein als „Ich", als ideales Subjekt der Logik zu denken.

Schleiermacher geht darin über Kants Vorgehensweise hinaus, daß er ein zeitlos begleitendes, unmittelbares Selbstbewußtsein als „Gefühl", als ideales Subjekt der Ontologie, als „Für-sich-sein des Denkenden" und d. h. als „*im Sein etwas = x*" annehmen wird. Indem Schleiermacher dessen Bestimmung als „*Gefühl*" aber nur als *identitätsphilosophische Entsprechung der transzendentalen Verhältnisbestimmung von Idee Gottes und Idee der Welt* andeuten wird, bezieht er sich nicht auf gegebene Objekte der Erfahrung; er macht auch keinen jenseits der Erfahrungsgrenze transzendenten Gebrauch der transzendentalen Ideen des transzendenten Grundes und der Welt.

Gegenüber Kants transzendentalphilosophischem Einheitsgedanken des *Selbst-Bewußtseins* reflektiert Schleiermacher auf den ontologischen Einheitsgedanken des *Selbstbewußt-Seins* im Menschen und begründet die Einheit von Bewußtsein (Denken) und Sein in der *unbedingten Einheit des transzendenten Grundes*. Schleiermacher entwirft so eine *transzendental-ontologische Anthropologie*, deren Zusammenhang mit seiner *philosophischen Gotteslehre* einsichtig zu machen sein wird. Dieser Denkansatz formuliert sich in den Grundbegriffen „unmittelbares Selbstbewußtsein = Gefühl" und „religiöses Gefühl". Diese aus dem Kontext der Dialektik Schleiermachers zu klären und einzubringen in das Verständnis der Philosophischen Theologie intendiert die vorliegende Interpretation in den folgenden Argumentationsschritten.[16]

---

[15] *Kant*, KrV, B 404. Auf Unterschiede in der Bestimmung des „Ich" in Kants gesamten Unternehmen der Kritik, der theoretischen als auch praktischen, kann hier nur aufmerksam gemacht werden. Vgl. hierzu *W. Becker*, Selbstbewußtsein und Spekulation. Zur Kritik der Transzendentalphilosophie, Freiburg 1972, 66–85. Erneut sei ebenfalls auf die z.T. sehr genauen Ausführungen *H. R. Reuters* zum Begriff des Selbstbewußtseins bei Schleiermacher verwiesen, vor allem a.a.O., 42–53, 210–247.

[16] Die Schwierigkeiten der Interpretation von Schleiermachers Begriff des „Gefühls" liegen darin, einen bloß transzendentalen Gebrauch der Bestimmungen dieses Begriffs zu verbinden

2.2.2 Das Verhältnis von Gott, Welt und Mensch im „Gefühl"

Mit den gegebenen begrifflichen Bestimmungen und Unterscheidungen sollen Schleiermachers im folgenden gestellte Fragen interpretiert werden: „Können wir nun im Gefühl, wie wir es hier angenommen, den transzendenten Grund suchen, wie wir ihn von jeder der beiden Einzelfunktionen ausgehend gesucht haben? Aus dem Gebiet der Gegensätze sind wir jetzt heraus. Was hat dies aber nun für eine Beziehung auf den transzendenten Grund des Seins und Wollens, *in seiner Identität und Verschiedenheit* gedacht?".[17] Identität und Differenz von transzendentem Grund und „Gefühl" wird Schleiermacher auf den Begriff der „Analogie" konzentrieren. Dabei – dies sei vorgreifend gesagt – wird diese Analogie in doppelter Hinsicht gefaßt: Als *Analogie von Gott und „Gefühl"*[18] (Einheit der Unmittelbarkeit) und daran anschließend als *Analogie von „Gefühl" und „religiösem Gefühl"*[19] (Einheit vermittelter Unmittelbarkeit).

In seiner transzendentalen Verhältnisbestimmung der Idee Gottes und der Idee der Welt hatte Schleiermacher es bisher strikt abgelehnt, die ontologische Entsprechung der bloß erkenntnistheoretisch gefaßten Idee zeitloser Abhängigkeit der Welt von Gott zum Ausdruck zu bringen. Diese Einschränkung ist jedoch in der Theorie des „Gefühls" durch eine identitätsphilosophische Erweiterung des Begriffs der Idee aufgehoben, wenngleich von Schleiermacher nicht eigens reflektiert. Schleiermacher greift vielmehr auf

---

mit der ontologischen Bedeutung dieser transzendentalen Bestimmungen. *H. R. Reuter* hat, um diese Schwierigkeiten zu überwinden, im Anschluß an *W. Cramer* (Grundlegung einer Theorie des Geistes, Frankfurt ³1975) für seine Interpretation den Ansatz einer „*transzendentalen Ontologie*" aufgegriffen. Bei dieser handelt es sich nach Reuter um eine „Theorie der ontologischen Konstitution der Subjektivität, die zwar *als Theorie* Leistung des Bewußtseins ist, aber nicht von der sei es transzendentalen, sei es ontologischen Konstitution eines *Gegenstandes* von Bewußtsein handelt, sondern von dem konkreten Selbstsein der Subjektivität, in dem die Bedingungen aller Gegenstandskonstitution ihrerseits zu fundieren sind" (a.a.O., 211 f., Herv. v. R.). Diese Theorie trifft wohl sehr genau Schleiermachers Ansatz. Aber auch *F. Wagner* faßt die Idee der Welt in einer Bedeutung, die auf den Begriff des „Gefühls" übertragbar wäre; dies zieht jedoch Wagner von seiner Deutung Schleiermachers her nicht in Betracht. „Als *absolut-ideale* Erscheinung ist die Idee der Welt zwar dem bestimmten Denken und Wollen transzendent. Indem aber von der Idee der Welt kein vermeintlich jenseits der Erfahrungsgrenze objektiver Gebrauch gemacht wird, ist sie ... zugleich eine transzendentale Bestimmung" (a.a.O., 218, Herv. v. mir). Der absolut-ideale Charakter gilt jedoch für die Idee der Welt (logisch) und das „Gefühl" (ontologisch) in gleicher Weise.

[17] O, 288, Herv. v. mir.
[18] Vgl. O, Hs, 289.
[19] Vgl. O, 292.

das „rein spekulative Verfahren" zurück, um den philosophischen Nachweis der „zeitlosen Begleitung" des Denkens und Seins im „Gefühl" durch den transzendenten Grund erbringen zu können. So heißt es, transzendental-ontologische Vermittlung pointierend: „Der transzendente Grund bleibt immer außerhalb des Denkens und wirklichen Seins, aber er ist immer die transzendente Begleitung und der Grund beider. Es gibt daher keine andere Repräsentation dieser Idee als im unmittelbaren Selbstbewußtsein; denn in den beiden Denkfunktionen kann er nie aufgehen, weder als terminus a quo noch ad quem".[20]

Es kann kein Zweifel sein, daß Schleiermachers *Begriff des „Gefühls" die anthropologische Vermittlung von Gott, Welt und Mensch* zum Ausdruck bringen soll. Die Absicht Schleiermachers liegt zugleich darin, den Begriff des „Gefühls" in seiner religiösen Dimension, d.h. seiner Bestimmtheit durch den transzendenten Grund philosophisch zu erschließen. Es gelingt Schleiermacher in der Folge, das „Gefühl" nicht nur als Einheit der Unmittelbarkeit zu behaupten, sondern auch als Einheit vermittelter Unmittelbarkeit, d.h. als religiöses Selbstbewußtsein des Menschen („religiöses Gefühl").

Schleiermachers Ausführungen der Dialektik, in allen Entwürfen, lassen eine präzise Bestimmung dieses Sachzusammenhanges allerdings vermissen. Es obliegt daher der Interpretation, den Sachverhalt genauerhin offenzulegen. Man wird Schleiermacher nur dann zutreffend interpretieren, wenn man davon ausgeht, daß in seinem identitätsphilosophischen Denken die Parallelisierung von Idealem und Realem auch in seiner Theorie des unmittelbaren Selbstbewußtseins konsequent durchgehalten ist.

Von dieser Annahme aus gelangt man zu einem ersten Verständnis jener rätselhaften Formulierung aus der Handschrift des Entwurfs von 1822: „Logisch zwar kann man das Verhältnis denken (!): Gott = Einheit mit Ausschluß aller Gegensätze; Welt = Einheit mit Einschluß aller Gegensätze. Aber real ist es nicht auszudrücken als nur: es muß *im Sein etwas* = x diesem logischen Ausdruck entsprechen und dies ist das Obige".[21] Das Verständnis

---

[20] O, 307. Bereits an dieser Stelle sei ergänzend hervorgehoben, daß Schleiermacher sehr scharf unterscheidet zwischen transzendentem Grund und dessen Repräsentation im „Gefühl". Denn, so heißt es in der Vorlesung 1818, gemeint „ist eine Repräsentation des höchsten, nicht das höchste selbst" (J, 157, Anm.). Von dieser Klarstellung her ist – wie unsere Interpretation zeigen wird – zu verstehen, daß die Einheit des „Gefühls" als „das Göttliche in uns" (J, 155, Anm.) bezeichnet wird.

[21] O, Hs, 303, Herv. v. mir. Es ist offensichtlich, daß ein realer, aus der Erfahrung entlehnter Ausdruck für das mit „im Sein etwas = x" Gemeinten immer nur ein Ausdruck vermittelten Denkens sein kann, d.h. er kann nicht adäquat dasjenige benennen, wofür Unmittelbarkeit

von Gott und Welt war für den Bereich des Idealen, d. h. an den Grenzen des für das Denken Mögliche formuliert. Was läßt sich jedoch, so mußte Schleiermacher fragen, in bezug auf den Menschen als denkendes Sein, d. h. als Einheit von Idealem und Realem darüber hinaus folgern? Was entspricht dem Verhältnis der Ideen im Bereich des Seins?

Schleiermachers Gottesbegriff konnte für das Denken allein zutreffend, seinem identitätsphilosophischen Ansatz keinesfalls genügen; dieser verfiele der Einseitigkeit des Idealismus.[22] Für das Sein des Menschen muß Schleiermachers Gottesbegriff sich aber in gleicher Weise wie für das Denken des Menschen als gültig erweisen. Hatte Schleiermacher immer wieder betont, „daß der transzendente Grund des Seins und des Denkens derselbe sei"[23], so muß im Menschen als denkendem Sein, d. h. als Selbstbewußt-Sein der „Ort" für jenes „im Sein etwas = x" zu finden sein.

Indem unsere Interpretation dieses Zusammenhanges ausgeht von Schleiermachers Parallelisierung des Idealen und Realen, müssen wir den zitierten Text von 1822 in seine einzelnen Bestandteile zerlegen und in seiner Übereinstimmung mit unserer bisherigen Interpretation sichtbar machen. Wir können dabei ganz entsprechend unseren Ausführungen zum *Verhältnis der Idee Gottes und der Idee der Welt* vorgehen. Zu diesem Zweck hatten wir Schleiermachers Schlußkapitel des „Transzendentalen Teils" über das Verhältnis von Gott und Welt zuerst verhandelt.

Vergleicht man in der vorgelegten Auslegung die Bestimmungen des unmittelbaren Selbstbewußtseins („Gefühls") mit unseren begrifflichen Bestimmungen des Verhältnisses der Ideen Gottes und der Welt, so drängen die offensichtlichen begrifflichen Parallelen und Übereinstimmungen auf eine Übertragung der erkenntnistheoretischen Ergebnisse, den Bereich des Idealen betreffend, auf die ontologischen Darlegungen, den Bereich des Realen als *unmittelbarer Einheit des Idealen und Realen, d. h. als „Gefühl"* betreffend, nicht als Gegenstand der Erfahrung. Erst so wird Schleiermachers identitätsphilosophisches Konzept in sich vollständig und verstehbar.

Das „im Sein etwas = x", bezogen auf die Idee der Welt, kann nur die zeitlose Identität des Denkens und Seins im menschlichen Sein meinen, d. h.

---

beansprucht werden muß. Eine – wie gezeigt – transzendental-ontologische Bestimmung des „Gefühls" darf daher nicht verwechselt werden mit einer realen Aussage objektiver Erfahrungserkenntnis. Das „im Sein etwas = x" meint darüber hinaus nicht etwas, das als Gegenstand des Bewußtseins durch dieses konstituiert wird, sondern thematisiert als Einheit von Idealem und Realem die ontologische Voraussetzung aller bewußtseinsmäßigen Vollzüge. Vgl. dazu auch 2.3, 2.4.

[22] Vgl. „Die Einseitigkeit des Idealismus und Realismus" (O, 223–229).

[23] O, 274 u. ö.

das unmittelbare Selbstbewußtsein als zeitloses „Gefühl" der Identität unseres Seins. Die in der Idee der Welt gedachte zeitlose Einheit des Zeitlichen findet in menschlichem Sein als Einheit des Idealen und Realen ihre zeitlose Entsprechung.

Unser Interesse der Interpretation richtet sich notwendig auf die Frage nach dem Verhältnis dieser zeitlosen Identität des unmittelbaren Selbstbewußtseins zur zeitlosen Einheit Gottes.[24] Denn im Verhältnis der Idee Gottes und der Idee der Welt muß Schleiermachers Verständnis des Zusammenhanges von Gott und Mensch vorgezeichnet sein, wenn das unmittelbare Selbstbewußtsein die „Repräsentation dieser Idee" darstellt. In menschlicher Wirklichkeit muß daher auf zeitlose Weise das Ganze des Seins als Identität von Idealem und Realem, von Denken und Sein sich abbilden, d.h. *im „Gefühl" bringt sich im Sein des Menschen das Verhältnis der Welt zu Gott zur Darstellung.* In der zeitlosen Einheit des Zeitlichen im unmittelbaren Selbstbewußtsein wird in ontologischer Hinsicht die Untrennbarkeit Gottes und der Welt wieder thematisch; so kann Schleiermacher den Grundsatz aufstellen: „Wir wissen um das Sein Gottes in uns und in den Dingen, gar nicht aber um ein Sein Gottes außer der Welt oder an sich".[25]

Dieses „Sein Gottes in uns" – hervorgehoben sei die ontologische Bedeutung dieser Aussage – kann Schleiermacher aber nur im Verhältnis der zeitlosen Einheit Gottes und der zeitlosen Einheit der Welt im Menschen entwerfen. Aus dieser für seine Philosophie notwendigen Einsicht gelangt Schleiermacher in seiner Theorie des unmittelbaren Selbstbewußtseins dazu, *für das „Gefühl" eine „Analogie mit dem transzendenten Grunde"*[26] zu behaupten. Fanden wir doch in der transzendentalen Form zeitloser Einheit Schleiermachers Analogiegedanken von Gott und Welt.[27] Allerdings zugleich so, daß wir ihn als Form eines zeitlosen Abhängigkeitsverhältnisses fassen konn-

---

[24] „Die eigentliche Wahrheit daran ist nur das Interesse an der Sache, das sich darin ausspricht, und das selbst nur ein Ausdruck davon ist, daß es das Wesen des Geistes constituiert sich des transzendenten zu bemächtigen, daß alle Wahrheit des Selbstbewußtseins in seiner Zeitlosigkeit betrachtet, alle Wahrheit des Denkens und alle Realität des Wollens von dem Gesetztsein des transzendenten in uns abhängt" (J, 167)

[25] J, 154.

[26] O, Hs, 289. Vgl. dazu die treffende Interpretation von *M. Frank* (a.a.O., 109, Anm.).

[27] Wenig überzeugend bleibt die Interpretation *F. Wagners* nicht, weil sie nicht scharfsinnig Problemstrukturen im Denken Schleiermachers aufzuzeigen in der Lage wäre. Vielmehr deshalb, weil Wagner Schleiermacher allein an Fichte und Hegel zu messen sucht, dabei jedoch vergißt und übersehen muß, worauf Schleiermachers Erkenntnisinteresse eigentlich gerichtet ist. Dies machen die Ausführungen zum Analogiebegriff erneut deutlich (a.a.O., 154ff.). Aufschlußreich ist dabei, daß Wagner ein „Wissen um den transzendenten Grund"

ten, das in Gott als transzendentem Grund allein konstituiert ist. Von Schleiermachers Gottesbegriff her bestimmen sich Identität und Differenz von Gott und Mensch, die in der Formulierung eines „Sein Gottes in uns" gemeint ist.

Dieses *zeitlose Verhältnis der Abhängigkeit* der Einheit der Gegensätze im unmittelbaren Selbstbewußtsein von der Einheit außerhalb aller Gegensätze als transzendentem Grund hat Schleiermacher für das Sein des Menschen unmißverständlich formuliert; so heißt es im Entwurf 1831 in der wohl präzisesten Bestimmung dieses *„im Sein etwas = x"*: „Das Mitgesetztsein Gottes in unserem Selbstbewußtsein ist der wesentliche Grund der Einheit unseres Seins im Übergang ... vom Thun zum Denken und vom Denken zum Thun".[27] Ein „Sein Gottes in uns" muß daher als ein *zeitloses „Mitgesetztsein Gottes" als Grund der zeitlosen Identität unseres Seins* verstanden werden.

Es ist aber in dieser Bestimmung enthalten, daß der *zeitliche Vollzug des Lebens* in diesem Verhältnis von Gott und Mensch mitbegründet ist. Wenn das unmittelbare Selbstbewußtsein („Gefühl"), wie wir gesehen hatten, die zeitlose Identität im zeitlichen Übergang von Wissen und Wollen bildet, dann ist das unmittelbare Selbstbewußtsein zugleich die ontologische Bedingung der Wirklichkeit des Übergangs von Denken, Wollen und Sein.

Wir begegnen damit aber einer weiteren Entsprechung des Verhältnisses der Idee Gottes und der Idee der Welt in menschlichem Sein.[28] Welche

---

unterscheidet von dem „mit dem unmittelbaren Selbstbewußtsein *gegebenen* Wissen" (a.a.O., 156, Herv. v. mir). Diese Unterscheidung ist aber nur dann sinnvoll, wenn man die Unmöglichkeit reflexiver Selbstbegründung des Selbstbewußtseins nicht streng genug nimmt. Notwendig gelangt Wagner daher zu einer den Ansatz Schleiermachers völlig entstellenden Interpretation: „Die Schleiermachersche Reflexion bzw. Konstruktion und nicht etwa das unmittelbare Selbstbewußtsein = Gefühl ist es, die für den transzendenten Grund *konstitutive* Bedeutung gewinnt" (a.a.O., 154, Herv. v. Wagner). Vgl. demgegenüber den im vorliegenden Zusammenhang zitierten *Text J*, 525. Darüber hinaus fällt auf, daß Wagner dem Begriff des „Mitgesetztsein Gottes" im „Gefühl" weder Aufmerksamkeit schenkt, noch dessen Bedeutung erkennt. Wagner spricht einfachhin von einem „wenig bestimmten Ausdruck des Mitgesetztseins" (a.a.O., 153, Anm.). Demgegenüber geht unsere Interpretation aus von der zentralen Bestimmung des Begriffs im *Text J*, 525. Vgl. auch, kritisch gegen Wagner, die Ausführungen von *M. Frank* (a.a.O., 108 ff.; 120) zum Gottesbegriff: Gott „wäre indessen nicht, als den Schleiermacher ihn einführt: *der in der Bestimmtheit des höchsten möglichen Bewußtseins mangelnde selbsteigene Bestimmungsgrund*" (a.a.O., 110). Und: „In dem Maße freilich, wie es nicht selbst das ist, was ihm mangelt (Gott), *entdeckt es eine Verneinung in sich, die der Erkenntnisgrund ist für die Wirkung des Signifikanten*" (a.a.O., 108, Herv. v. Frank).

[27] J, 525.
[28] Vgl. 1.5.2.

Funktion teilte, so sei erinnernd gefragt, Schleiermacher der Idee der Welt im Prozeß des Wissens zu? Als Bedingung der Wirklichkeit des Strebens nach Einheit des Wissens hatte sie die Vermittlung zu leisten zwischen dem endlich-bedingten Wissen und der gegensatzlosen Einheit des „Urwissens". Sie konnte diese Vermittlung nur leisten als in der Idee Gottes begründete Idee der Einheit der Gegensätze, auf die hin das gegensätzlich verfaßte Wissen als Zielpunkt allein ausgerichtet sein kann. Gleichwohl bleibt die Idee der Welt für das Wissen ebensowenig erreichbar, d. h. adäquat erfaßbar wie die Idee Gottes.

Vermittelt für das Denken die Idee der Welt die Idee Gottes mit dem Prozeß des Wissens, so muß für das Sein das unmittelbare Selbstbewußtsein die Vermittlung zwischen dem zeitlosen Sein Gottes und dem zeitlichen Sein des Menschen leisten.

Ist das unmittelbare Selbstbewußtsein die zeitlose Einheit von Denken und Sein in menschlicher Wirklichkeit, dann begründet das zeitlose „Mitgesetzt-sein Gottes" in ihm das zeitlose Verhältnis der Abhängigkeit von Gott und Welt im Menschen. Zugleich aber wird das zeitlose unmittelbare Selbstbe-wußtsein damit Grund der Wirklichkeit des zeitlichen Übergangs von Den-ken und Wollen in ihrem Bezug zum Sein.[29] So läßt sich das Verhältnis der Idee Gottes und der Idee der Welt für das Denken im Verhältnis von Sein Gottes und „Gefühl" im menschlichen Sein wiederfinden als jene ontologi-sche Bestimmung des „im Sein etwas = x". Hatte Schleiermachers Philoso-phie das Vermittlungsproblem erkenntnistheoretisch sichtbar gemacht, so muß, identitätsphilosophischem Ansatz gemäß, ontologisch die Vermitt-lungsebene von Gott und menschlicher Welt im unmittelbaren Selbstbe-wußtsein ebenfalls anzutreffen sein.

Das wesentliche Ergebnis unserer Interpretation liegt darin, daß der *onto-logischen Vermittlungsebene von Gott, Mensch und Welt im „Gefühl" begrün-dender Charakter* zukommt für die *transzendentale Vermittlungsebene* des Wissens in der Idee der Welt als Einheit von Denken und Sein. Gottes Sein im Menschen begründet erst als „mitgesetzt" ein Wissen des Menschen von Gott.

In der zeitlosen Identität des zeitlichen Übergangs von Denken, Wollen und Sein findet sich daher zugleich die *existentielle Vermittlungsebene* von

---

[29] Überträgt man diese Interpretation auf die formale Struktur des Wissens, entsprechend der „Identität der transzendenten und formalen Seite" (O, Hs, 304), dann zeigt sich: der Begriff des „Gefühls" übernimmt die Funktion der Idee der Welt („terminus ad quem") und der Gottesbegriff fungiert als terminus a quo, d.h. als „Prinzip der Möglichkeit" gegenüber dem „Prinzip der Wirklichkeit" (J, 164). Dazu vgl. 1.5.2.

ontologischem und transzendentalem Bereich, d.h. von unmittelbarem Selbstbewußtsein und endlichem Selbstbewußtsein.[30] Das wird für das „religiöse Gefühl" als Einheit vermittelter Unmittelbarkeit gegenüber dem bisher thematisierten zeitlosen „Mitgesetztsein Gottes" in der Form der Unmittelbarkeit zu zeigen sein.

---

[30] Existentiell meint hier folglich das ganze Dasein des endlichen Menschen in seinem In-der-Welt-Sein betreffend.

2.3 Das „religiöse Gefühl"
als Einheit vermittelter Unmittelbarkeit

Erinnert man sich an das Ergebnis der Untersuchungen, daß das bedingte Wissen den transzendenten Grund nicht adäquat zu bestimmen vermag, d. h. daß das Wissen Wahrheit als Einheit von Denken und Sein nicht zu erreichen und zu erfassen vermag, dann versteht man, daß Schleiermachers Philosophie die im Wissenwollen „mitgesetzte" Einheit nur behaupten kann, wenn sie ein Wissen von dieser Einheit des Wissens besitzt. Schleiermacher muß daher seine Kenntnis dieses Wissens, die die Voraussetzung seiner Philosophie bildet, nachzuweisen suchen. Anders gefragt: *In welcher Weise ist das „Urwissen" als absolutes Wissen nach Schleiermacher dem Menschen nun doch zugänglich?*

Wir können zunächst daran erinnern, daß Schleiermacher in dem Kapitel „Zur Geschichte der Dialektik" die Übereinstimmung von Wissensproblem und Gottesproblem anzielend, das „christliche Prinzip" als geschichtliche Zäsur für die „neue" Aufgabe der Dialektik bestimmend werden ließ. Das Wissen des Grundes als religiöses Bewußtsein[1] trifft genau das erfragte „Urwissen", das in einer ganz bestimmten Weise dem Menschen „innewohnt", d. h. mitgesetzt ist. Schleiermacher nimmt diese für sein gesamtes Denken wohl zentralste Thematik im Begriff des religiösen Selbstbewußtseins auf.

Es ist für unsere Fragestellung im Hinblick auf Schleiermachers *Philosophische Theologie* von ganz wesentlicher Bedeutung für das *Verhältnis von Glauben an Gott und Wissen von Gott*, daß aus dem „Mitgesetztsein Gottes" als Mitgesetztsein des „Urwissens" unser endliches Wissen von Gott überhaupt sich legitimieren und resultieren soll, insofern es darin begründet liegt.

---

[1] Schleiermacher forderte, „daß man das ganze Wissen basiere auf das dem Menschen innewohnende religiöse Bewußtsein von einem Absoluten und Höchsten, welches Wissen wir uns als des Grundes, worauf alles Einzelne zurückgeführt werden muß, bewußt sind" (O, 91). Schärfer läßt sich daher das der Intention Schleiermachers diametral entgegengesetzte Interpretationsinteresse der Arbeit *F. Wagners* nicht pointieren, wenn dieser für Schleiermacher eine „dem Prinzip der neuzeitlichen Subjektivität Geltung verschaffende Bestimmung des unmittelbaren Selbstbewußtseins" (a.a.O., 170) behauptet.

2.3.1 Unmittelbares Sein Gottes im Menschen und endliches Selbstbewußtsein

Schleiermacher findet in der Reflexion auf jenes mitgesetzte „x" im endlichen Bewußtsein die identitätsphilosophische Einheit als jenes *„im Sein etwas = x "*, das als unmittelbares Selbstbewußtsein die unmittelbare, *reine Form der Einheit* darstellen soll. In dieser allem reflexiven Vollzug zugrundeliegenden Einheit verbirgt sich, was dem bedingt-vermittelten Wissen von Gott fehlt. Und so gelangt Schleiermacher zu der Aussage: *„Die Einheit, welche das Gefühl hinzubringt, ist durch das Denken nicht zu ersetzen"*[2]; denn diese Form der Einheit zielt auf den vollständigen Begriff Gottes, in dem Begriff und Gegenstand identisch sind. Dieser vollständige Begriff kann aber nur in Gott selbst sein, d. h. ein „Wissen um Gott an und für sich"[3] wäre „die absolute reine Anschauung".[4] Diese aber kann dem Menschen als endlichem Wesen nicht erreichbar sein.

Schleiermacher notiert damit deutlich seine Abgrenzung von der in seiner Zeit behaupteten „intellektuellen Anschauung" (etwa Schellings) sowie der behaupteten Möglichkeit eines absoluten Wissens (Hegel).[5] Ein Wissen um Gott als transzendentem Prinzip, so hatte Schleiermacher programmatisch Kant erinnert, kann nur von bedingtem Wissen her gesucht werden. Aus einer bedingten Erkenntnis ergibt sich aber kein absolutes Wissen. „Die Anschauung Gottes wird nie wirklich vollzogen", heißt es im Entwurf der Dialektik 1814, gleichwohl betonend, daß Anschauung Gottes als Form der Einheit des Wissens „unter dieser Form völlig rein von allem fremdartigen"[6] gedacht sei. Schleiermacher bringt mit diesem Hinweis selbst zum Ausdruck, daß ein Sein Gottes in uns im „Gefühl" so von ihm gedacht wird, daß unter „Gefühl" die reine Form, d. i. der Begriff der Wahrheit des Wissens von Gott thematisiert ist als unmittelbares Selbstbewußtsein.[7]

---

[2] O, Hs, 294, Herv. v. mir.

[3] J, 156, Anm.

[4] O, 273.

[5] Vgl. hierzu *H. Kimmerle,* Das Verhältnis Schleiermachers zum Transzendentalen Idealismus, a.a.O., 422 f.

[6] J, 152.

[7] Schleiermachers „genaue Parallele" (O, 273) zwischen einem fragmentarischen Wissen von Gott und der Unvollständigkeit des Wissens zeigt die der Tradition entlehnte Auffassung der Übereinstimmung der Gottesproblematik und Wissensproblematik (Wahrheit) der Dialektik. Die traditionell-theistische Metaphysik hatte den Gottesgedanken und das Problem der Wahrheit als Einheit von Denken und Sein immer in Beziehung miteinander gebracht. Die Idee Gottes als transzendenter Grund des Denkens und Seins bildete die Grundvoraussetzung

In welcher Weise, so muß daher gefragt werden, kann aber die unmittelbare Einheit des „Sich-selbst-habens" in ihrer Bedingtheit durch den transzendenten Grund, d. h. *das unmittelbare „Sein Gottes in uns" zu wirklichem Bewußtsein kommen, genauer: „unser Bewußtsein"*[8] *werden?*

Ausgehend von Schleiermachers Begriff des Selbstbewußtseins hatte sich das im menschlichen Selbstbewußtsein mitgesetzte „x" des ursprünglichen „Sich-selbst-habens" aufgrund der zirkulären Struktur der Reflexion als nicht reflexiv begründbar erwiesen. So konnte Schleiermacher allein in Gott den transzendenten Grund des unmittelbaren Selbstbewußtseins finden, d. h. des mitgesetzten „x". Diese transzendente Bestimmtheit des Gefühls bildet den Einsatzpunkt für Schleiermacher vom „religiösen Gefühl"[9] oder „religiösen Selbstbewußtsein"[10] zu reden, da sich, wie es wiederholt gemäß Analogiedenken heißt, „das absolute Sein darin abspiegelt".[11]

Nun hatten wir gesehen, daß ein unmittelbares Bewußtsein der ursprünglichen Einheit des „Sich-selbst-habens" dem Menschen nicht möglich ist. Von daher muß die transzendente Bestimmtheit dieses „Sich-selbst-habens", die genau die Thematik des „religiösen Gefühls" bezeichnet, noch als wirkliches Bewußtsein des Menschen zum Ausdruck gebracht werden. Wird das unmittelbare Selbstbewußtsein von seiner transzendenten Bestimmtheit her als „religiöses Gefühl" bezeichnet, so ergibt sich die Schwierigkeit, die Unmittelbarkeit des „religiösen Gefühls" als vermittelte Unmittelbarkeit aufweisen zu müssen, da sonst nicht erklärbar wäre, wie ein religiöses Bewußtsein des Menschen von Gott überhaupt möglich sein sollte.

Es muß allerdings hier bereits betont werden, daß Schleiermachers Ausführungen nur andeuten, was als Problemstruktur von der Interpretation als systematischer Zusammenhang erst erarbeitet werden muß.

---

der gesamten Metaphysik. Ihre Entfaltung in einer rationalen Theologie erfuhr mit Kants „Kritik aller Theologie aus spekulativen Prinzipien der Vernunft" eine grundsätzliche Infragestellung. Schleiermachers Philosophie und Theologie konnten sich dieser Kritik nicht entziehen. Vielmehr integriert Schleiermacher diese in sein eigenes Denksystem, indem er das metaphysische Wissen von Gott als Grund der Wahrheit in seiner These des „Mitgesetztsein Gottes" in Denken und Sein in neuer Weise aufzunehmen sucht. So übernimmt er die Form des traditionellen Wahrheitsbegriffs als Einheit von Denken und Sein, um die Analogie der zeitlosen Einheit von Gottesidee und Idee der Welt zu legitimieren. In gleicher Weise dient dann die Form des traditionellen Wahrheitsbegriffs dazu, die identitätsphilosophisch notwendige Analogie zwischen der ontologischen Einheit des unmittelbaren Selbstbewußtseins und der unbedingten Einheit des transzendenten Grundes zu entwerfen.

[8] O, Hs, 289.
[9] O, 292.
[10] O, 299.
[11] O, 296.

Es kann kein Zweifel sein, daß für Schleiermacher aus dem Ineinander von unmittelbarem Selbstbewußtsein und endlichem Selbstbewußtsein ein sich gegenseitiges Ergänzenmüssen resultiert. Schleiermacher sagt unmißverständlich, daß das unmittelbare Selbstbewußtsein als Identität von Denken und Sein „freilich höher (steht) als die Gegensätze; doch sind diese Gegensätze wieder nur relativ aufgehoben. Das Selbstbewußtsein ist nie für sich da, sondern seiner Realität nach bedingt"[12], d.h. durch das endliche Selbstbewußtsein. Daher teilt Schleiermacher dem endlichen Selbstbewußtsein von seinem Verständnis des Selbstbewußtseins her eine verbindende Rolle zu: „Zwischen dem unmittelbaren Selbstbewußtsein und dem reflektierten Ichbewußtsein gibt es immer noch ein Mittelglied"[13]. Dieses ist das „Bewußtsein des Endlichen, womit immer das Selbstbewußtsein vermischt ist"[14].

In der Verschränkung von Denken und Wollen mit dem Sein der Dinge ist sich der Mensch seiner selbst bewußt „als eines tätigen oder leidenden"[15] in seiner Bedingtheit vom endlichen Sein der Welt. Denn der Mensch wirkt verändernd ein in das Sein der Dinge und wird aber gleichzeitig immer von diesem bestimmt. Als endliches Selbstbewußtsein weiß sich der Mensch nach Schleiermacher immer „in den Gegensatz von Empfänglichkeit und Selbsttätigkeit verflochten"[16], d.h. in den Gegensatz von selbsttätiger Freiheit gegenüber der Welt und rezeptiver Abhängigkeit von der Welt. Darin kommt für Schleiermacher das Weltbewußtsein des Menschen als endliches Selbstbewußtsein zum Ausdruck.

Es ist nun die Absicht Schleiermachers – diese sollte man zunächst erkennen, ohne ihre Aporien übersehen zu wollen – *subjektives Bewußtsein als Weltbewußtsein des Menschen* und objektives Bewußtsein von Welt immer scharf voneinander abzugrenzen, wenn es um ein Bewußtsein vermittelter Unmittelbarkeit geht. Schleiermacher reflektiert dabei zunächst nicht auf die Schwierigkeiten, welche Übergänge zwischen beiden Bewußtseinsformen notwendigerweise bestehen. Aus dieser Unachtsamkeit Schleiermachers resultieren gerade für das in der *Philosophischen Theologie* relevante Thema des Verhältnisses von Glauben und Wissen erhebliche Schwierigkeiten und Mißverständnisse.

---

[12] O, 295. Das Problem der gegenseitigen Ergänzung von „Gefühl" und endlichem Selbstbewußtsein wird schrittweise im folgenden entfaltet zur Bestimmung des „religiösen Gefühls".

[13] O, 292.

[14] O, 297.

[15] O, 292.

[16] O, Hs, 290.

Schleiermacher hebt zugleich mit dem Begriff des endlichen Selbstbewußtseins auf das *subjektive Bewußtsein des Menschen* ab, dem er ein *Gottesbewußtsein* als möglich zuerkennt, das unterschieden sein soll von objektivem Wissen von Gott. Es wäre allerdings ein grundlegendes Mißverständnis, wollte man diesem subjektiven Bewußtsein jede Reflexionsmöglichkeit absprechen und es in sprachlose und reflexionslose Unmittelbarkeit verbannen. In diesem Punkt differieren die Interpretationsansätze im Verständnis von Schleiermachers Grundbegriff des „Gefühls". Dieses steht aber nicht bloß unmittelbar in sich, sondern ist als Prinzip des Übergangs bedingte Einheit der Gegensätze von Wissen und Wollen, d.h. durchlässig und offen und darin angewiesen auf das Bewußtsein des Menschen, sei es subjektives oder objektives Bewußtsein.

2.3.2 Das zeitliche Einheitsbewußtsein des zeitlosen Abhängigkeitsverhältnisses der Welt von Gott

Als Einheit von Denken und Sein ist das unmittelbare Selbstbewußtsein begründet in der zeitlosen Einheit des transzendenten Grundes. Nun ist dieses zeitlose Verhältnis von Sein Gottes und Sein der Welt unmittelbar in uns, insofern Schleiermacher das unmittelbare Selbstbewußtsein als ontologische Bedingung des zeitlichen Übergangs von Denken und Wollen in ihrem Bezug zum Sein (endliches Selbstbewußtsein) versteht. Von daher kann Schleiermacher von einem *„Mitgesetztsein Gottes in jedem Übergang"*[17] ausgehen.

Wie kann also, so läßt sich nun gezielter fragen, das von Schleiermachers Philosophie behauptete unmittelbare Sein Gottes in uns „unser Bewußtsein" werden? Wenn es geheißen hatte, wir müßten „von der Identität in uns ausgehen, um zu jenem transzendenten Grunde allen Seins aufzusteigen"[18], so wird dies nun einsichtig. Von daher will Schleiermacher ein „aufsteigen" eben des menschlichen Bewußtseins zum Bewußtsein jenes unmittelbaren Sein Gottes in uns aufzeigen, indem aus der gegenseitigen Ergänzung von unmittelbarem und endlichem Selbstbewußtsein jenes Bewußtsein vermittelter Unmittelbarkeit möglich werden soll, das Schleiermacher *religiöses Selbstbewußtsein* nennt. In der Beantwortung dessen, worin dieses „aufsteigen", d.h. *Zu-Bewußtsein-Kommen Gottes im Menschen* besteht, schließt sich der Argumentationskreis unserer Interpretation. Wie läßt sich Schleiermachers Verständnis des „aufsteigens" nun deutlich machen?

---

[17] J, 524.
[18] O, 270.

„Im Gefühl", heißt es bei Schleiermacher, „ist die im Denken und Wollen bloß *vorausgesetzte (!)* absolute Einheit des idealen und realen wirklich vollzogen, da ist sie unmittelbares Bewußtsein, ursprünglich, während *der Gedanke (!), sofern wir ihn haben, nur vermittelt ist durch das Gefühl".*[19] Schleiermacher fordert somit aus der Verbindung von unmittelbarem „Gefühl" und vermitteltem Denken und Wollen, streng genommen, die gegenseitige Vermittlung als gegenseitige Ergänzung.

Ist jene reine Anschauung Gottes, das „reine Gefühl von Gott"[20] für den Menschen, weil präreflexiv mitgesetzt, nicht unmittelbar erreichbar, und ist dieses „Gefühl" als ontologische Bedingung des Übergangs verbunden mit dem endlichen Selbstbewußtsein, dann ist das objektive Wissen von Gott einerseits auf die ihm zugrundeliegende, die Einheitssuche ermöglichende reine Einheit des „Urwissens" verwiesen, und diese andererseits zugleich auf das objektive Wissen; denn nur dieses kann ein Wissen des Menschen von Gott in bedingter Weise formulieren und das „Gefühl" bleibt so nicht sprachlose und reflexionslose Unmittelbarkeit. Allerdings läßt sich aus der endlichen Bedingtheit des Wissens von Gott als transzendentem Grund nicht ein absolutes Wissen, nicht eine absolute Einheit des „Urwissens", sondern nur eine relative Einheit des Wissens erreichen.

In der gegenseitigen Beziehung von unmittelbarem Selbstbewußtsein („Gefühl von Gott") und endlichem Selbstbewußtsein (Wissen von Gott) findet sich somit in Schleiermachers Philosophie das Problem der Vermittlung eines Wissens vom „Urwissen", d. i. des Gottesbewußtseins, das die Interpretation vor nicht geringe Schwierigkeiten stellt.[21] Im Entwurf von 1814, der vielleicht noch am deutlichsten das Problem der Vermittlung notiert, heißt es: „Im Gefühl nun ist die unmittelbare, wenn auch nur relative Identität des Denkens und Wollens. Relative darum, weil man immer von einem zum andern übergeht."[22]

Im Text der Dialektik von 1822 formuliert Schleiermacher im Begriff des religiösen Selbstbewußtseins die Antwort auf die Frage, die das Problem der

---

[19] J, 152, Anm., Herv. v. mir.
[20] J, 152.
[21] Diese Schwierigkeiten lösen sich weithin auf, wenn man die ursprüngliche Einheit des „Gefühls", die im transzendenten Grund begründet ist und die in dieser „vorausgesetzten" (J, 152, Anm.) Einheit begründete vermittelte Einheit des „religiösen Gefühls" voneinander unterscheidet, nicht jedoch voneinander trennt. Daß Schleiermacher, um eine Begründung des unmittelbaren „Gefühls von Gott" durch ein vermitteltes Wissen von Gott auszuschließen, das Problem der Vermittlung „unterbelichtet", hat *F. Wagners* (a.a.O., 165 u. ö.) Arbeit zurecht kritisiert.
[22] J, 154.

Vermittlung der Unmittelbarkeit im Text einleitet: „Wie aber verhält sich das Zeitlose zum Zeitlichen und zum unmittelbaren Selbstbewußtsein?"[23] Auf zwei Argumentationswegen läßt sich ein zureichendes Verständnis des Begriffs des religiösen Selbstbewußtseins erzielen.

Zunächst müssen wir die ontologische Vermittlungsfunktion des unmittelbaren Selbstbewußtseins zwischen Gott und Mensch aufgreifen. Als vermittelte Unmittelbarkeit muß das religiöse Selbstbewußtsein des Menschen dann aber eine ganz spezielle Ausprägung des endlichen Selbstbewußtseins sein. Diese gehört daher sehr wohl in den Kontext der Dialektik, genauer der Theorie des Selbstbewußtseins. Schleiermacher hätte sich auf den Begriff des unmittelbaren Selbstbewußtseins beschränken können, wenn das religiöse Selbstbewußtsein von seiner Bedeutung her völlig mit diesem Begriff identisch wäre.

Setzt man nun das endliche Selbstbewußtsein, in dem sich der Mensch seiner Bedingtheit vom endlichen Sein der Welt bewußt ist, als „Mittelglied", wie Schleiermacher gesagt hatte, in Beziehung zum unmittelbaren Selbstbewußtsein, dann findet sich die nähere Bestimmung vermittelter Unmittelbarkeit des religiösen Selbstbewußtseins.

Insofern die Analogie des transzendenten Grundes mit dem unmittelbaren Selbstbewußtsein das zeitlose Abhängigkeitsverhältnis der Welt von Gott zum Ausdruck brachte, muß Schleiermachers Philosophie im endlichen Selbstbewußtsein des Menschen diese Abhängigkeitsstruktur ebenfalls aufzuweisen suchen als zeitliches Bewußtsein, d. h. vermittelte Unmittelbarkeit des religiösen Selbstbewußtseins. In der Behauptung einer „vollständigen Analogie zwischen diesem und dem unmittelbaren Selbstbewußtsein"[24] formuliert sich Schleimachers näheres Verständnis des religiösen Selbstbewußtseins. Gleichzeitig nimmt Schleiermacher die Analogie von transzendentem Grund und unmittelbarem Selbstbewußtsein wieder auf.

Identität und Differenz in der „vollständigen Analogie" erschließen die Notwendigkeit der Unterscheidung beider Begriffe. Die Schwierigkeiten für das Verständnis resultieren wieder aus Ungenauigkeiten der begrifflichen Bestimmungen in Schleiermachers Dialektik. Die Uneindeutigkeit der Interpretationen liegt aufs Ganze gesehen daher darin mitbegründet, daß die Interpretation den systematischen Zusammenhang für Schleiermachers Theorie des Selbstbewußtseins allererst erarbeiten muß.

Das identische Analogon zwischen unmittelbarem Selbstbewußtsein und religiösem Selbstbewußtsein besteht in ihrer Bestimmung als Einheit des

---

[23] O, 292.
[24] O, 292.

Selbstbewußtseins, die in der Einheit des transzendenten Grundes bedingt ist. Entsprechend der Analogie von Gott und „Gefühl" kommt in dieser Einheit des Selbstbewußtseins das zeitlose Abhängigkeitsverhältnis der Welt von Gott zum Ausdruck. In diesem Sinne wird Schleiermacher wiederholt das „religiöse Gefühl" mit dem unmittelbaren Selbstbewußtsein gleichsetzen, ohne die Differenz zu notieren. Jedenfalls kann man an mehreren Textstellen eine begriffliche Abgrenzung nur sehr schwer vornehmen.

Das „Gefühl" als unmittelbares Selbstbewußtsein ist jedoch, „durch die Zeitform geschieden"[25], als die zeitlose Einheit des zeitlichen Übergangs die „Identität in diesem Übergang"[26], die, es sei wiederholt, das „Mitgesetztsein Gottes in jedem Übergang" allererst ermöglicht. Trotz dieses Unterschieds im Begriff des „Gefühls", den wir eingehend erörtert hatten, wechselt Schleiermacher die Bedeutungsebenen des Ausdrucks „Gefühl", ohne die jeweils notwendige begriffliche Unterscheidung immer zu vollziehen.

Die Differenz von religiösem Selbstbewußtsein und unmittelbarem Selbstbewußtsein liegt von daher gesehen darin, daß die *Einheit des Selbstbewußtseins einmal als zeitlos-unmittelbar, zum anderen als zeitlich-vermittelt* betrachtet werden kann. Als Einheit des wirklichen Bewußtseins des Menschen kann sie nur unter den Bestimmungen der gegensätzlichen Struktur endlichen Selbstbewußtseins gedacht werden, das nur „an einem andern", d. h. eben nur am Gegensatz zwischen eigenem Sein und weltlichem Sein sich einer Einheit überhaupt bewußt sein kann. So kann das endliche Selbstbewußtsein zwischen unmittelbarer Einheit des „Gefühls" und vermittelt-objektivem Ichbewußtsein das „Mittelglied", wie Schleiermacher sagt, bilden, in dem sich das *religiöse Selbstbewußtsein* gestaltet, ganz allgemein noch gesagt, als vermittelte Einheit des „Gefühls", d. h. *als zeitliches Einheitsbewußtsein der zeitlosen Abhängigkeit des Weltseins von Gott.* Zusammengefaßt begründet das zeitlose Abhängigkeitsverhältnis der Einheit der Gegensätze der Welt von der gegensatzlosen Einheit Gottes im „Gefühl" zugleich Identität und Differenz der vollständigen Analogie von unmittelbarem und religiösem Selbstbewußtsein.

---

[25] O, 286.
[26] A.a.O.

2.4 Die gegenseitige Ergänzung von „Gefühl von Gott" und Wissen von Gott als Problem reflexiver Vermittlung

Im folgenden ist das religiöse Selbstbewußtsein als vermittelte Unmittelbarkeit näherhin zu bestimmen. Das Problem reflexiver Vermittlung der Unmittelbarkeit muß thematisiert werden, d.h. das durch die Reflexion ermöglichte Gottesbewußtsein des Menschen. In diesem soll sich die transzendente Bestimmtheit des „Gefühls" als menschliches Bewußtsein der Abhängigkeit allen Seins von Gott zum Ausdruck bringen.

Um den Problemzusammenhang „religiöses Gefühl" und reflexive Vermittlung klären zu können, muß die Interpretation auf das Verhältnis der Funktionen des unmittelbaren Selbstbewußtseins und des endlichen Selbstbewußtseins zu sprechen kommen. Wir hatten bisher das *Gefühl von Gott* als Einheit der Unmittelbarkeit zu unterscheiden gesucht von der Einheit vermittelter Unmittelbarkeit. Die Problematik der Vermittlung selbst, d.h. des „Übergangs" hatten wir in der Rede der gegenseitigen Ergänzung von „Gefühl" und Wissen zwar eingebracht, jedoch noch nicht in ihrer eigentlichen Bedeutung für unsere Fragestellung erschlossen.

„Die Unmöglichkeit, im unmittelbaren Selbstbewußtsein den transzendenten Grund rein darzustellen, wird ergänzt durch die gefundenen Formeln der anderen Funktionen; und umgekehrt ergänzt der transzendente Grund des Selbstbewußtseins jene Formeln."[1] Die Notwendigkeit gegenseitiger Ergänzung begründet Schleiermacher dann folgendermaßen: „Das unmittelbare Selbstbewußtsein kann den transzendenten Grund nicht isolieren, die Denk- und Willensfunktionen können dies zwar, aber ihr Ausdruck ist dem Transzendenten nicht adäquat."[2]

Vergleicht man Schleiermachers Ausführungen nun mit unserer bisherigen Interpretation, dann fällt wieder auf, daß die Dialektik kein Interesse am Problem vermittelter Unmittelbarkeit des religiösen Selbstbewußtseins zeigt,

---

[1] O, 296.
[2] A.a.O.

ja es offensichtlich zu vermeiden sucht, das Problem der Vermittlung zu thematisieren. *Man darf jedoch nicht übersehen, daß sich in Schleiermachers These der gegenseitigen Ergänzung von unmittelbarem „Gefühl von Gott“ und vermitteltem Wissen von Gott das Problem der Vermittlung verbirgt.*[3] Diese Behauptung unserer Interpretation bestätigte sich bereits im Aufweis des unmittelbaren Selbstbewußtseins als ontologischer Bedingung der Möglichkeit des „Übergangs“, d. h. als zeitloser Einheit des zeitlichen Vollzugs des endlichen Selbstbewußtseins. In diesem Ansatz Schleiermachers zeigt sich die These gegenseitiger Ergänzung von „Gefühl von Gott“ und Wissen von Gott überhaupt erst ermöglicht. Schleiermacher behauptete diesen Zusammenhang so, daß das Wissen von Gott „nur vermittelt durch das Gefühl“ möglich sei, insofern in ihm die Einheitssuche des Wissens fundiert ist. Daß die Einheit des „Gefühls von Gott“ in ihrer Unmittelbarkeit gegenüber der Vermittlung des Denkens ontologisch vorrangig ist, ist unstrittig festzuhalten.[4]

---

[3] Auf die Dimension des „Übergangs“ sei ausdrücklich in der Frage der Vermittlung verwiesen, gerade insofern es Schleiermacher offensichtlich vermeidet, diese Dimension überhaupt noch zu erwähnen. *F. Wagner* (a.a.O., 139 ff.) hat den Unterschied von „Gefühl“ und „Übergang“ zurecht gegen *M. E. Miller* (a.a.O., 30 ff.) geltend gemacht, ohne allerdings – im Gegensatz zu unserer Interpretation – von Schleiermachers Begriff des „Übergangs“ her das Problem reflexiver Vermittlung des „Gefühls“ aufzunehmen. Wagners (a.a.O., 211 f.) Deutung der These gegenseitiger Ergänzung geht fehl, da Schleiermacher eine „komparative Kritik“ von Spekulation und Empirie hier nicht meinen kann, da in ihr Begriffs- und Urteilsebene gegenübergestellt werden. Vgl. O, 273.

[4] Mit diesem Hinweis bestätigt sich die Annahme unserer Interpretation, daß das „religiöse Gefühl“ von Schleiermacher als Einheit vermittelter Unmittelbarkeit gemeint sein muß, da sonst von einer Gleichwertigkeit von Religion und Philosophie, die Schleiermacher ausdrücklich hervorhebt, nicht die Rede sein könnte. Vgl. O, 296. – Mißverständnisse der Verhältnisbestimmung von Philosophie und Religion zu überwinden, die in seiner Zeit im Umlauf waren und die auch ihm selbst von anderer Seite her unterstellt wurden, sucht Schleiermacher durch genaue Abgrenzungen auszuschließen. Er wendet sich daher gegen Hegels behaupteten Vorrang der Philosophie vor der Religion. Hegel habe die aufhebende Bewahrung der Religion in der Philosophie gefordert, d. h. die Religion „als Durchgangspunkt“ zur Philosophie als dem „absoluten Wissen“ behauptet. Dem setzt Schleiermacher entgegen, daß weder ein absolutes Wissen für menschliches Denken möglich sei, noch, daß Religion zureichend verstanden sei, wenn in ihr das Sein Gottes im Menschen nur in der Form objektiven Bewußtseins aufgefaßt würde. Das „religiöse Gefühl“ betreffe die Identität menschlichen Seins, denn das „Gefühl“ ist „selbst die Identität des Entgegengesetzten; und die Einheit, welche das Gefühl hinzubringt, ist durch das Denken nicht zu ersetzen“. In jedem Versuch, Gott zu denken, muß nach Schleiermacher diese Einheit, die das Denken sucht, aber nicht erreichen kann, mitvorausgesetzt werden. Das objektive Bewußtsein der Philosophie finde den transzendenten Grund allein in dieser Identität von Denken und Sein im Menschen.

Der folgende Text zeigt nun, daß Schleiermacher dem philosophischen Wissen von Gott die Funktion zubilligt, das *Gottesbewußtsein des „Gefühls von Gott" „zu isolieren"*. Es kann kein Zweifel bestehen, daß Schleiermacher in dieser Funktion das Problem der Vermittlung benennt. Darüber hinaus verbindet er die These der „Isolierung" genauerhin mit der These der gegenseitigen Ergänzung.

„Da im Gefühl immer das Bewußtsein Gottes verknüpft ist mit einem endlich bestimmten, unser und Entgegengesetztes zusammenfassenden Bewußtsein, so bedarf es einer Isolierung, und dies ist in Beziehung auf jene Formeln, indem man sich sagt: dasjenige Element des Selbstbewußtseins, welches zugleich jenen Formeln, jeder unter anderen Umständen, entspricht, ist die Repräsentation des transzendenten Grundes in unserem Selbstbewußtsein und diese ist immer sich selbst gleich (d. i. zeitlos) und also die Ergänzung der fehlenden Einheit."[5] Der Text bestätigt aber unsere bisherige Interpretation, die Einheit des religiösen Selbstbewußtseins als Ineinander von Gottesbewußtsein und Weltbewußtsein zu behaupten.[6] Trifft dies zu, *dann kann das Gottesbewußtsein zu isolieren nicht ausschließlich dem philosophischen Denken zugesprochen werden,* sondern es müssen sich auch andere Möglichkeiten finden lassen, das Bewußtsein Gottes „zu isolieren", um in dieser reflexiven Vermittlung jene „Ergänzung" zu erreichen, die das unmittelbare „Gefühl von Gott" als vermittelte Unmittelbarkeit des religiösen Selbstbewußtseins erst möglich macht.

Diese Annahme erhärtet sich, wenn man Schleiermachers Abgrenzung der philosophischen Reflexion von „religiöser Reflexion"[7] aufnimmt. Auch ihr kommt es zu, das Gottesbewußtsein „zu isolieren", wenngleich gegenüber der philosophischen Reflexion „nur in einem untergeordneten Sinn".[8]

Die Notwendigkeit, reflexive Vermittlung für die Ausbildung des „religiösen Gefühls" zu behaupten, schließt ein, daß Schleiermachers These der

---

[5] O, Hs, 290, Erg. v. mir. Vgl. auch O, 293 f.

[6] Es ist *„das religiöse Gefühl nie unmittelbar* einen Moment erfüllend. Denn niemand wird einen Moment des Bewußtseins fixieren, wo die Beziehung des unmittelbaren Selbstbewußtseins auf den transzendenten Grund ganz rein wäre. Wir haben es immer zugleich mit einem andern, d. h. unser Selbstbewußtsein ist immer von der äußeren Mannigfaltigkeit (= Welt) affiziert, zugleich aber auch vom transzendenten Grund an sich (= Gott), welcher alle Mannigfaltigkeit aufhebt. Diese beiden Seiten liegen immer im Selbstbewußtsein und es gibt keinen Moment, wo die religiöse Seite ganz fehlte" (O, 292 f., Erg. und Herv. v. mir). Das endliche Selbstbewußtsein des Menschen, das sich zum Weltbewußtsein erweitert, hatten wir aber als zeitliche Einheit des „Übergangs" von Wissen und Wollen im Sein verstanden, d. h. das Problem reflexiver Vermittlung ist darin mitvorgezeichnet.

[7] O, 298.

[8] O, Hs, 294.

gegenseitigen Ergänzung als Vermittlung übertragen werden muß auf das *Problem der religiösen Reflexion im religiösen Selbstbewußtsein*.[9] Mit der Klärung dieses Sachverhalts hängt aufs engste zusammen die Bedeutung des philosophischen Wissens von Gott für das in der religiösen Reflexion ermöglichte Gottesbewußtsein als religiösem Wissen von Gott, das in der Bestimmung des religiösen Selbstbewußtseins als Einheit vermittelter Unmittelbarkeit miteinbegriffen sein muß.[10]

2.4.1 „Religiöses Gefühl" und religiöse Reflexion

„Die Reflexion, welche über das Gefühl angestellt wird von denen, die nicht im wissenschaftlichen Streben begriffen sind, bringt die Formeln nur in einem untergeordneten Sinne hervor, und es kann also die spekulative Tätigkeit, welche sich auf den transzendenten Grund richtet, nicht entbehrt werden."[11] Der Text macht es notwendig, auf einen Zusammenhang hinzuweisen, auf den Schleiermacher nicht reflektiert, der jedoch unbedingt eingebracht werden muß in den Begriff der Einheit vermittelter Unmittelbarkeit des religiösen Selbstbewußtseins. Insofern die Dialektik diesen Zusammenhang gerade nicht klärt, überträgt sie diese Probleme in die Glaubenslehre, genauer in die Philosophische Theologie.

Für das Erkenntnisinteresse der vorliegenden Interpretation, das Verhältnis von Glauben an Gott und Wissen von Gott näherhin in Schleiermachers Philosophischer Theologie zu bestimmen, ist es entscheidend, daß der *Zusammenhang* thematisiert wird *von religiösem Selbstbewußtsein*, dessen

---

[9] Es fällt auf, daß *R. Stalder* dem Problem reflexiver Vermittlung des „Gefühls" kaum Beachtung schenkt. Andeutungen lassen vermuten, daß er von einer gegenseitigen Ergänzung von „religiösem Gefühl" und Wissen ausgeht. Stalders Interpretation macht sich fest am Begriff des „aufsteigens" zum transzendenten Grund und sucht diesen von der augustinischen Tradition her zu deuten (vgl. a.a.O., 329 ff.).

[10] Schleiermachers Versuch, philosophische Reflexion und religiöse Reflexion von ihrem unterschiedlichen Gegenstand her, nämlich Wissen bzw. religiösem Glauben, völlig getrennt voneinander halten zu wollen, kann nicht überzeugen. Vgl. O, 296 f. Denn in religiöser Reflexion als Vermittlung von Glauben und Wissen fließt die philosophische und theologische Tradition des Wissens mit in die religiöse Reflexion ein. Sehr genau hat *F. Wagner* (a.a.O., 163 ff., 199 ff.) diese Zusammenhänge zur Darstellung gebracht. Die Rede vom „transzendenten Grund als Konstrukt des Selbstbewußtseins" (a.a.O., 163) kann in dieser Bestimmung, wie gezeigt, allerdings nicht für Schleiermachers Denken behauptet werden.

[11] O, Hs, 294.

religiöse Reflexion sich in *der objektiven Form religiöser Gottesvorstellungen* äußert und dem *philosophischen Wissen von Gott.* Die Dialektik notiert, wie ich zitiert hatte, daß philosphisches Denken in der Reflexion über das „Gefühl" „nicht entbehrt werden kann". Muß man diese Aussage aber nicht gerade dahingehend lesen, daß das Denken kritische Instanz der Orientierung des religiösen Selbstbewußtseins sein muß?

Soll Schleiermachers Begriff des „religiösen Gefühls" als Einheit vermittelter Unmittelbarkeit des „schlechthinnigen Abhängigkeitsgefühls" nicht nachidealistischer Religionskritik verfallen, muß jede Interpretation der Dialektik ihre Aufmerksamkeit diesem Problem widmen.

Einerseits ist, wie gezeigt, die Einheit, die das unmittelbare Selbstbewußtsein darstellt, notwendig, insofern das bedingte Wissen von Gott diese Einheit nicht zu erreichen vermag, andererseits kann aber, da die Einheit des „Gefühls" den transzendenten Grund nicht isolieren kann, das subjektive Gottesbewußtsein nicht verzichten auf das unterscheidende, isolierende Denken. Ein zureichendes religiöses Selbstbewußtsein, das sich in seinem Selbstverständnis auszuweisen vermag und von unzutreffenden Verirrungen in seinem Bewußtsein Gottes zu unterscheiden sucht, bedarf einer ausdrücklichen kritischen Instanz der Orientierung des „religiösen Gefühls". *Das Gottesbewußtsein im „religiösen Gefühl" zu isolieren* kann aber allein vom philosophischen Wissen von Gott her für die religiöse Reflexion Sicherheit erlangen, wodurch sich das Abhängigkeitsbewußtsein vergewissern kann, von Gott als transzendentem Grund allen Seins und nicht von einer „Fiktion oder Täuschung"[12] sich abhängig zu glauben. Die mit der These der gegenseitigen Ergänzung vorgezeichnete notwendig vermittelnde Reflexion muß daher auch für das „religiöse Gefühl" thematisch gemacht werden. *Bringt das „Gefühl" für die Versuche, ein Wissen von Gott zu erreichen, die notwendige Ergänzung in der immer schon vorausgesetzten Einheit, so bringt umgekehrt erst die reflexive Vermittlung des Wissens die notwendige Ergänzung für die Unmittelbarkeit des „Gefühls von Gott" zur Ausbildung des religiösen Selbstbewußtseins.*[13]

---

[12] O, 292. Vgl. *G. Ebeling*, Göttliche Eigenschaften, a.a.O. 341.

[13] Es ist offensichtlich, daß der zeitliche Vollzug der zeitlosen Identität von Wissen und Wollen als „Übergang" die Argumentationsbasis Schleiermachers bildet. „Das unmittelbare Selbstbewußtsein ist aber nicht nur im Übergang; sondern, sofern Denken auch Wollen ist und umgekehrt, muß es auch in jedem Moment sein. Und so finden wir auch das Gefühl als beständig jeden Moment, sei er nun vorherrschend denkend oder wollend, immer begleitend" (O, Hs, 289). „Haben wir das *Gefühl* vom *Ich* unterschieden, so ist doch *eins ohne das andere nicht zu denken*" (O, 290, Herv. v. mir).

Die Mißverständnisse in der Interpretation Schleiermachers – noch bis heute – müssen zu großen Teilen Schleiermacher selbst angelastet werden. Der systematische Zusammenhang, aus dem allein ein zureichendes Verständnis des Problems des „religiösen Gefühls" als vermittelter Unmittelbarkeit überhaupt erst möglich wird, muß von der Interpretation – es sei nochmals betont – allererst erarbeitet werden.

Wir können nun Schleiermachers Darstellung des „allgemeinen Abhängigkeitsgefühls"[14] aufnehmen, mit der die vorgelegte Interpretation des Problems der Vermittlung für die „Reflexion über das religiöse Selbstbewußtsein"[15] ihre Bestätigung findet.

In seiner philosophischen Reflexion auf die *Einheit des unmittelbaren Selbstbewußtseins* hatte sich Schleiermacher darauf beschränkt, den allgemeinen Zusammenhang von Gott, Mensch und „Gefühl" aufzuzeigen, den wir in der Interpretation der *„allgemeinen* Form des Sich-Selbst-Habens"[16] finden konnten. Schleiermacher reicht im Begriff des religiösen Selbstbewußtseins, so läßt sich sagen, für die *Einheit vermittelter Unmittelbarkeit* die Form des *„allgemeinen* Abhängigkeitsgefühls"[17] nach. Mit dem Aufweis dieses Argumentationszusammenhangs in der Dialektik Schleiermachers ist daher jeder Interpretationsversuch als unbegründet abzuweisen, der den Begriff des „allgemeinen Abhängigkeitsgefühls", der mit dem allgemeinen Begriff des religiösen Selbstbewußtseins identisch ist, als nicht in den Kontext der Dialektik gehörig, ausgrenzen möchte.[18] Schleiermachers Begriff des *„allgemeinen Abhängigkeitsgefühls"* läßt sich, hat man den für sein Denken zugrundeliegenden Zusammenhang systematisch erst einmal deutlich gemacht, geradezu nahtlos in das Argumentationsgefüge der Dialektik eingliedern.

---

[14] O, Hs, 290.

[15] O, 296.

[16] O, 288.

[17] Die nähere Ausführung der nur allgemeinen Bestimmung hat Schleiermacher für das „religiöse Gefühl" in seiner Philosophischen Theologie entworfen. In der Dialektik beschränkt sich Schleiermacher auf eine bloße Angabe des systematischen Stellenwertes des Begriffs des „allgemeinen Abhängigkeitsgefühls" im Ganzen seines philosophischen Denkgebäudes.

[18] Die folgenden Ausführungen suchen diese Behauptung, der ein kontroverses, scheinbar unlösbares Problem innerhalb der Schleiermacher-Interpretation zugrundeliegt, zu belegen. Vgl. *D. Offermann*, Schleiermachers Einleitung in die Glaubenslehre, Berlin 1969, speziell ihren Exkurs „Der Begriff des unmittelbaren Selbstbewußtseins nach der ‚Dialektik'" (a.a.O., 66–84). Zutreffend demgegenüber *H. R. Reuter*, a.a.O., 243 f., ebenso *F. Wagner* (a.a.O., 158, Anm. 24). Dieser gibt eine knappe Übersicht über die unterschiedlichen Interpretationsweisen des Verhältnisses von unmittelbarem Selbstbewußtsein und „religiösem Gefühl" („allgemeinem Abhängigkeitsgefühl").

In seinem endlichen Selbst- und Weltbewußtsein begreift der Mensch sich als „lebendige Einheit" von Denken und Sein, indem er sich zugleich als Teil der Welt begreift und so die endlichen Gegensätze der Welt in sein Selbstbewußtsein aufnimmt. „Diese Aufhebung der Gegensätze könnte aber nicht unser Bewußtsein sein, wenn wir uns selbst darin nicht ein Bedingtes und Bestimmtes wären und würden. Aber nicht bedingt und bestimmt durch etwas selbst im Gegensatz Begriffenes; denn insofern sind darin die Gegensätze nicht aufgehoben, sondern durch dasjenige, worin allein das Denkendwollende und das Wollend-denkende mit seiner Beziehung auf alles übrige Eins sein kann, also durch den transzendenten Grund selbst. Diese transzendente Bestimmtheit des Selbstbewußtseins nun ist die religiöse Seite desselben oder das *religiöse Gefühl,* und in diesem also ist der transzendente Grund oder das höchste Wesen selbst repräsentiert. Sie ist also insofern, als in unserem Selbstbewußtsein auch das Sein der Dinge, wie wir selbst, als Wirkendes und Leidendes gesetzt ist, also sofern wir uns dem Sein der Dinge und dieses uns identifizieren; also als Bedingtheit alles Seins, welches in den Gegensatz der Empfänglichkeit und Selbsttätigkeit verflochten ist, d. h. als *allgemeines Abhängigkeitsgefühl".*[19]

Als denkendes Sein wird sich der Mensch seiner selbst bewußt als „lebendige Einheit" endlicher Gegensätze in der Gewißheit des Daß seines Lebens. Der Mensch findet sich zugleich als immer schon von anderem begründet vor. In all seiner endlichen Bedingtheit kann er aber den Grund nicht finden für dieses Daß seines Lebens, d. h. dasjenige, was über allen Gegensatz hinausliegt als das nicht mehr Bedingte, d. h. das Unbedingte. Aus dieser Einsicht resultiert das von Schleiermacher geforderte „aufsteigen" zum transzendenten Grund allen Seins.

So sind im religiösen Selbstbewußtsein das Weltbewußtsein und Gottesbewußtsein des Menschen untrennbar verbunden; so jedoch, daß ein Gottesbewußtsein dem Menschen nur möglich ist, indem er sich als endliches Selbstbewußtsein mit der Bedingtheit der ganzen Welt identifiziert und sich der Abhängigkeit vom absoluten Gott als transzendentem Grund allen Seins bewußt wird, d. h., wie Schleiermacher in seiner Philosophischen Theologie dann sagen wird, sich der „schlechthinnigen Abhängigkeit von Gott" bewußt wird.

Das religiöse Selbstbewußtsein nimmt damit aber letztlich reflexive Vermittlung in Anspruch, die jede Bedingtheit durch Welt zu unterscheiden vermag von der Bedingtheit allen Seins durch den transzendenten Grund. Schleiermacher verzichtet jedoch in seiner Bestimmung des endlichen Selbst-

---

[19] O, Hs, 289f., Herv. v. Schleiermacher.

bewußtseins als religiösem Selbstbewußtsein auf die Problematik reflexiver Vermittlung einzugehen. Die Vermutung liegt nahe, Schleiermacher beabsichtige, Religion als existentielle Zwischenwelt menschlichen Seins verstehen zu wollen, deren Ineinander von Unmittelbarkeit und Vermittlung nicht eindeutig festgemacht werden soll. Der Begriff des „Gefühls" als Einheit von Wissen, Wollen und Sein ermöglicht Schleiermacher – wie die Glaubenslehre zeigt – das ganze Dasein des Menschen, d. h. von all seinen Dimensionen und Lebensvollzügen her in seinem Verhältnis zu Gott sehr variabel zu umschreiben. Insofern Schleiermacher aber nicht zu einer überzeugenden Lösung des Problems reflexiver Vermittlung gelangt, ist die wiederholt geäußerte Kritik berechtigt.

Es war und ist daher die Absicht der vorliegenden Arbeit, diese Kritik nicht bloß zu wiederholen, sondern *in Schleiermachers Denken Linien sichtbar zu machen*, die einer reflexionslosen und unvermittelten Bestimmung dessen, was Schleiermacher unter religiösem Selbstbewußtsein versteht, entgegenzuwirken vermögen. Damit soll sich weiter bestätigen, daß sich allein von unserer Interpretations-These der gegenseitigen Ergänzung als Vermittlung von „Gefühl von Gott" und endlichem Selbstbewußtsein her der Begriff des religiösen Selbstbewußtseins verstehen läßt.

„Wenn nun das Gefühl von Gott das religiöse ist", heißt es im Entwurf von 1814 explizit, dann ist dieses religiöse Gefühl „zwar ein wirklich vollzogenes, aber es ist nie rein, denn das Bewußtsein Gottes ist darin immer an einem anderen"[20], d. h. verbunden mit dem Gegensatzbewußtsein als endlichem Selbstbewußtsein. Dieser Hinweis formuliert wieder die Thematik der *„religiösen Reflexion"*[21], die – so ungenau sie auch wieder begrifflich bestimmt wird – die vermittelte Unmittelbarkeit des „religiösen Gefühls" zu behaupten ermöglicht.

Ist, wie schon ausführlich gezeigt wurde, eine „reine Anschauung Gottes", d. h. ein „reines Gefühl von Gott" für den Menschen nicht möglich, dann kann nur durch reflexive Vermittlung sinnvoll behauptet werden, daß der Mensch sich als Teil allen bedingten Seins der Abhängigkeit von Gott bewußt ist. So heißt es in der Vorlesung 1818: „Im Gefühl nun ist die unmittelbare, wenn auch nur relative Identität des Denkens und Wollens. Relative darum, weil man immer von einem zum anderen übergeht ... Dies ist aber immer schon wieder *Zerlegung des Gefühls, Reflexion über dasselbe*".[22] Bildet das unmittelbare Selbstbewußtsein in seiner relativen Identität die ontologische

---

[20] J, 152.
[21] O, 296.
[22] J, 154, Anm.

Vermittlungsebene von Gott und menschlicher Welt, so kommt die reflexive Vermittlung im endlichen Selbstbewußtsein des Menschen zum Tragen.

In der Reflexion des Menschen über sich selbst, d. h. sein eigenes Sein in der Verschränkung mit dem Sein der Welt, manifestiert sich das „Sich-selbst-haben" des Menschen zugleich als Sich-abhängig-finden. Allein in einer nachträglichen Reflexion darüber, daß der Mensch sich in seinem endlichen Sein als abhängig vorfindet, d. h. nicht selbst Grund seines eigenen Seins ist, vermag ein „aufsteigen" zu Gott für den Menschen möglich zu werden.

Dieses setzt aber voraus, daß ein Immer-Schon-Sein Gottes in uns mitgegeben und mitgesetzt ist, das sich jeder Verfügung des Menschen entzieht. Wieder begegnet man Schleiermachers unnachgiebigem Insistieren auf dem zeitlosen „Mitgesetztsein Gottes" im Menschen, von dem her es für den zeitlichen Vollzug des Denkens *ausgeschlossen* ist, sich des transzendenten Grundes zu bemächtigen, d. h. *das Göttliche vom Denken her zu begründen.*

Die Reflexion des Menschen über sich selbst, die sich im Abhängigkeitsbewußtsein von Gott äußert, nennt Schleiermacher, begrifflich widersprüchlich, auch die „unmittelbare Reflexion des Selbstbewußtseins, worin die Wahrheit des höchsten Wesens niedergelegt ist".[23] Was verbirgt sich sachlich als Problem in dieser Formulierung, da man Schleiermacher wohl unterstellen kann, daß er absichtlich so formuliert?

Es will scheinen, als ob die Interpreten nicht genügend Sorgfalt darauf verwandt haben, Schleiermachers oszillierende Begrifflichkeit zu enträtseln. Oft schon uneinig darüber, ob der Begriff des „Abhängigkeitsgefühls" streng genommen überhaupt noch in die „Dialektik" selbst gehört, hat man nicht nur Schleiermachers Unterscheidung von subjektivem Selbstbewußtsein und objektivem Bewußtsein zu wenig berücksichtigt, die sich in der Glaubenslehre und im Dialektikentwurf von 1831 findet, indem das „Gefühl" als subjektives Bewußtsein bezeichnet wird gegenüber dem objektiven Bewußtsein der Spekulation.[24] Vor allem aber hat man bzgl. des Problems der religiösen Reflexion diese Unterscheidung nicht in Zusammenhang gebracht

---

[23] O, 311.

[24] Vgl. J, 532, Anm. „In dem *Selbstbewußtsein* liegt das Ineinander des vorbildlichen und abbildlichen Denkens (Wissen und Wollen), in dem einzelnen Act der Spekulation ist dieses Ineinander nicht. Dieses objektive Bewußtsein nennen wir in seinem Indifferenzpunkt der organischen und der intellektuellen Funktion Anschauung; *das subjektive* in seinem Indifferenzpunkt zwischen dem In sich zurückgehen, als dem empfänglichen Sein, und dem Aus sich herausgehen, als dem spontanen, *Gefühl*" (J, 532, Herv. und Erg. v. mir). Das religiöse Selbstbewußtsein muß demnach in seiner Einheit vermittelter Unmittelbarkeit („Ineinander") zugleich als subjektiv verstandenes „religiöses Gefühl" gedeutet werden, insofern es für den Menschen kein „reines Gefühl von Gott" gibt.

mit Schleiermachers behaupteter „Differenz des Geschichtsbewußtseins dieser Reflexion und des philosophischen Denkens".[25] Erst von dieser Differenz her erschließt sich aber Schleiermachers widersprüchliche Rede von „unmittelbarer Reflexion", ohne deren Verständnis eine zutreffende Interpretation der vermittelten Unmittelbarkeit des „religiösen Gefühls" als „schlechthinnigem Abhängigkeitsbewußtsein" – gerade im Blick auf die Philosophische Theologie – nicht möglich ist.

Man muß vor allen weiteren Erörterungen daher sehen, daß Schleiermacher unter religiöser Reflexion die in den geschichtlichen Religionen ausgebildete Reflexion über das „religiöse Gefühl von Gott" versteht. Schleiermacher hebt dabei hervor, daß diese religiöse Reflexion sich ausschließlich auf das subjektive Bewußtsein des Menschen richtet, als welches Schleiermacher das „religiöse Gefühl" verstanden wissen will. Die Einheit des religiösen Selbstbewußtseins und des Geschichtsbewußtseins der Reflexion über das Religiöse sind für Schleiermachers Denken auch dann grundlegend, wenn er die religiöse Reflexion in ihrer wissenschaftlichen und nicht-wissenschaftlichen Form später unterscheiden wird.

Gerade insofern die Dialektik es verabsäumt, das Problem reflexiver Vermittlung aufzunehmen, obwohl es von ihrem eigenen philosophischen Ansatz her für das „religiöse Gefühl" geradezu zwingend wird, muß die Interpretation diese Thematik nachreichen, die die Dialektik selbst schuldig geblieben ist. Ohne die vermittelnde Reflexion des endlichen Selbstbewußtseins aber wäre nicht denkbar, wie ein geschichtliches in der Offenbarung ergangenes und tradiertes Glaubenswissen von Gott das Bewußtsein des Menschen erreichen könnte und wie, in der geschichtlichen Tradition stehend, sich ein christlich-religiöses Selbstbewußtsein ausbilden könnte.

Den Ausgangspunkt für die Behandlung dieses Problems der religiösen Reflexion bildet jedoch eine wohl als *Grundstufe des „religiösen Gefühls"* zu verstehende Annahme Schleiermachers: „Im religiösen Bewußtsein, wenn es in seiner Natur bleibt, und nicht damit experimentiert wird, ist das Bestreben das Bewußtsein Gottes zu isolieren gar nicht; der religiöse Mensch hat kein Arg daraus, das Bewußtsein Gottes nur zu haben an dem frischen und lebendigen Bewußtsein eines irdischen."[26] Der subjektive Charakter dieses religiösen Bewußtseins ist zwar offensichtlich, er schließt jedoch eine unaus-

---

[25] O, 311. Unter „geschichtlich" versteht Schleiermacher zunächst nur das vom Geschehen der Welt geprägte endliche Selbstbewußtsein des Menschen, das in den verschiedenen Religionen jeweils ganz spezifische Vorstellungen von Gott ausbildet; im Gegensatz zur geschichtlich-besonderen Reflexion steht dann die allgemeine Reflexion des Menschen über Gott.

[26] J, 153.

drücklich bleibende Reflexion des religiösen Menschen mit ein, d. h. Schleiermacher geht von einem einfachhin subjektiven Selbstverständnis des religiösen Menschen aus, das deshalb jedoch nicht als reflexionslos und sprachlos
behauptet werden kann.[27]

Ist das „Gefühl", wie Schleiermacher ja ausdrücklich hervorhebt, immer
schon verbunden mit einer „Reflexion über dasselbe", dann kennt die Glaubenslehre zurecht verschiedene religiöse Ausdrucksformen als Vorstufen,
das Gottesbewußtsein „zu isolieren".[28] Wenn Schleiermacher als Kennzei-
chen der religiösen Reflexion, in der die „Religion zum Gegenstand der
Kontemplation gemacht wird", eine „durchgehende Vermenschlichung des
transzendenten Grundes"[29] angibt, dann findet diese sich sicherlich immer
dort am ausgeprägtesten, wo das Gottesbewußtsein im „religiösen Gefühl"
am stärksten mit dem geschichtlichen Selbstbewußtsein des Menschen verknüpft ist, d. h. am wenigsten isoliert ist.

Gegenüber dieser Grundstufe des „religiösen Gefühls" bilden sich in den
geschichtlichen Religionen des Polytheismus und Monotheismus immer
spezifisch ausgeprägte Weisen der Reflexion über das Religiöse aus, die
Schleiermacher jedoch als „uneigentliche, bildliche Darstellungen, die verschieden sind nach Reinheit und Ausbildung des Gefühls"[30] bezeichnet.
Ganz direkt werden nämlich aus menschlichem Erlebnisbereich und menschlichem Vorstellungsvermögen Bestimmungen Gottes entlehnt, d. h. das Göttliche wird unter endlichen Kategorien vorgestellt. Eine Anthropologisierung
Gottes durch das endliche Weltbewußtsein des Menschen ist in der religiösen
Reflexion nicht auszuschließen. Diese geschichtlichen Erscheinungsformen
religiöser Reflexion können daher die „unmittelbare Wahrheit Gottes"[31] im
„religiösen Gefühl" *nur unzutreffend isolieren,* d. h. sie können nur inadäquate
Darstellungen des höchsten Wesens formulieren.

Es ist nun allerdings aufschlußreich, daß Schleiermacher die geschichtlichen Gottesvorstellungen der Religionen und die durch die Gegensätze
endlichen Wissens bedingten philosophischen „Grenzformeln" für den transzendenten Grund auf die gleiche Stufe stellt, insofern „wir sagen müssen,

---

[27] Auf diese Problemstellung wird Schleiermachers „Einleitung" in die Glaubenslehre zwar
genauer eingehen, ohne allerdings über die in gewisser Hinsicht aporetischen Bestimmungen
der Vermittlungsproblematik in der Dialektik hinauszugelangen. Dennoch soll versucht
werden, die von der Dialektik geforderte „Isolierung" des Gottesbewußtseins in der Einheit
vermittelter Unmittelbarkeit des „religiösen Gefühls" zur Geltung zu bringen.

[28] Vgl. 2. Aufl. § 28, 1 I, 155.

[29] O, 296f.

[30] O, 310f.

[31] O, 310.

daß auch sie inadäquat sind".[32] Schleiermacher gesteht damit aber dem endlichen Selbstbewußtsein, sei es als diese philosophische oder jene religiöse
Reflexion, nur begrenzte Möglichkeiten zu, die „unmittelbare Wahrheit
Gottes" zur Darstellung bringen zu können. In der reflexiven Vermittlung
kann demnach nur unzureichend das „Mitgesetztsein Gottes" im Menschen
isoliert werden.

2.4.2 Das Gottesbewußtsein der religiösen Reflexion und der philosophische Gottesbegriff. Die Atheismus-Problematik

Die geforderte Möglichkeit kritischer Unterscheidung des religiösen Gottesbewußtseins von allen ideologischen Täuschungen, die in „menschliche
Analogie zum Transzendenten"[33] geraten, führt auf die zwingend werdende
Abgrenzung von Philosophie und religiöser Reflexion, die Schleiermacher
vornimmt. Dieses spekulative Unterfangen legitimiert sich allein aus dem
„Mitgesetztsein Gottes" im „Gefühl", das die nachträgliche Reflexion von
sich her nie begründen und einzuholen vermag. Allerdings erschließt sich das
nachvollziehende Denken von der Form der Einheit des „Gefühls" her die
Möglichkeit, vom Verhältnis der Idee Gottes und der Idee der Welt her die
spekulative, d. h. bloß transzendentale Bestimmung der Einheit des transzendenten Grundes aufzunehmen. Zugleich werden mit dem folgenden Interpretationszusammenhang noch grundsätzlichere Voraussetzungen der Philosophie Schleiermachers sichtbar, die wir bisher weithin in Anspruch
genommen haben, ohne sie ausdrücklich kenntlich gemacht zu haben.
    Aus der Voraussetzung der gegenseitigen Ergänzung von „religiösem
Gefühl" und Spekulation[34] konnte Schleiermacher die philosophische Reflexion, wenngleich nur im Bereich des Idealen zunächst, so weit treiben, daß
die Idee der Einheit des transzendenten Grundes als Idee der zeitlosen
Einheit der Abhängigkeit der Welt von Gott gedacht werden konnte. Der
doppelte Wert der „Grenzformeln", deren „realer Wert" in der Idee der Welt
lag, und die in der Idee Gottes als transzendentem Grund („symbolischer
Wert") begründet ist, erklärt und macht einsichtig, wie Schleiermacher dazu
kommen konnte, das religiöse Wissen der Religionen von Gott und die vom
Gegensatz geprägten philosophischen „Grenzformeln" für Gott als inadäquat, wenngleich in unterschiedlicher Weise, zu behaupten.

---

[32] O, 297.
[33] O, 297.
[34] Vgl. O, 299.

„Die Dialektik führt dahin, das Inadäquate aller Formeln des transzendenten Grundes zu finden. Beurteilt man die Resultate des religiösen Verfahrens nach dem dialektischen Verfahren, so können sie nicht genügen und scheinen inadäquat."[35] Wenn Schleiermacher daher fordert, die „Reflexion über das Religiöse vom Spekulativen"[36] deutlich zu unterscheiden, dann muß man das philosophische Interesse der Dialektik sehen, das darauf abzielt, das Geschichtsbewußtsein der religiösen Reflexion von Theologie und Dogmatik in seiner Differenz zum Allgemeinheit beanspruchenden Wissen der Philosophie zu betonen. Das philosophische Denken „klassifiziert"[37], wie Schleiermacher sagt, die religiösen Gottesvorstellungen von den „Grenzformeln" her, denn diese vermögen das ganze Gebiet menschlicher Vorstellungen von Gott von seinen äußersten Möglichkeiten her zu ordnen. In gewisser Hinsicht gehören die „Formeln", unbeschadet dieser Aufgabe, jedoch selbst zum Geschichtsbewußtsein, insofern in ihnen das Prinzip der Vielheit der Gottesvorstellungen dominiert.

Schleiermacher nennt den Polytheismus, Monotheismus sowie die natürliche Theologie der Philosophen als Beispiele für eine „unmittelbare Reflexion des Selbstbewußtseins, worin die Wahrheit des höchsten Wesens niedergelegt ist, aber zerspalten durch die Erscheinung, nicht gesammelt durch die innere Einheit".[38] Es ist offensichtlich, daß das *Prinzip der Einheit der Idee Gottes gegenüber aller Vielheit der Gottesvorstellungen* allein von dem in der Dialektik entworfenen philosophischen Gottesbegriff her zur Geltung gebracht werden kann. Gott denken heißt, Identität und Differenz von Gott und Welt als zeitloses Verhältnis der Abhängigkeit der Einheit der Welt von der Einheit Gottes zu denken. Die gegensatzlose Einheit Gottes begründet zugleich als Bedingung der Möglichkeit der Einheit der Gegensätze allen Weltseins diese Einheit als Bedingung der Wirklichkeit des gegensätzlichen Seins.

Man muß allerdings gerade im Hinblick auf die Philosophische Theologie diese Idee der Einheit des transzendenten Grundes, die das philosophische Interesse der Dialektik ins Ziel führt, auch auf das sich mit ihr verbindende religiöse Interesse hin befragen. Hatte Schleiermacher nämlich zunächst den Gottesbegriff für den Begriff des subjektiven Bewußtsein der Einheit des „religiösen Gefühls" zur Geltung gebracht, so wird nun von der spekulativen Idee Gottes her das objektive Bewußtsein der religiösen Reflexion, d.h. das

---

[35] O, 312.
[36] A.a.O.
[37] O, 311.
[38] O, 311.

religiös-geschichtliche Wissen von Gott kritisch besehen. Denn die scharfe Trennung von philosophischem Denken und geschichtlich-religiösem Wissen in ihrem Versuch, den transzendenten Grund zum Ausdruck zu bringen, wird von Schleiermacher im Horizont der *Atheismus-Problematik* aufgenommen.

Im Kontext der Kritik der „Grenzformeln", die die Dialektik von der Idee der Einheit Gottes ausgehend entwerfen konnte, kommt Schleiermacher ebenfalls auf das Thema Atheismus zu sprechen. Insofern geschichtliches Denken zu jenem gegensätzlichen Wissen gehört, das in der Idee der Welt zusammengefaßt ist, können die Gottesvorstellungen in den Religionen die Idee der Einheit Gottes nur in unzureichender Form zum Ausdruck bringen. Werden nun diese einzelnen bildhaften oder allegorischen Darstellungen Gottes, die nach menschlichem Vorstellungsvermögen eine Vielzahl göttlicher Attribute entwerfen, für die Idee Gottes selbst gehalten, dann wird die Idee Gottes schließlich für eine bloß menschliche Projektion gehalten, der keine Wahrheit zukommen könne.

Schleiermacher kritisiert den Atheismus nun allerdings streng von seinen philosophischen Voraussetzungen her. „Und wer im dialektischen Verfahren beim Einzelnen stehenbleibt, nicht aufs Ganze und Allgemeine sieht, kann leicht folgern: Eine Idee, die überall, wo sie zur Darstellung kommen soll, in unvollkommener Art erscheint, kann nur in sich nichtig sein. Dies aber ist ein Mißverständnis, das nicht entstände, wenn man beides geschieden hielte."[39] Schleiermacher betrachtet demnach den *Atheismus als philosophisches Problem*, als ein Denken, das letztlich die Idee Gottes in der Kritik religiöser Gottesvorstellungen überhaupt nicht treffen kann, da es in der Dimension des Bedingten, Einzelnen, Geschichtlichen verbleibt. An sich als atheistisch behauptendes Denken legt Schleiermacher seine philosophischen Maßstäbe der Kritik an, die von der *allgemeinen Idee* der Einheit Gottes her die geschichtliche Vielfalt der Gottesvorstellungen in ihren *besonderen Bedingtheiten* kritisch zu sichten vermag. Insofern der Atheismus von der bedingten, geschichtlichen Form und Ausdrucksweise für den transzendenten Grund ausgeht, mißversteht er sich zugleich selbst; denn der Atheismus erweist sich dann als ein Denken, das seine eigenen Voraussetzungen nicht hinreichend reflektiert.

So spitzt sich Schleiermachers *Kritik des Atheismus* dahingehend zu, daß er ihn von den Voraussetzungen seiner „Wissenschaftslehre" her zurückweist: „Der Atheismus bestreitet nur den transzendenten Grund in dieser be-

---

[39] O, 312.

schränkten Form. Er leugnet keineswegs den transzendenten Grund selbst;
denn dann würde er gegen das Wissen überhaupt und den Gegensatz des
Bedingten und Unbedingten gehen, woraus folgen würde, daß jeder sich
selbst oder irgendein anderes zum Unbedingten machen kann".[40] Schleiermacher legitimiert somit seine aufgestellte Behauptung, der Atheismus sei ein
Mißverständnis, von der für den Prozeß allen Wissens mitgesetzten Idee der
Einheit des transzendenten Grundes im „Gefühl" her, die allem wirklichen
Denken und allem wirklichen Sein zugrundeliegt als das „eigentliche Urwis-
sen, die ἀρχή, das Prinzip, wovon das Wissen ausgeht".[41]

Ist der Atheismus, philosophisch gesehen, ein Mißverständnis, dann beruht dieses Mißverständnis nach Schleiermacher zugleich darauf, daß religiöse Reflexion und philosophisches Denken miteinander verwechselt werden. Die Forderung, beide Gebiete in ihren Möglichkeiten und je ganz
eigenen Weisen *Gott im menschlichen Denken zur Sprache zu bringen*, streng
zu unterscheiden, erweist sich im Blick auf die Gefahr der Entstehung des
Atheismus als notwendig.[42]

---

[40] O, 268 f.

[41] O, 115.

[42] *F. Wagners* Kritik an Schleiermacher übersieht, daß eine an Hegel orientierte „aufhebende
Bewahrung und Höherentwicklung" (a.a.O., 226) der religiösen Inhalte durch philosophisches Denken gerade die geschichtliche Dimension religiöser Reflexion auflöst, an der
Schleiermachers Verständnis von Theologie sich festmacht. Daß sich die Geschichtlichkeit
der Offenbarung in ein absolutes Wissen der Vernunft verflüchtigt und darin „bewahrt
werden soll" (a.a.O., 226), kann Schleiermachers Zustimmung nicht finden. Wagner entgeht
zugleich, daß es Schleiermacher in der Auseinandersetzung mit dem Atheismus vorerst allein
um eine Unterscheidung von geschichtlich-besonderem Wissen und allgemein-philoso-
phischer Reflexion geht. Die Frage des Verhältnisses von Philosophie und Theologie kann
daher zutreffend erst vom Verhältnis von Philosophischer Theologie und spekulativer Philosophie her entschieden werden, nicht jedoch schon im vorliegenden Kontext.

2.5 Natürliche Theologie und Philosophische Theologie

Im vorliegenden Zusammenhang ist von Bedeutung, daß die Dialektik im Kontext der Atheismus-Fragestellung das Problem der natürlichen Theologie, genauer gesagt, das Problem der Gotteserkenntnis der natürlichen Theologie im Zusammenhang der Verhältnisbestimmung von Philosophie und Theologie verhandelt. Für unser Interpretationsinteresse kommt daher diesem Zusammenhang besonderes Gewicht zu. Die knappen Ausführungen der Dialektik machen es zum Verständnis wiederum nötig, die vorgezeichnete Absicht Schleiermachers im einzelnen interpretativ zu erarbeiten und näherhin auszuführen. Die folgenden Erörterungen bilden, darin oft auf Späteres vorgreifend, gleichsam die Überleitung zur Interpretation der Philosophischen Theologie Schleiermachers.

Es kann kein Zweifel sein, daß Kants Kritik der natürlichen Theologie für Schleiermachers Verständnis die grundlegende Voraussetzung bildet. Kant unterschied die spekulative Erkenntnis, die auf transzendente Gegenstände ausgerichtet ist, von der natürlichen Erkenntnis, die auf Gegenstände der Erfahrung sich beschränkt. Dem Bereich der Erfahrungserkenntnis des Verstandes stellte Kant die transzendentale Erkenntnis der Vernunft gegenüber.[1] Auf dieser Grundlage wird Kants Kritik der „theologia naturalis sive rationalis" einsichtig: „Ich behaupte nun, daß alle Versuche eines bloß spekulativen Gebrauchs der Vernunft in Ansehung der Theologie gänzlich fruchtlos und ihrer inneren Beschaffenheit nach null und nichtig sind; daß aber die Prinzipien ihres Naturgebrauchs ganz und gar auf keine Theologie führen".[2] In seiner Zustimmung zu Kants Kritik der natürlichen Theologie nimmt

---

[1] Man geht wohl nicht fehl, wenn man diese Unterscheidung – mit der für Schleiermacher signifikanten Weiterführung – in der Gegenüberstellung der Gesamtheit endlichen Wissens als Idee der Welt und der transzendentalen Idee Gottes wiederzufinden glaubt. Dazu vgl. F. D. Schleiermacher, Kurze Darstellung des spinozistischen Systems, a.a.O., 570 f., 573 ff.

[2] *Kant*, KrV, B 664. Zu Kants eigenem Verständnis einer „Philosophischen Theologie" (gegenüber einer „biblischen Theologie") sei auf die Bemerkungen W. *Oelmüllers* (Die unbefriedigte Aufklärung, Frankfurt a. M. 1979, 183–189) verwiesen.

Schleiermacher die bloß transzendentale Erkenntnis des höchsten Wesens, die Kant der philosophischen Erkenntnis noch zubilligt, für sein eigenes theologisches Denken ernst.

2.5.1 Die Kritik der Gotteserkenntnis der natürlichen Theologie

Es wäre ein sehr voreiliger Schluß, wollte man aus Schleiermachers Zustimmung zu Kant folgern, Schleiermacher behaupte die Unmöglichkeit einer natürlichen Theologie. Allerdings nimmt Schleiermacher für seinen Entwurf der Philosophischen Theologie grundlegende Veränderungen der traditionellen theologia rationalis vor.

Trotz seiner Anlehnung an Kants Kritik der natürlichen Theologie konnte Schleiermacher von seinen philosophischen Voraussetzungen her Kants Lösungsvorschlag einer einseitigen „transzendentalen Theologie" aus Prinzipien praktischer Vernunft allerdings nicht zustimmen, denn sie lag „an unrichtiger Stelle"[3], d. h. auf das Wollen allein gerichtet, nicht jedoch bezogen auf die Einheit des „Gefühls".[4] Schleiermachers Kritik der traditionellen natürlichen Theologie betrifft *die einseitige Form der Gotteserkenntnis, insofern die natürliche Theologie „das Bewußtsein Gottes bloß auf die Denkfunktionen gründen wollte".*[5] In gleicher Weise wird daher Kants Denken Einseitigkeit zum Vorwurf gemacht, insofern er die Idee Gottes nur für eine Funktion des Wollens, d. h. für ein Postulat der praktischen Vernunft hielt. „Durch den philosophischen Prozeß soll aber", so Schleiermacher, „jede Einseitigkeit

---

[3] O, 313.

[4] Vgl. 1.4. Die für die im folgenden vorgelegte Interpretation maßgebliche Textstelle lautet: „Werfen wir noch einen Blick auf die *Kantische* Philosophie, so liegt in ihrem Bestreben etwas ganz Ähnliches zum Grunde. Wir haben schon getadelt, daß Kant die Idee der Gottheit nur für ein Postulat der praktischen Vernunft hielt. Betrachten wir die Polemik Kants gegen die Metaphysik seiner Zeit, so ist ganz deutlich, wie sie eben darauf beruht, daß in ihr der Unterschied zwischen der religiösen Reflexion und dem philosophischen Streben ganz verwischt war. Die natürliche Theologie wurde für philosophisch ausgegeben, lag aber ganz und gar auf dem Gebiet der religiösen Reflexion. (Ebenso verhielt sich die Ontologie zur rationalen Psychologie.) Leibniz und Wolff allerdings verwischten ganz den Unterschied zwischen Dogmatik und Philosophie in ihrer Ontologie und natürlichen Theologie. Kant war sich seines Fehlers wohl bewußt, wurde aber nicht recht inne, wo er lag, und suchte ihn an unrichtiger Stelle, indem er die ganze Voraussetzung auf die Funktion des Wollens basierte. Auch hatte er von der Funktion des religiösen Gefühls zu wenig in sich, um eine rechte Analyse vorzunehmen" (O, 313) Herv. v. Sch. .

[5] O, Hs, 284, Herv. v. mir.

aufgehoben werden".[6] Denn nur in der Einheit von Denken und Wollen läßt sich von den Voraussetzungen der Dialektik her der transzendente Grund allen Seins erkennen.

Es kann kein Zweifel sein, daß Schleiermachers Kritik der natürlichen Theologie überleitet zu seinem eigenen Verständnis einer Philosophischen Theologie. Es ist daher nicht zu weit gegriffen, wenn man Schleiermachers „rein spekulatives Verfahren", den transzendenten Grund zu bestimmen, als Voraussetzung seiner Philosophischen Theologie versteht. Als philosophische Reflexion ist sie philosophischer Methode verpflichtet, d.h. gibt sie sich ihre Bestimmung allein aus den Möglichkeiten der Vernunft. Indem allerdings das unmittelbare Selbstbewußtsein zu seiner transzendenten Bestimmtheit als „Gefühl von Gott" den Ursprungsort für die Idee der Einheit bildet, entspricht diese philosophisch-religiöse Reflexion über das „Gefühl" genau den Bestimmungen, die Schleiermacher gegen die traditionelle natürliche Theologie einklagt. Ihre Einseitigkeit, sich nicht auf die Einheit des Bewußtseins zu beziehen, sondern sich auf das bloße Denken oder Wollen, d.h. die theoretische oder praktische Vernunft zu reduzieren, hebt Schleiermacher für seine eigene Philosophische Theologie auf.

Als *allgemeine religiöse Reflexion* gründet die *Philosophische Theologie* das philosophische Wissen von Gott auf die Einheit des „Gefühls von Gott", d.h. sie ist als wissenschaftliche Form religiöser Reflexion, d.h. als „Theologie"[7], allgemeinen Prinzipien der Form philosophischen Wissens verpflichtet. Von daher kann verständlich werden, wenn Schleiermacher im Dialektikentwurf von 1831 sagt: „Natürlich mußte sich dabei die Terminologie ändern, woraus am Ende der ganz falsche Schein entstand, als ob die religiösen und spekulativen Ausdrücke auch *ihrer Bedeutung nach* verschieden wären".[8] Philosophisches Wissen und religiös-theologisches Wissen suchen nur auf je eigene Weise Gott als absoluten Grund im menschlichen Bewußtsein zur Sprache zu bringen. „Das religiöse Interesse ist, den transzendenten Grund wie als Lebensquell so auch als Leben zu fassen, weil nämlich das Leben nicht kann aus dem Tode kommen, der nicht ist. Das absolute Sein ist aber immer Leben als die Gegensätze aus sich entwickelnd, aber, weil zeitlos, nicht in sie übergehend".[9]

---

[6] O, 282.

[7] Vgl. O, 296f.

[8] J. 528. Herv, v. mir.

[9] J, 531. Es ist an dieser Stelle sinnvoll, bei aller *Differenz der Terminologie des Gottesgedankens,* entsprechend religiösem bzw. philosophischem Interesse, Schleiermachers Betonung der *Übereinstimmung der Bedeutung der Gottesgedanken* hier hervorzuheben. Dieser Aspekt, der

Als „theologischer Grunddisziplin" wird der Philosophischen Theologie
Schleiermachers allerdings fundierende Funktion für theologisches Denken
zukommen müssen, insofern Philosophische Theologie den in geschichtlicher Offenbarung gründenden christlichen Glauben auf *allgemeine theologische Prinzipien* hin untersucht.[10] Die inhaltliche Selbständigkeit der Philosophischen Theologie liegt jedoch nicht nur darin, daß sie in geschichtlicher
Offenbarung begründet ist, vielmehr schließt Schleiermachers philosophischer Gottesbegriff, der selbst durch das „Gefühl von Gott" begründet ist,
von sich her aus, eine spekulative Begründung der Theologie leisten zu
können. Philosophie und Theologie, Glauben und Wissen sind im vorausgesetzten „Mitgesetztsein Gottes" bzw. schon ergangener Offenbarung Gottes
in Geschichte letztlich begründet. Von diesen Grundlagen her gesehen wird
verständlich, weshalb Schleiermacher eine weitgehende Übernahme philosophischen Denkens in seine Gotteslehre legitimieren kann, ohne daß Religion
und Theologie „durch die Philosophie aufgehoben werden".[11]

Im Anschluß an die Philosophie war es seit jeher Aufgabe theologischer
Gotteslehre, die religiösen Gottesvorstellungen so zu regeln, daß Anthropo-
morphismen vermieden werden konnten und eine Systematisierung der
Aussagen über das Wesen Gottes und die göttlichen Eigenschaften erreicht
wurde.

Mit der Neuzeit, d.h. der Trennung von Philosophie und Theologie
bildete aber die Disziplin natürlicher Theologie, in der Reflexion auf die
theoretische bzw. praktische Vernunft, Gottesbegriffe rein philosophischen
Ursprungs aus. In der Gegenüberstellung von religiösen Gottesvorstellungen
und philosophischen Gottesbegriffen konnten jene dem Anspruch der Vernunft nicht mehr genügen. So mußten die dem Interesse der Frömmigkeit

---

doch wohl zentral für eine Philosophische Theologie der Gotteslehre sein muß (vgl. 2.5.2),
kommt nach meiner Einschätzung bei *G. Ebeling* (Göttliche Eigenschaften, a.a.O., vor allem
305–318) nicht deutlich genug zum Ausdruck. – *F. Wagner* hebt zurecht hervor, daß mit einer
„Verschiebung der Terminologie auf personifizierende Vorstellungen hin ... nicht eine Verschiebung im Bedeutungsgehalt verbunden sein (muß)" (a.a.O., 224). Die Persönlichkeit
Gottes ist für Schleiermacher, der sich darin von Fichtes Kritik beeinflußt zeigt, keine
substantielle Bestimmung des transzendentalen Grundes; vielmehr muß, aufgrund des bloß
transzendentalen Gebrauchs der Idee Gottes, die Rede vom Person-Sein Gottes religiösem
Interesse und religiöser Vorstellung entspringen, nicht jedoch philosophischem Interesse. Vgl.
J 159. Dazu auch *G. Wienecke*, Schleiermachers Gottesbegriff verglichen mit demjenigen
J. G. Fichtes, Greifswald 1914.
[10] Vgl. 0.2.2. Die theologische Enzyklopädie.
[11] J, 531.

entsprungenen Gottesvorstellungen zunehmend der philosophischen Kritik verfallen.[12]

Daher beharrt Schleiermacher darauf, die natürliche Theologie sei dem Gebiet der religiösen Reflexion zuzurechnen, die von der „natürlichen", d. h. vernünftigen, auf das Notwendige und Allgemeine zielenden „Theologie", d. h. Reflexion nur geordnet werde, eben nach allgemeinen Vernunftprinzipien. Schleiermachers Kritik der natürlichen Theologie zielt dabei zugleich auf ein doppeltes: von seinem Ansatz her bleibt diese der Einseitigkeit verhaftet, sie ist nicht auf die Einheit des Selbstbewußtseins gerichtet. Diese *philosophische Kritik*, die in der Form des „Gefühls" den Begriff des Wissens sieht, verbindet sich mit einer *theologischen Kritik*: die natürliche Theologie müsse als theologische Disziplin verstanden werden, d. h. vom christlichen Selbstbewußtsein und den von ihm ausgehenden Gottesvorstellungen her.

Von dieser Kritik her gelangt Schleiermacher zu seinem Verständnis einer *Philosophischen Theologie*. Deren Basis kann als Philosophische *Theologie* nur das religiöse Selbstbewußtsein bilden in seiner geschichtlichen Einbindung in die christliche Tradition. Aus dem Gegeneinander von Spekulation und geschichtlichem Offenbarungsglauben soll dann das Wesen des christlichen Glaubens bestimmt werden. Als *Philosophische* Theologie zielt sie daher auf notwendige und allgemeine Bestimmungen der geschichtlichen Wirklichkeit des Glaubens (Anthropologie) und des Grundes des Glaubens (Gotteslehre). Die Philosophische Theologie läßt sich daher charakterisieren – wie noch zu zeigen sein wird – als *allgemeine Reflexion über den geschichtlichen, christlichen Gottesglauben*, d. h. als Vermittlung von Glauben und Wissen. Erst mit der Klärung dieser Zusammenhänge wird deutlich, was Schleiermacher meint, wenn es heißt: „Die natürliche Theologie wurde für philosophisch ausgegeben, lag aber ganz und gar auf dem Gebiet der religiösen Reflexion".[13] Wird der eigentlich religiöse Ursprung der Gottesvorstellungen in der natürlichen Theologie nicht gesehen, dann werden religiöses Interesse und philosophisches Interesse nicht unterschieden. „Alles Anthropoeidische, dessen freilich auch viel in die natürliche Theologie der Philosophen eingedrungen ist, kommt aus dieser Quelle"[14], d. h. aus dem eigentlich religiösen Interesse.

Die Interpreten haben bisher allerdings übersehen, daß Schleiermacher zum Abschluß des „Transzendentalen Teils" der Dialektik das Verhältnis der Philosophie zur Theologie (als Dogmatik) im Kontext der Auseinandersetzung mit dem *Atheismus und der natürlichen Theologie* aufnimmt. Entgeht

---

[12] Vgl. 2. Aufl. § 50, 1 I, 256f.
[13] O, 313.
[14] O, Hs, 294.

einer Interpretation dieses Erkenntnisinteresse des letzten Abschnittes der
Dialektik, dann stellen sich erhebliche Schwierigkeiten ein sowohl im Verständnis des I. Teils der Glaubenslehre, die sich der Thematik der Gotteslehre
widmet als auch im Verständnis der „Einleitung" in die Glaubenslehre. Die
Rezeptionsgeschichte legt dafür beredtes Zeugnis ab.[15]

2.5.2 Gottesglaube und Gotteslehre als Gegenstand der Philosophischen Theologie

Nun betont Schleiermacher ausdrücklich im vorliegenden Zusammenhang,
daß alle Vermenschlichung Gottes zur Geschichte der religiösen Reflexion
gehöre, „nicht jedoch ins wissenschaftliche"[16] Gebiet der religiösen Reflexion, d. h. der Theologie. Das kann aber nur bedeuten, daß, um der Entstehung des Atheismus entgegenwirken zu können, die Theologie sich nicht der
Gefahr aussetzen kann und darf, sich mit unzureichenden Formen der
Gottesvorstellung zufriedenzugeben. Sie könnte sonst der Religionskritik
des philosophischen Atheismus nicht entgehen. So gelangt Schleiermacher
aus der Gegenüberstellung von positiv Geschichtlichem und abstrakt Vernünftigem, von Besonderem und Allgemeinem zur Notwendigkeit philosophischer Kritik geschichtlich-religiöser Gottesvorstellungen, um in der Auseinandersetzung mit dem Atheismus bestehen zu können, d. h. durch
kritische Unterscheidung und zur Vermeidung von Mißverständnissen in
der Gotteserkenntnis.

In der Dialektik wird das Thema Philosophie und Theologie zum Abschluß des „Transzendentalen Teils" noch einmal aufgenommen, weil die
wissenschaftliche Form der religiösen Reflexion, d. h. das *theologische Wissen
von Gott als objektive Form des Wissens* notwendigerweise in ein sehr enges
Verhältnis zum *philosophischen Wissen von Gott* zu stehen kommt. Für die
angemessene Darstellungsform der Wahrheit Gottes in wissenschaftlicher
Theologie verlangt Schleiermacher daher, daß das philosophische Denken

---

[15] Vgl. *H. J. Birkner* (Natürliche Theologie und Offenbarungstheologie, in: NZSTh 3
[1961], 279–295, vor allem 286 ff.) gibt einen knappen Überblick über die Beurteilung der
„natürlichen Theologie" im Denken Schleiermachers durch die protestantische Theologie.
Vgl. auch *C. Gestrich*, Die unbewältigte natürliche Theologie, in: ZthK 68 (1971), 82–120;
ders., Neuzeitliches Denken und die Spaltung der dialektischen Theologie. Zur Frage der
natürlichen Theologie. Tübingen 1977; *W. Brugger*, Summe einer philosophischen Gotteslehre, München 1979.
[16] O, 310.

„Aufsicht führe auf das Verfahren im dogmatischen Denken".[17] In seiner Zustimmung zu Kants „Kritik aller Theologie aus spekulativen Prinzipien der Vernunft", die Schleiermacher, wie wir zeigen wollten, dazu führte, die theologische Disziplin der Philosophischen Theologie zu konzipieren, übernimmt Schleiermacher weithin die Begrifflichkeit der „transzendentalen Theologie"[18] Kants, von der dieser behauptet, daß sie „eine jede Theologie so sehr nötig hat".[19] Bringt man diese Anlehnung an Kant zusammen mit Schleiermachers Versuch, die Thematik einer traditionellen natürlichen Theologie der Philosophen in die Theologie selbst aufzunehmen, als theologische Disziplin, dann erklärt sich die kritische Aufsichtsfunktion der Philosophie. Schleiermacher sieht dann innerhalb der Theologie offensichtlich philosophische Übergriffe und Überfremdungen für gering, insofern nun deutlich die Differenz der Disziplinen gewahrt ist.

In der „Gotteslehre" der Dogmatik kommt es daher zur Gegenüberstellung von philosophischem Interesse, Gott zu denken und theologischem Interesse, das christliche Gottesbewußtsein zu formulieren. Insofern daher die *Gotteslehre der Dogmatik* die religiöse Reflexion in ihrer Absicht, *das Gottesbewußtsein „des religiösen Gefühls" zu isolieren,* in wissenschaftlicher Form zu fassen sucht, als wissenschaftliche Theologie der Lehre von Gott, wird das Problem einer natürlichen Theologie, mit der von der Dialektik her geforderten Abgrenzung, in neuer Weise thematisch. Als „verkappte Dogmatik"[20], wie die Dialektik die natürliche Theologie deutet, muß daher die Gotteslehre des I. Teils der Glaubenslehre (in ihrem gegenseitigen Bezug zur gesamten Gotteslehre [II. Teil]) als *Philosophische Theologie der Gotteslehre* bezeichnet werden.

Ganz offensichtlich ist Schleiermacher daran gelegen, die natürliche Theologie als jene theologische Disziplin neu zu konzipieren, die als Philosophische Theologie die Auseinandersetzung mit dem Atheismus leistet und daher den von der Dialektik geforderten philosophischen Gottesbegriff in die Theologie einbringt. Und zwar genau mit dem Ziel, die bedingte Form religiöser Ausdrücke von Gott auf die darin gemeinte Einheit der Idee Gottes zu konzentrieren, d. h. anders gesagt, die Idee der Einheit Gottes im Problem

---

[17] J, 533.
[18] *Kant*, KrV, B 670.
[19] A.a.O. Zu diesen Begriffen Kants, die die „Unentbehrlichkeit" (a.a.O.) der transzendentalen Theologie zeigen sollen, finden sich in Schleiermachers I. Teil der Glaubenslehre, genauer in der Gotteslehre, erstaunliche formal-begriffliche Übereinstimmungen, z.B. „Notwendigkeit, Unendlichkeit, Einheit, ... die Ewigkeit, ohne Bedingungen der Zeit, ... die Allgegenwart, ohne Bedingungen des Raums, die Allmacht" (a.a.O.).
[20] O, Hs, 313.

von Wesen Gottes und Eigenschaften Gottes zur Geltung zu bringen. So ist der Einfluß der Philosophie auf die Theologie daher *vom philosophischen Gottesbegriff* her vorgezeichnet, insofern die Theologie in der Auseinandersetzung mit dem Atheismus philosophische Kritik nicht entbehren kann, will sie nicht nachidealistischer Religionskritik verfallen.

Philosophisches Denken bleibt nicht beim Einzelnen stehen, sondern sucht das Ganze und Allgemeine. Gerade im Hinblick auf atheistische Kritik muß die Idee der Einheit Gottes in das geschichtliche Wissen von Gott eingebracht werden. „Nur solche Darstellungen erkennen wir an", heißt es bei Schleiermacher, „die auf ihrem eigenen Gebiet keine weiteren Korrektion mehr bedürfen und nicht gegen das Verhältnis von Welt und Gott verstoßen, die notwendig zusammengehören, so daß die eine Null wird, wenn man die andere aufhebt. Dies ist die Regel für jede Korrektion auf diesem Gebiet".[21] Eine eigene Untersuchung des I. Teils der Glaubenslehre als Philosophischer Theologie der Gotteslehre, in ihrem unauflösbaren Zusammenhang mit dem II. Teil der Glaubenslehre, hätte dem genannten Verhältnis von Philosophie und Theologie eigens nachzugehen.

Wir hatten, vom Text der Dialektik ausgehend, unser Augenmerk bisher auf die religiösen Vorstellungen von Gott als Resultat der geschichtlichen Reflexion über das „Gefühl von Gott" gerichtet und in Verbindung gesetzt mit der allgemeinen Reflexion des philosophischen Wissens von Gott. Streng genommen galt unser Interesse somit dem *objektiven Gottesbewußtsein* von Religion und Philosophie, insoweit es in wissenschaftlicher Form zur Darstellung kommt.

Nun hatten wir das religiöse Selbstbewußtsein als Einheit des subjektiven Bewußtseins behauptet, das als vermittelte Unmittelbarkeit notwendig sich als Gottesbewußtsein äußert, in welcher Form dies auch immer geschehen mag. Das philosophische Interesse der Dialektik galt aber keineswegs nur

---

[21] O, 313f. So unterscheidet Schleiermacher im I. Teil der Glaubenslehre, d.h. hier seiner Gotteslehre, vier Eigenschaften Gottes (Ewigkeit, Allgegenwart, Allmacht, Allwissenheit), die an die „Grenzformeln" des endlichen Wissens für den transzendenten Grund erinnern. Zugleich entwickelt Schleiermacher eine innere Struktur dieser vier Eigenschaften Gottes, die der Verhältnisbestimmung von Idee Gottes und Idee der Welt entlehnt ist. „Gott kann als in dem absoluten Abhängigkeitsgefühl angedeutet, nur so beschrieben werden, daß auf der einen Seite seine Ursächlichkeit von der im Naturzusammenhang enthaltenen *unterschieden*, ihr als entgegengesetzt, auf der anderen Seite aber dem Umfange nach ihr *gleich gesetzt* werde" (1. Aufl. § 65 I, 193, 2ff, Herv. v. mir). Vgl. vor allem 1. Aufl. §§ 64–65. Dazu den ausgezeichneten Aufsatz von *G. Ebeling*, der m.E. das Verhältnis von Idee Gottes und Idee der Welt („Grenzformeln"), das die Dialektik entwirft, zu wenig zu berücksichtigen scheint (Göttliche Eigenschaften, a.a.O., 339f., Anm.).

den Resultaten religiöser Reflexion als „Theologie", sondern zugleich demjenigen, worauf diese religiöse Reflexion sich bezieht und worin sie im Verständnis Schleiermachers begründet ist, d.i. dem religiösen Selbstbewußtsein. Allerdings philosophischem Interesse gemäß, nicht in seinen besonderen
Gestaltungen, sondern als „allgemeines Abhängigkeitsgefühl", als der Basis
jenes „allgemeinen Gottesbewußtseins"[22] der Gotteslehre im I. Teil der
Dogmatik.

Sieht man diesen Zusammenhang, dann kommt Schleiermachers eigenes
Verständnis einer Philosophischen Theologie zum Vorschein, das wir für die
Gotteslehre zu erweitern beanspruchten. Abschließend seien daher überlei-
tend zur Interpretation der „Einleitung" in die Glaubenslehre die gemeinsamen Voraussetzungen der Philosophischen Theologie des „schlechthinnigen
Abhängigkeitsgefühls" (1) sowie der Philosophischen Theologie des „allgemeinen Gottesbewußtseins" (2) kurz angedeutet, soweit von der Dialektik
her dies gefordert scheint.

Schleiermachers Dialektikentwurf von 1831 umreißt sehr genau beide
Aufgabengebiete der Philosophischen Theologie. Es wird gefordert, „daß die
Philosophie sich theils ihre Anerkennung des religiösen Gebietes feststelle
(1), wenn auch nicht in der Metaphysik, doch durch Aufstellung der Religionsphilosophie als von der Ethik abgeleitete Disziplin, theils dadurch, daß sie
wie überall Aufsicht führe auf das Verfahren im dogmatischen Denken (2)".[23]
Die Philosophische Theologie, so läßt sich vorwegnehmend sagen, entwirft
philosophische Aussagen über das religiöse Selbstbewußtsein als theologischen Gegenstand, indem sie die Methode der Abstraktion in Anwendung
bringt, d.h. indem sie nicht auf das Einzelne und geschichtlich Besondere,
sondern auf das Ganze und Allgemeine sich richtet, das im Einzelnen
„immer schon vorausgesetzt wird, aber auch immer enthalten ist"[24], oder,
anders gesagt, „als eines der menschlichen Natur einwohnenden".[25]

Gegenstand der Philosophischen Theologie bildet in der „Einleitung" in die
Glaubenslehre zum einen die Einheit des subjektiven religiösen Selbstbewußtseins als vermittelte Unmittelbarkeit, d.h. die *fides qua.* Von der Dialektik angedeutet als „allgemeines Abhängigkeitsgefühl", geht es um das religiöse „Gefühl von Gott" in seiner allgemeinen Form, wie es in allen
geschichtlichen Erscheinungsweisen zugrundeliegt. Und zwar in seinen all-

---

[22] 2. Aufl. § 62, 3 I, 344.
[23] J, 533, Erg. v. mir.
[24] 2. Aufl. VI.
[25] 1. Aufl. V.

gemeinen, identischen Bestimmungen der Einheit von Gottesbewußtsein und Weltbewußtsein. Die Auseinandersetzung mit dem Atheismus erfolgt in der *Philosophischen* Theologie, ohne daß die Philosophische *Theologie* ihre eigene, in geschichtlicher Offenbarung Gottes gründende Herkunft aufgeben würde. Denn die Philosophische Theologie formuliert zugleich die allgemeine Form der Untrennbarkeit von „schlechthinnigem Abhängigkeitsgefühl" und christlicher Offenbarung.

Gegenstand der Philosophischen Theologie in der Auseinandersetzung mit dem Atheismus bilden aber auch, eingefügt als I. Teil in die Glaubenslehre, die Gottesvorstellungen, d. h. die *fides quae* der religiösen Reflexion über das religiöse Selbstbewußtsein. Von der Dialektik angedeutet als Verhältnis von Philosophie und Dogmatik, geht es um das Erbe an der natürlichen Theologie in der allgemeinen Form der geschichtlichen Gotteserkenntnis.

3. Die theologische Prinzipienlehre der Philosophischen Theologie

3.0 Die Vermittlung von Glauben und Wissen in der unmittelbaren Wahrheit Gottes

Im Unterschied zur 2. Auflage der „Einleitung" in die Glaubenslehre (1830) kennt die 1. Auflage (1821/22) keine Unterteilung in sogenannte „Lehnsätze". Darüberhinaus verhandeln vor allem die §§ 1–3 der 1. Auflage (1821/22) Probleme dogmatischer Theologie, die aus ihrem Anspruch resultieren, wissenschaftliche Theologie zu sein, d. h. „religiöse Reflexion" in wissenschaftlicher Form zu sein. Da sich die entsprechenden §§ 15–19 der 2. Auflage erst im Anschluß an die „Lehnsätze" finden und das „Verhältnis der Dogmatik zur christlichen Frömmigkeit"[1] aufgreifen, sind für die 1. Auflage einige Beobachtungen hervorzuheben.

Vergleicht man die §§ 1–3 der 1. Auflage (1821/22) mit der Thematik des letzten Kapitels des „Transzendentalen Teils" der Dialektik von 1822 („Philosophie und Dogmatik"), dann gewinnt man den Eindruck, der Text der Dialektik finde seine Fortführung in der Dogmatik, insofern erneut das Verhältnis der Philosophie zur Dogmatik (religiöse Reflexion) erörtert wird; dabei steht nun das theologische Interesse im Vordergrund, sich von philosophischem Denken abzugrenzen. „Nur wenn die dogmatische Theologie auf ihrem eigenen Grund und Boden so feststehen wird als die Weltweisheit"[2], werden sich das wissenschaftliche Bestreben der Philosophie und der dogmatischen Theologie, d. h. werden sich philosophische Sätze und theologische Sätze eben aus ihrem je verschiedenen Begründungszusammenhang heraus unterscheiden lassen. Theologische Sätze, d. h. das *Wissen des Glaubens* findet allein in der Offenbarung Gottes seine alles bedingende und begründende Voraussetzung. Philosophische Sätze, d. h. das allgemeine *Wissen der Ver-*

---

[1] 2. Aufl., VI.
[2] 1. Aufl. § 2, 2 I, 15, 35.

nunft legitimiert sich jedoch aus sich selbst, d.h. aus den Prinzipien der Vernunft.

Gleichwohl besteht in formaler Hinsicht, d.h. durch die Form des Denkens und die gemeinsame sprachliche Grundlage, eine nicht auflösbare Abhängigkeit.[3] Schleiermacher sieht sehr genau, daß das Wissen der Vernunft, d.h. die Philosophie und das Wissen des Glaubens, d.h. die dogmatische Theologie eben durch ihre wissenschaftliche Form der Darstellung in enge Berührung geraten. Wenn Schleiermacher „wissenschaftliche Strenge"[4] für die Darstellung der Glaubenslehre fordert, wodurch diese „von der Weltweisheit abhängt"[5], dann impliziert die Abgrenzung der Dogmatik von der Philosophie die gleichzeitige Übernahme eines philosophischen „Systems von Begriffen".[6] Ein Theologe, so fordert Schleiermacher daher in der „Einleitung", „kann nur ein solches annehmen, welches *die Ideen Gott und Welt* irgendwie auseinanderhält. Mit jedem solchen aber verträgt sich das Christentum".[7] Wissenschaftliche Systematik erreicht die Dogmatik demnach nur unter Aufnahme philosophischer Begrifflichkeit, ohne dabei allerdings die Kenntnis der „anderen theoretisch theologischen Wissenschaften"[8] zu vernachlässigen. Von den Aussagen der einleitenden Paragraphen der Glaubenslehre her zeigt sich, in welcher Hinsicht Schleiermacher an die Aussagen seiner Dialektik anschließen kann; hatte doch Schleiermacher für die wissenschaftliche Form der Theologie gefordert, daß die philosophische Reflexion Aufsicht führe über das dogmatische Verfahren.

In den §§ 2–3 unterscheidet Schleiermacher dann die dogmatische Theologie von „Frömmigkeit" und Glauben. Diese bezeichnet Schleiermacher „vollständig und im allgemeinen . . . als eine unmittelbare Beziehung auf das höchste Wesen"[9], demgegenüber dogmatisches Denken eine „zerlegende Betrachtung der ursprünglichen frommen Gemütszustände"[10] intendiert. Als entscheidend wird dann hervorgehoben, daß „dieses Bestreben etwas anderes ist als die Frömmigkeit an und für sich selbst".[11] Mit diesen Hinwei-

---

[3] „Die Dogmatik ist wesentlich eine wissenschaftliche Gestaltung, welche sich zeigen muß in dem dialektischen Charakter der Sprache und in dem systematischen der Anordnung" (1. Aufl. § 31 I, 108).

[4] 1. Aufl. § 1, 3 I, 11, 34.

[5] 1. Aufl. § 1, 5 I, 13, 30.

[6] 1. Aufl. § 31, 4 I, 111, 28.

[7] 1. Aufl. § 31, 4 I, 111f, Herv. v. mir.

[8] 1. Aufl. § 1, 5 I, 12, 35.

[9] 1. Aufl. § 2, 1 I, 14, 16.

[10] 1. Aufl. § 2, 2 I, 16, 9.

[11] 1. Aufl. § 3, 1 I, 16f, 38.

sen auf die *Differenz von Glauben und Glaubenswissen* führt Schleiermacher auf die Thematik der Philosophischen Theologie gegenüber der dogmatischen Theologie. Diese hatte er definiert als geschichtliche Form religiöser Reflexion über den Offenbarungsglauben, d. h. als „Ausdruck der Frömmigkeit und des Glaubens".[12]

Demgegenüber versteht Schleiermacher die Philosophische Theologie als allgemeine Form religiöser Reflexion über das „religiöse Gefühl von Gott", d. h. den *Gottesglauben*. In ihrer nicht mehr einseitigen Beschränkung auf die Funktion des Denkens, sondern in der philosophischen Reflexion auf die Einheit des Selbstbewußtseins, fand Schleiermacher den Neuansatz einer „natürlichen Theologie", d. h. einer auf das Allgemeine und Notwendige des christlichen Glaubens gerichteten Theologie. Gemäß den Ausführungen der „Kurzen Darstellung" soll die Philosophische Theologie das Wesen des christlichen Glaubens bestimmen, um die Notwendigkeit des Glaubens für menschliche Existenz gegenüber atheistischer Kritik erweisen zu können. Um die *Vernunftgemäßheit des christlichen Glaubens*[13] aufzuzeigen – das genuin fundamentaltheologische Interesse der Philosophischen Theologie –, geht Schleiermacher zurück auf das „*Mitgesetztsein Gottes im Gefühl*", um die Vermittlung von Glauben und Wissen in der Philosophischen Theologie aufnehmen zu können. War im Mitgesetztsein des göttlichen „Urwissens" im „Gefühl" das *Wissen von Gott* insgesamt begründet, so begründet Schleiermacher nun vom „Mitgesetztsein Gottes im Gefühl" her den *Gottesglauben*, der jedoch nur Wirklichkeit für den Menschen ist, insofern er in *Gottes geschichtlicher Offenbarung* begründet ist.

Trotz der eigenständigen Begründungsvoraussetzungen der Philosophie im Wissen der Vernunft und der Theologie im geschichtlichen Offenbarungsglauben geht Schleiermachers Denken davon aus, daß die Wahrheit des Glaubens und die Wahrheit des Wissens in der Wahrheit Gottes ihre Einheit finden. Denn die „*unmittelbare Wahrheit Gottes,* die in unserem Selbstbewußtsein unter der Form des religiösen Gefühls niedergelegt ist"[14] bildet den Grund der Einheit menschlichen Seins als zeitloser Einheit des zeitlichen Vollzugs von Denken und Sein. In ihrer transzendenten Bestimmtheit mani-

---

[12] 1. Aufl. § 1, 4 I, 12, 14.

[13] Entscheidende Bedeutung kommt den Ausführungen des § 20,2 der 1. Aufl. zu, die das Verhältnis von *Glauben und Wissen, Offenbarung und Vernunft* explizit thematisieren, jedoch für die gesamte „Einleitung" schon voraus- und mitanzusetzen sind. „Die göttliche Offenbarung in Christo kann weder etwas schlechthin übernatürliches noch etwas schlechthin übervernünftiges sein" (1. Aufl. § 20, I, 77).

[14] O, 310, Herv. v. mir.

festiert sich diese Einheit eben als ontologische Ebene der Vermittlung von Gott, Mensch und Welt, als welche wir das „Gefühl" bzw. unmittelbare Selbstbewußtsein interpretieren konnten.

Indem Schleiermacher die Vermittlung von Glauben und Wissen in der Einheit der Wahrheit Gottes vom Begriff des „Gefühls" her behauptet, findet er zugleich die *anthropologische Ebene der Vermittlung von Gott, Glauben und Wissen.* Die Philosophische Theologie führt in der Bestimmung des Wesens des Christentums auf Schleiermachers philosophische Anthropologie zurück, in der von Schleiermachers philosophischer Gotteslehre her die Notwendigkeit des Glaubens für menschliche Wirklichkeit im Begriff des „allgemeinen Abhängigkeitsgefühls" aufgenommen wird.

Die philosophische Erkenntnis der Philosophischen Theologie bindet Schleiermacher aber ein in die Theologie als historisch-positive Wissenschaft, insofern er behauptet, das „allgemeine Abhängigkeitsgefühl" sei immer untrennbar mit geschichtlicher Frömmigkeit „der menschlichen Natur einwohnend"[15] bzw. „immer schon vorausgesetzt . . . aber auch immer mit enthalten".[16]

Gemäß der Unterscheidung von Frömmigkeit (Glauben) und dogmatischer Theologie bringt die Philosophische Theologie das „allgemeine Abhängigkeitsgefühl" von Gott, die dogmatische Theologie die geschichtliche Frömmigkeit des christlichen Glaubens zur Darstellung. Insofern Schleiermacher jedoch allein die *geschichtliche Manifestation des „allgemeinen Abhängigkeitsgefühls" als dessen einzige Legitimation* festhält, schließt er die allgemeine Frömmigkeit untrennbar in die geschichtliche Frömmigkeit ein.

Philosophische Theologie als Bestimmung des existentiell-ontologischen Verhältnisses der Abhängigkeit des Menschen von Gott verbindet in ihrem Wissen vom Glauben das historisch-theologische Wissen von Gottes Offenbarung mit dem philosophischen Wissen von Gott, vom Menschen und dessen Verhältnis zu Gott. Wissenschaftstheoretisch stellt Schleiermachers Philosophische Theologie die Vermittlung von Philosophie (Gotteslehre, Anthropologie) und Theologie dar, thematisch interpretiert sie die Vermittlung von Glauben und Wissen im „Mitgesetztsein Gottes" in der unmittelbaren Einheit des Selbstbewußtseins als der gemeinsamen Grundlage des Wissens, des Gottesglaubens und Offenbarungsglaubens.[17]

---

[15] 1. Aufl. V.

[16] 2. Aufl. VI.

[17] Trotz aller Vorbehalte gegenüber einem zu starken Einfluß der Philosophie auf Schleiermachers Theologie, hält *C. Senft* (Wahrhaftigkeit und Wahrheit. Tübingen 1956) fest: „Wenn die Offenbarung wieder als mich innerlich treffende und bindende Wahrheit verstanden werden

Die Frage nach dem Wesen des Christentums führt, entsprechend der Forderung des § 22 der „Kurzen Darstellung", auf das Problem der Wesensnotwendigkeit der Frömmigkeit. Wie lassen sich aber Wesensstrukturen des Glaubens finden, die kongruent sind mit philosophischen Denkkategorien, ohne daß von außen fremde Bestimmungen als konstituierend für den Glauben behauptet werden, und ohne daß das philosophische Wissen den Glauben begründet? Ohne daß es sich, wie Schleiermacher sagt, „das eigenthümlichst christliche soll gefallen lassen, aus der allgemeinen Vernunft unmittelbar hergeleitet und erwiesen zu werden"?[18]

Es ist zunächst daran zu erinnern, daß für Schleichermachers Philosophische Theologie die geschichtliche Gegebenheit des Glaubens als vorausgesetzt zu denken ist. Schleiermachers Reflexion auf den Glauben setzt daher nach dem praktischen Glaubensakt ein. Soll die Philosophische Theologie Schleiermachers aber die ihr gestellte Aufgabe erfüllen können, dann muß sie die Notwendigkeit des Glaubens für das philosophische Wissen der Vernunft einsichtig machen. Denn als notwendig und allgemein kann nur gelten, was das philosophische Wissen aus sich heraus als wahr und notwendig, gemäß den Bedingungen philosophischer Reflexion, begreifen kann. *Damit erweist sich die Frage nach dem allgemein notwendigen Wesen der Frömmigkeit als Frage nach dem Verhältnis von Glauben und Wissen, die sich auf die philosophische und theologische Deutung der „unmittelbaren Wahrheit Gottes" im „Gefühl" des Menschen konzentriert.*

Schleiermacher hat diese *fundamentaltheologische Fragestellung seiner Philosophischen Theologie* in der „Einleitung" unmißverständlich formuliert und die religionsphilosophische Vermittlungsebene von Glauben und Wissen notiert: „Jeder Einzelne zwar, dessen spekulatives Bewußtsein erwacht ist, muß sich der Uebereinstimmung zwischen den Aussagen von diesem und

---

soll und also auch der Glaube als innerlich wahrhaftige, frei gewollte Gebundenheit, dann muß die prinzipielle Daseinsbezogenheit aller theologischen Aussagen wieder aufgedeckt und kräftig beleuchtet werden. Daher bei Schleiermacher der Primat des Anthropologischen" (a.a.O., 36). Diese Feststellung von protestantisch-theologischer Seite ist gerade in fundamentaltheologischer Hinsicht bedeutsam. Man wird allerdings mit Entschiedenheit zurückweisen müssen, daß Schleiermachers Theologie von Senft als „Theologie ohne Gott" (a.a.O., 38) behauptet wird. Gerade auf dem Hintergrund einer Schleiermacher derartig entstellenden Interpretation wird die Notwendigkeit sichtbar, dessen Gottesbegriff – von dem her, gerade angesichts nachidealistischer Religionskritik, sein gesamtes theologisches Denken steht oder fällt – eigens zum zentralen Thema einer Schleiermacher-Interpretation zu erheben. Der Vorrang der Anthropologie, den Senft richtig beobachtet, fiele sonst als wertlos in sich zusammen.

[18] 1. Aufl. § 1, 3 I, 12, 3.

den Erregungen seines frommen Gefühls auf das genaueste bewußt zu werden suchen, weil er sich nur in der Harmonie dieser beiden Funktionen, welche zusammen die höchste Stuffe seines Daseins bilden, der höchsten Einheit seiner selbst bewußt werden kann".[19] Diese höchste Einheit behauptet Schleiermacher in der 2. Auflage (1830) ausdrücklich als „Wesen des Menschen".[20] Wenn folglich von der Notwendigkeit des Glaubens die Rede ist, so meint dies nicht eine Begründung des Glaubens durch die Vernunft, sondern es soll *eine dem Glauben inhärente anthropologische Notwendigkeit* nachgewiesen werden, die in ihrer existentiell-ontologischen Struktur dem vernünftigen Wissen erschließbar sein soll, gleichsam als der natürliche Anteil der Glaubenswirklichkeit. Die Vernunftgemäßheit, d. h. die anthropologische Notwendigkeit des Glaubens ist, dem bisher Gesagten zufolge, für das philosophische Wissen nachvollziehbar, da sie in der immer schon gegebenen Wirklichkeit des Glaubens mitgesetzt sein muß, d. h. diesem nicht fremd und äußerlich sein kann.[21]

---

[19] 1. Aufl. § 31, 3 I, 109, 7–12.

[20] 2. Aufl. § 28, 3 I, 160. In diesem Text unterscheidet Schleiermacher wieder subjektives Selbstbewußtsein als „religiöses Gefühl" und objektives Bewußtsein und verlangt dann die Widerspruchsfreiheit beider: „Dieselbigen Glieder der christlichen Gemeinschaft nämlich, durch welche allein die wissenschaftliche Form der Glaubenslehre entsteht und besteht, sind auch die, in denen das spekulative Bewußtsein erwacht ist. Wie nun dieses die höchste objektive Funktion des menschlichen Geistes ist, das fromme Selbstbewußtsein aber die höchste subjektive: *so würde ein Widerspruch zwischen beiden das Wesen des Menschen treffen, und ein solcher kann also immer nur ein Mißverständnis sein.* Nun ist es auf der einen Seite freilich nicht genug, daß nur ein solcher Widerspruch nicht sei, sondern für den Wissenden entsteht die Aufgabe, sich der Zusammenstimmung beider positiv bewußt zu werden" (a.a.O., Herv. v. mir). Auf zwei Punkte gilt es besonders hinzuweisen: Schleiermacher lehnt es zwar ab, daß der Nachweis der Übereinstimmung von Glauben und Wissen der Glaubenslehre zufällt; indem er aber ausdrücklich diese Aufgabe dem *„Geschäft der Apologetik"* (a.a.O., Herv. v. mir) zurechnet, bestätigt er, daß die Philosophische Theologie, so weit er sie in der „Einleitung" vorgelegt hat, für die Verhältnisbestimmung von Glauben und Wissen zuständig ist. Von daher pointiert *H. J. Birkner* den Sachverhalt zu scharf, wenn er von einem beklagenswerten Verzicht Schleiermachers auf eine eigene Darstellung der Widerspruchsfreiheit von Glauben und Wissen spricht (Theologie, a.a.O., 42). Eine eingehende Interpretation der „Einleitung" als Philosophischer Theologie kann jedoch zeigen, daß Schleiermacher, wenigstens in grundsätzlicher Weise, die „Zusammenstimmung" von philosophischem Gottesgedanken und christlichem Gottesglauben nicht nur voraussetzt, sondern zur Darstellung bringt. H. J. Birkner, der die fundamentaltheologische Bedeutung der Philosophischen Theologie anerkennt (a.a.O., 27) hat zugleich jedoch, wegweisend für die Schleiermacher-Interpretation, die Übereinstimmung von Glauben und Wissen vom Gottesbegriff her als „Interpretationsregel" (a.a.O., 42) gefordert.

[21] Vgl. hierzu auch *J. S. Drey,* Apologetik, a.a.O. 4 f.

Eine Begründung des Glaubens aus dem Wissen der Vernunft ist in Schleiermachers Philosophischer Theologie ausgeschlossen. Die geforderte intellektuelle Verantwortung des Glaubens, von Schleiermacher als „Übereinstimmung" von Glauben und Wissen postuliert für das Dasein des Menschen, gilt eben dem geschichtlich immer schon gegebenen, d.h. existierenden Glauben. Damit geht aber in geschichtlicher Offenbarung Gottes und „ursprünglicher Offenbarung Gottes an den Menschen"[22], d.h. im „Mitgesetztsein Gottes im Menschen", die gnadenhafte Dimension des Glaubens der menschlichen Frage nach dessen Vernunftgemäßheit immer schon voraus. Um diese Frage beantworten zu können, sagt Schleiermacher, „müssen wir für diese Betrachung unsere fromme Erregbarkeit ruhen lassen, weil es uns nicht darauf ankommt, durch unser Gefühl zu entscheiden,... denn das haben wir schon längst für uns gethan".[23] Nichts anderes kann damit gemeint sein als die Vorordnung des Glaubens als „religiösem Gefühl" gegenüber dem Wissen der Vernunft – in geschichtlicher und existentieller Hinsicht. Der Glaube, als christlicher Offenbarungsglaube immer verstanden, bildet die Argumentationsbasis der Philosophischen Theologie und ist nicht erst Beweisziel reflektierender Vernunft.

Voraussetzung aber auch in diesem methodischen Vorgehen, die Vernunftgemäßheit des Glaubens zu erweisen, bleibt, daß das philosophische Wissen, in der ihm möglichen Denkbarkeit der *anthropologischen Notwendigkeit des Glaubens,* seine Kongruenz mit dem Glauben finden können muß. Denn in dem, was vom Denken her sich als notwendiges und „wesentliches Lebenselement"[24] zeigt, soll das Denken sich treffen mit dem, was im Glauben immer schon vorausgesetzt wird und zugleich untrennbar in ihm enthalten ist – die *unmittelbare Wahrheit Gottes im „Gefühl"* als Grundbestimmung menschlichen Seins, die nur nachträglich als Vernünftigkeit des Glaubens denkbar ist.

An dieser Stelle werden der philosophische wie theologische Charakter der Philosophischen Theologie in seiner ganzen Bedeutung sichtbar. In der „Kurzen Darstellung" formulierte Schleiermacher die Aufgabe dieser Disziplin „mittels Aufstellung und Gebrauchs der Wechselbegriffe des Natürli-

---

[22] 2. Aufl. § 5, 4 I, 30.

[23] 1. Aufl. § 6, 3 I, 21, 11 ff.

[24] 1. Aufl. § 37 I, 124, 35. *R. Stalder* (a.a.O., 46–66), auf dessen bloß programmatische Interpretation der Thematik der Philosophischen Theologie, allein gestützt auf die „Kurze Darstellung", hier ausdrücklich Bezug genommen wird, formuliert: „Die Offenbarung erfolgt an den Menschen und für ihn, somit vermag nur ihre stetige Interferenz mit der Anthropologie den ‚existentiellen' Charakter der Theologie zu enthüllen" (a.a.O., 73).

chen und Positiven".[25] Das Gleichgewicht des geschichtlich-Positiven und spekulativ-Natürlichen sollte verhindern, daß die Philosophische Theologie sich in eine philosophische Disziplin verwandelt. Daher verhandelt Schleiermacher das Problem von Glauben und Wissen allein im Rahmen der Theologie als „positiver", historischer Wissenschaft, die an den Glauben an Gottes Offenbarung gebunden sein muß. Doch knüpft die Theologie im Gebrauch der Wechselbegriffe ausdrücklich an das natürliche Wissen der Philosophie an, um den Glauben als notwendig und vernünftig für den Menschen auszuweisen.

Schleiermacher hatte in seiner „Kurzen Darstellung" für die Philosophische Theologie als „Apologetik" „leitende Begriffe", d. h. Wesensstrukturen des Glaubens zur Unterscheidung der auftretenden Verworrenheit in der Frage dessen, was das Eigentliche des christlichen Glaubens sei, gefordert. Dieser „Standpunkt über dem Christenthum"[26] erschließt sich von unseren Überlegungen her als kritisch-vergleichende Rückführung des historisch gegebenen christlichen Glaubens auf Grundstrukturen einer Religionsphilosophie, von der her auch das unterscheidend Christliche aufgewiesen werden soll. Als philosophisch-natürliche Bestimmungen begründen sie nach Schleiermacher nicht von außen das Wesen der Frömmigkeit und schließlich des christlichen Glaubens, sondern gewinnen dieses aus der geschichtlichen Wirklichkeit des Glaubens reduktiv.

---

[25] KD, § 45.
[26] 1. Aufl. § 6, 3 I, 21 f.

3.1 Die Philosophische Theologie des „schlecht-hinnigen Abhängigkeitsgefühls"

3.1.1 Die innere und äußere Bestimmtheit des unmittelbaren Selbstbewußtseins als „Gefühl"

Schleiermachers wissenschaftssystematische und methodische Reflexionen haben den philosophischen und theologischen Charakter seiner Philosophischen Theologie deutlich formuliert. Diese versucht, den geschichtlich gegebenen christlichen Glauben aus dem Ineinander von geschichtlicher und spekulativer Betrachtung zu begreifen. Das spekulative Moment entlehnt Schleiermacher dabei seiner grundlegenden philosophischen Theorie, der Dialektik; ohne den geschichtlichen Kontext des Glaubens entbehrte die Philosophische Theologie nach Schleiermacher aber jeglicher Berechtigung. Die philosophische Bestimmtheit der Philosophischen Theologie bindet zugleich die Theologie in philosophische Fragestellungen ein. Den Unterschied im Argumentationsgang von Schleiermachers Philosophie und Philosophischer Theologie muß man sehr genau – bei aller Übereinstimmung – beachten: Während die Dialektik, wie gesehen, in ihren philosophischen Erörterungen des menschlichen Wissens von Gott auf Aporien stößt und im Begriff des unmittelbaren Selbstbewußtseins die Präsenz des transzendenten Grundes allen Seins, d.h. Gottes findet, gleichsam vom Wissen von Gott zum immer schon vorauszusetzenden „Mitgesetztsein Gottes im Gefühl" gelangt und die Forderung nach gegenseitiger Ergänzungsnotwendigkeit erhebt, wird in Schleiermachers Philosophischer Theologie das „religiöse Gefühl" von Gott, d.h. der christliche Glaube vorausgesetzt und dann erst Ausgangspunkt der Rückfrage nach dem Wesen der Frömmigkeit. Wir hatten – ausgehend von der Dialektik – in diesem Zusammenhang von einer allgemeinen religiösen Reflexion gesprochen als Philosophischer Theologie. Die sachliche Gemeinsamkeit des unterschiedlichen methodischen Verfahrens von Philosophie und Philosophischer Theologie liegt im *„Mitgesetztsein Gottes im Gefühl"*, worin als dem Vermittlungsort von Glauben und Wissen beide begründet sind.

Mit der Reflexion auf diesen „Siz der Frömmigkeit"[1] im Leben des Menschen setzt Schleiermachers Philosophische Theologie ein. So heißt es im § 8 der „Einleitung" (1821/22): „Die Frömmigkeit an sich ist weder ein Wissen noch ein Thun, sondern eine Neigung und Bestimmtheit des Gefühls"[2] und in der Anmerkung heißt es ergänzend: „Unter Gefühl verstehe ich das unmittelbare Selbstbewußtsein".[3] Obwohl der Text „Frömmigkeit an sich" als Bestimmtheit des unmittelbaren Selbstbewußtseins definiert, wird die Frage nach dem Grund der Bestimmtheit erst in den §§ 9 und 10 genauerhin erläutert. Der vorliegende § 8 widmet sich ausschließlich dem Verhältnis von „Gefühl", Wissen und Tun. Unser Interpretationsinteresse gilt hier allein dem Verhältnis von „Gefühl" und Wissen in der Bestimmung der „Frömmigkeit an sich". Angesichts der in der Interpretationsgeschichte Schleiermachers aufgetretenen Mißverständnisse bezüglich des Gefühlsbegriffs muß hier Schleiermachers Verständnis besonders aufmerksam untersucht werden.[4] Schleiermachers Vorgehen analog der Dialektik[5] stellt dabei

---

[1] 1. Aufl. § 8 Anm. I, 26, 12.

[2] 1. Aufl. § 8 I, 26.

[3] 1. Aufl. § 8 Anm. I, 26, 4.

[4] Wir beschränken uns in der Wiedergabe unserer Auseinandersetzung mit der Sekundärliteratur auf die alleinige Hervorhebung auffallender Beobachtungen der Interpretation des Problemzusammenhanges von Gott, Glauben und Wissen. (Vgl. das in 0.2.1 zur Methode der Interpretation Gesagte.) Es finden sich ohnehin eingehende Einzelauslegungen zur „Einleitung" in die Glaubenslehre, in denen eine ausführliche Literaturdiskussion wiederholt vorgelegt worden ist. Zu nennen sind vor allem *D. Offermann*, Schleiermachers Einleitung in die Glaubenslehre, Berlin 1969; *T. H. Jøergensen*, Das religionsphilosophische Offenbarungsverständnis des späteren Schleiermacher, Tübingen 1977. Diese Arbeit nimmt eine gewisse Sonderstellung in der Literatur ein, insofern das umstrittene Thema Offenbarung im Denken Schleiermachers bisher monographisch noch nicht erörtert wurde. Die sehr umsichtig argumentierende Arbeit verdient besondere Aufmerksamkeit, zumal sie m.E. in überzeugender Weise *Schleiermachers philosophisches und geschichtliches Denken* für seinen Begriff der Offenbarung herauszuarbeiten weiß. Grundlegend für unsere Interpretation waren jedoch vor allem die Ausführungen von *G. Ebeling*, Schleiermachers Lehre von den göttlichen Eigenschaften, a.a.O.; *ders.*, Schlechthinniges Abhängigkeitsgefühl als Gottesbewußtsein, in: ders., Wort und Glaube, Bd. 3, Tübingen 1975, 305–342; *ders.*, Beobachtungen zu Schleiermachers Wirklichkeitsverständnis, in: ders., Wort und Glaube, Bd. 3, Tübingen 1975, 96–115.

[5] Für diese strenge Parallelisierungs-These soll der Text der „Kritischen Gesamtausgabe" der Glaubenslehre der 1. Aufl. (1821/22), dabei vor allem der „Einleitung", als Beleg unserer Interpretation herangezogen werden. Freilich wird nur derjenige Leser, der die Dialektik und vor allem die 2. Aufl. (1830) der Glaubenslehre detailliert kennt, die von uns zugleich verfolgte Absicht nachvollziehen können, d.h. die unmittelbare Übereinstimmung von philosophischer und theologischer Darstellung des Begriffs des „Gefühls" als unmittelbarem Selbstbewußtsein der 1. Auflage gegenüber der 2. Auflage, der Glaubenslehre einsichtig zu machen. An entscheidenden Stellen soll der Text der 2. Aufl. (1830) angeführt werden, wenn dieser Text

sicher, daß vom Begriff des unmittelbaren Selbstbewußtseins her das, was mit „Gefühl" gemeint ist, aufgenommen werden muß. Zu beachten gilt es auch, daß Schleiermacher vom „allgemeinen Begriff der Frömmigkeit an sich"[6] ausgeht, d.h. seine Überlegungen zielen auf *allgemeine theologische Prinzipien*, die aus der konkret antreffbaren Wirklichkeit der Frömmigkeit in ihren besonderen Formen gewonnen werden sollen. Was heißt aber, Frömmigkeit sei eine Angelegenheit des „Gefühls"?

Frömmigkeit als „Bestimmtheit des Gefühls", diese Aussage weist das Verständnis ab, das „Gefühl" als den Grund der Frömmigkeit zu deuten. Schleiermacher wehrt derartige Fehlinterpretationen wiederholt ab: „Auch behaupte ich nur, daß es der Sitz der Frömmigkeit ist".[7] Als „Grundlage und Gegenstand einer Gemeinschaft"[8] wird außerdem von Frömmigkeit gesprochen, d.h. der innere Ort der Frömmigkeit im Subjekt sowie der äußere Ort der Frömmigkeit als kirchlicher Gemeinschaft[9] werden Ausgangspunkt und Gegenstand der Erörterungen Schleiermachers.

Diesem Zusammenhang von Frömmigkeit und Gemeinschaft trägt die „Einleitung" Rechnung.[10] So entspricht dem *inneren Ort der Frömmigkeit* im Ineinander von „Gefühl", Wissen und Handeln der *äußere Ort der Frömmig-*

Schleiermachers Denkansatz verdeutlichen kann. Sachliche Differenzen beider Ausgaben von Schleiermachers Glaubenslehre wird man – Grundsatzfragen betreffend – nicht ausfindig machen können.

[6] 1. Aufl. § 7, 1 I, 23, 20. Der allgemeine Begriff der „Frömmigkeit an sich" in der Glaubenslehre (1821/1822) entspricht dem, was die Dialektik (1822) das „allgemeine Abhängigkeitsgefühl" genannt hatte. Zum Verständnis des „an sich" bemerkt Schleiermacher in einer Anmerkung: „In den Worten *an sich* liegt schon dieses, daß wol aus der Frömmigkeit ein Wissen oder Thun hervorgehen könne als Aeußerung oder Wirkung derselben. An beiden kann sie dann erkannt werden, ist aber selber keines von beiden in ihrem Anfang und eigentlichen Wesen" (1. Aufl. § 8 Anm. I, 26, 17 f, Herv. v. Sch.). Diese Stelle verdient unsere Aufmerksamkeit deshalb, weil Hegel in seiner anonymen Kritik bestätigen wird, daß ihm die eigentliche Intention Schleiermachers keineswegs verborgen geblieben war. Vgl. S. 192 ff.

[7] 1. Aufl. § 8 Anm. I, 26, 12.

[8] 1. Aufl. § 8, 1 I, 26, 25.

[9] Vgl. 1. Aufl. §§ 12–13.

[10] Vergleicht man beide Auflagen der Glaubenslehre miteinander, dann bringt der Text von 1830 die Eingebundenheit der Frömmigkeit in kirchliche Gemeinschaft sehr viel deutlicher zum Ausdruck. Diesen wesentlichen Zusammenhang hat die Schleiermacher-Forschung der letzten Jahre besonders betont. Vgl. *D. Offermann*, a.a.O., 33 ff.; *H. J. Birkner*, Schleiermachers christliche Sittenlehre, a.a.O., 52. „Die Frömmigkeit an sich ist weder ein Wissen noch ein Thun, sondern eine Neigung und Bestimmtheit des Gefühls" (1. Aufl. § 8 I, 26). Demgegenüber: „Die Frömmigkeit, welche die Basis aller kirchlichen Gemeinschaft ausmacht, ist rein für sich betrachtet weder ein Wissen noch ein Thun, sondern eine Bestimmtheit des Gefühls oder des unmittelbaren Selbstbewußtseins (2. Aufl. § 3 I, 14).

keit. Frömmigkeit bleibt nicht nur in sich abgeschlossen als innere Bestimmtheit des „Gefühls", sondern manifestiert sich im Denken und Handeln. Das fromme Selbstbewußtsein drängt nach Gemeinschaft, nach Mitteilung, aus der Vereinzelung der Frömmigkeit in die Gemeinschaft der Frömmigkeit. „Wie es ein Inneres und Äußeres des Menschen selbst gibt, so ist auch mit jedem Gefühl, eben weil es ein Bestimmtsein des Menschen ist, ein Hervortreten in sein Äußeres mitgesetzt, und dieses ist Darstellung des Inneren".[11] Frömmigkeit, die nicht in ihrer Innerlichkeit verbleiben kann, bedingt die geschichtlichen Erscheinungsweisen und Äußerungen der Frömmigkeit. In diesen wird die Vermittlung der Frömmigkeit möglich, d.h. kirchliche Gemeinschaft und Frömmigkeit sind untrennbar. Die Frömmigkeit als innerste Lebensdimension der Menschen ist dann aber zugleich nie unabhängig von den Einflüssen geschichtlich gewordener Glaubensgemeinschaften, in denen allein frommes Selbstbewußtsein sich jeweils entwickeln kann, d.h. seinen Ort findet. Schleiermachers Religionsphilosophie wird das gegenseitige Bedingtsein des Inneren vom Äußeren in der Frömmigkeit wieder aufgreifen.

In der Philosophischen Theologie wird die Frömmigkeit als christliche Frömmigkeit und Basis kirchlicher Gemeinschaft Gegenstand der Wissenschaft, d.h. von diesem Zusammenhang aus sucht das philosophische Wissen das, was „Frömmigkeit an sich" ist, zu verstehen und in ihrer Widerspruchsfreiheit mit vernünftigem Denken zu erweisen. Philosophische Theologie intendiert Frömmigkeit zugleich nicht als bloß zufälliges, sondern unabdingbares Lebenselement des menschlichen Geistes aufzuzeigen. Es ist daher bereits eine bedeutsame Aussage Philosophischer Theologie, Frömmigkeit als Einheit von Wissen und Tun im unmittelbaren Selbstbewußtsein als „Gefühl" zu begreifen. Schleiermacher entlehnt sie – sachlich und zeitlich gesehen ganz offensichtlich – seiner philosophischen Theorie der Dialektik (1822). Innerhalb dieser Bestimmung von Frömmigkeit verhandelt die Philosophische Theologie nur das Verhältnis der Frömmigkeit zum besonderen Wissen der Glaubenslehre und fragt nach dem Verhältnis von Glauben (Frömmigkeit) und Wissen.

Kritikern gegenüber legt Schleiermacher zugleich Wert darauf, im Verhältnis von „Gefühl", Wissen und Tun in der Bestimmung der Frömmigkeit das Ursprüngliche zu unterscheiden von demjenigen, was als abgeleitet betrachtet werden muß. „Wollen andere aber das Gefühl ganz ausschließen, und doch nicht sagen, die Frömmigkeit sei allein ein Wissen oder allein ein

---

[11] 1. Aufl. § 12, 2 I, 42, 2f.

Thun, sondern dieses Beides: so mögen sie denn sagen, wie anders doch das Wissen und das Thun, welche die Frömmigkeit ausmachen, eins sein sollen, als in einem dritten, und welches denn dieses dritte sei, wenn nicht eben das innerste unmittelbare Selbstbewußtsein des Wissenden und Thuenden".[12] Die Selbständigkeit der Frömmigkeit gegenüber Wissen und Wollen sucht Schleiermacher zu sichern, indem er den Vorrang der Einheit des „Gefühls" als zeitloser Einheit des zeitlichen Vollzugs, wie ich es nannte, behauptet, so daß Frömmigkeit weder im Wissen als solchem noch im Tun als solchem besteht, daß aber zugleich Frömmigkeit nicht getrennt gedacht werden kann von Wissen und Tun.

Aus den Einsichten, die Schleiermacher in der Dialektik gewann, unterscheidet er nun allgemeines Wissen und besonderes, d. h. sich auf die Frömmigkeit in ihrem Inhalt beziehendes Wissen. Von diesem heißt es: „Ein besonderes auf die Frömmigkeit sich beziehendes Wissen und Thun ... ist freilich keineswegs zufällig, vielmehr läßt sich eine vollständige Entwicklung, wie keiner menschlichen Richtung, so auch der Frömmigkeit ohne beides gar nicht denken".[13] Von diesen Voraussetzungen her fragt Schleiermacher zunächst nach dem Zusammenhang von *„Frömmigkeit an sich" und Glaubenswissen*, indem er dieses vom „inneren Mittelpunkt und Heerd des Lebens"[14] her zu beurteilen sucht.

Wenn die „Frömmigkeit im Wissen"[15] bestehen soll, d. h. im Wissen der Glaubenslehre als objektiver Wissensform der Frömmigkeit, erhebt sich die Frage, ob sich Frömmigkeit an der Vollständigkeit dieses Wissens bemessen lassen kann. Schleiermacher hält jedoch an der Selbständigkeit der Frömmigkeit als innerstem unmittelbarem Selbstbewußtsein fest, die sehr verschieden sein kann von dem, was das Glaubenswissen formuliert. Eine direkte Proportionalität läßt sich keinesfalls behaupten. Gefordert wird jedoch als *normative Orientierung die Übereinstimmung von Frömmigkeit und Lehre*. Schleiermachers dogmatische Theologie versteht sich von daher als Reflexion und wissenschaftliche Darstellung der Inhalte gelebter christlicher Frömmigkeit. Über die Probleme von Schleiermachers Dogmatikverständnis ist in aller Ausführlichkeit schon gehandelt worden.[16]

---

[12] 1. Aufl. § 8, 2 I, 27, 14f.
[13] 1. Aufl. § 8, 3 I, 30, 11f.
[14] 1. Aufl. § 8, 2 I, 29, 11.
[15] 1. Aufl. § 8, 2 I, 27, 20.
[16] Die Unzulänglichkeit des methodischen Ansatzes in Schleiermachers Theologie liegt darin, daß die dogmatische Lehre von den Inhalten des christlichen Glaubens als aus der Glaubenserfahrung des „religiösen Gefühls" abgeleitet behauptet wird. Schleiermacher übersieht, daß der Glaube des Menschen in der Offenbarung Gottes gründet, nicht jedoch mit dieser

Gegenüber jenem besonderen Wissen, das als sprachliche Aussage immer zur Frömmigkeit gehört, greift Schleiermacher das allgemeine Wissen auf, um auch dieses in seinem Bezug zur Frömmigkeit aufzuzeigen. So heißt es in der 1. Auflage der Glaubenslehre (1821/22), es gebe ein „Gefühl der Überzeugung, welches gleichmäßig jeden Wissensakt begleiten kann, ohne Unterschied des Gegenstandes, indem es vornehmlich die Beziehung jedes Erkenntniskreises auf das Ganze und auf die höchste Einheit alles Erkennens ausdrückt".[17] Schleiermacher spricht in diesem Zusammenhang zwar auch von einem „frommen Gefühl" der Überzeugung. Im § 8,2 unterscheidet er jedoch ursprüngliches und abgeleitetes „Gefühl", wobei die Überzeugung an Wissen gebunden bleibe und daher kein eigentlich urspüngliches „Gefühl" sein könne. Von diesem Verständnis her muß auch die im § 8,2 von Schleiermacher vorgenommene Ablehnung, die Frömmigkeit als „Gewißheit und Stärke der Überzeugung"[18] zu bezeichnen, verstanden werden. Im „Sendschreiben an Lücke" sagt Schleiermacher, daß das, was er „unter dem *frommen Gefühl* verstehe, gar nicht von der Vorstellung ausgeht, sondern die ursprüngliche Aussage ist über *ein unmittelbares Existenzialverhältnis."*[19] Die genauere Bedeutung erschließt sich erst, wenn geklärt wird, worin die Bestimmtheit des „Gefühls", der „Frömmigkeit an sich" gründet, von der aus Schleiermacher das Wesen der Frömmigkeit versteht. Aus dieser Struktur, bestimmt zu werden, erklärt sich die oft bei Schleiermacher anzutreffende sprachliche und begriffliche Gleichstellung der Ausdrücke „Gefühl" und Frömmigkeit, was dazu geführt hat, „Gefühl" als Grund der Frömmigkeit mißzuverstehen, statt als Beziehung der zentralen Lebensdimensionen des Menschen zu nehmen, deren letzte Bestimmung gerade nicht aus der Subjektivität des Menschen selbst erreicht werden kann. Als „Siz der Frömmigkeit" konzentriert sich im „Gefühl" das ganze Dasein des Menschen, die Einheit

---

identifiziert werden kann. In seiner Abgrenzung des Glaubens vom Wissen in Theologie und Philosophie unterscheidet Schleiermacher daher den Glauben nicht deutlich genug von der Offenbarung. Das methodische Verfahren der Philosophischen Theologie, das auf eine kritische Vermittlung von philosophischem Denken und geschichtlicher Betrachtung zielt, enthält jedoch die Forderung, den äußeren Ort der Frömmigkeit, d. h. letztlich die geschichtliche Vermittlung des Glaubens durch die Offenbarung Gottes stärker zu gewichten. Diese Forderung einzulösen, intendiert die Arbeit *T. H. Jørgensens* (a.a.O., 352) zum Offenbarungsbegriff Schleiermachers. Ich stimme diesem Anliegen uneingeschränkt zu.

[17] 1. Aufl. § 8, 3 I, 29, 23 f.
[18] 1. Aufl. § 8, 2 I, 28, 3.
[19] Schleiermachers Sendschreiben, a.a.O., 15. Von daher hatte ich in 2.3 von einer existentiellen Vermittlung des „religiösen Gefühls" von Gott, Welt und Mensch geredet, insofern Schleiermacher dieses „unmittelbare Existenzverhältnis" auch die *„Wahrheit unseres Daseins"* (2. Aufl. § 67, 2 I, 354) nennt.

des sinnlichen und geistigen Lebens des Menschen in allen existenziellen Vollzügen. Schleiermachers Begriff der Frömmigkeit geht demnach aus von einem Bestimmt-Sein des Menschen, von dem alle existentiellen Vollzüge unmittelbar, ursprünglich geprägt sind. Diesem Bestimmt-Sein und Bestimmt-Werden menschlichen Seins gilt Schleiermachers Interesse der Philosophischen Theologie, um das Wesen des Glaubens zur Darstellung zu bringen.

3.1.2 Die transzendente und immanente Bestimmtheit des „schlechthinnigen Abhängigkeitsgefühls"

Die Notwendigkeit des Glaubens für den Menschen kann nur behauptet werden, wenn der Vernunft ein Wissen über das Sein des Menschen möglich ist, von dem her das Verhältnis des Menschen zu Gott als wesentliches Lebenselement einsichtig gemacht werden kann. Zugleich muß das „schlechthinnige Abhängigkeitsgefühl" als diese allgemeine Wesensbestimmung des Menschen im konkreten, wirklichen Selbstbewußtsein des Menschen bewußt und bestimmend werden. Die Ungenauigkeiten in der Unterscheidung der genannten Problemkreise stellen für die Interpretation des Schleiermacher-Textes nahezu unüberwindbare Verständnisschwierigkeiten dar.[20]

In einem ersten Schritt soll im folgenden das „allgemeine Abhängigkeitsgefühl", d.h. *die transzendente Bestimmtheit (Gott)* und die *immanente Bestimmtheit (Welt)* des unmittelbaren Selbstbewußtseins herausgearbeitet werden unter weitgehender Absehung der Vermittlungsproblematik von Glauben und Wissen in der Ausbildung des Gottesglaubens im Besonderen. Erst in einem zweiten Schritt soll die *Einheit vermittelter Unmittelbarkeit des „religiösen Gefühls" als Gottesglaube* thematisiert werden.[21] Schleiermacher findet,

---

[20] G. *Ebeling* hat ausdrücklich auf die Differenz von „Grundbefindlichkeit schlechthinniger Abhängigkeit" (Gottesbewußtsein, a.a.O., 123) als Wesensbestimmung menschlichen Daseins und „dem zum Gottesbewußtsein entwickelten und damit ausdrücklich bestimmend gewordenen schlechthinnigen Abhängigkeitsgefühl" (a.a.O., 129) hingewiesen. Der ausgezeichnete Aufsatz von Ebeling verdient besondere Empfehlung, insofern er auf knappem Raum und in verständlicher Sprache die vielleicht beste Darstellung und Deutung der einleitenden Paragraphen (2. Aufl. §§ 3–6 I, 14–47) vorgelegt. Einschränkend ist allerdings zu bemerken, daß die sprachliche Vermittlung des „schlechthinnigen Abhängigkeitsgefühls" ins konkrete Gottesbewußtsein das Problem reflexiver Vermittlung nicht überzeugend lösen kann.

[21] Schleiermachers Gliederung der Glaubenslehre in Teil I und Teil II spiegelt die Differenz und Untrennbarkeit von „allgemeinem Abhängigkeitsgefühl" und konkretem Gottesglauben

und damit knüpfen wir wieder an den in § 8 genannten „Siz der Frömmig-
keit" an, den Kongruenzpunkt von Wissen und Glauben im Menschen im
Begriff des unmittelbaren Selbstbewußtseins. Dieses ist nicht nur der Ort der
Religion, sondern in der „Bestimmtheit des Gefühls" zugleich Inhalt der
Religion bzw. „Frömmigkeit an sich". Mit dieser Bestimmtheit gelangt die
ontologisch-notwendige Wesensstruktur der Frömmigkeit ins Blickfeld. Die
Wirklichkeit des Glaubens wird auf ihre *für das philosophische Wissen erkenn-
bare Notwendigkeit für menschliche Wirklichkeit* hin befragt.[22] Um zu klären,
in welcher Weise der Glaube notwendiges allgemeines Element des menschlichen Geistes ist und Gegenstand der Philosophischen Theologie werden
kann, greift Schleiermacher auf die philosophischen Bestimmungen seiner
Dialektik zurück. Ich werde zur Verdeutlichung im folgenden gelegentlich an
frühere Ausführungen erinnern.

Die umfassendste und genaueste Fassung des anstehenden und zu klären-
den Zusammenhanges findet sich im § 36, der all jene Begriffe enthält und in
Beziehung zueinander setzt, die den Begriff des „absoluten Abhängigkeitsgefühls" bestimmen: „Indem im unmittelbaren Selbstbewußtsein wir uns
schlechthin abhängig finden, ist darin mit dem eigenen Sein als endlichen das
unendliche Sein Gottes mitgesetzt, und jene Abhängigkeit ist im allgemeinen
die Weise, wie allein beides in uns als Selbstbewußtsein oder Gefühl Eins sein
kann".[23] Dieser Text des § 36 soll im folgenden in seine Bestandteile zerlegt

---

wieder. Vgl. dazu *G. Ebeling,* a.a.O., 132. In fundamentaltheologischer Hinsicht könnte man
m. E. den Teil I als „Praeambula fidei" denken. Vgl. *G. Ebeling,* Göttliche Eigenschaften,
a.a.O., 337, 339.

[22] Daß Schleiermacher die Frage nach dem Wesen des Glaubens als Frage nach der Notwendigkeit des Glaubens für den Menschen versteht, ist unbezweifelbar. Der philosophische Anspruch dieser Aussage ist ebenfalls unübersehbar. „Zufällig im Gegensatz gegen das wesentliche nenne ich dasjenige, was in dem Verlauf eines Daseins vorkommen kann oder auch nicht,
je nachdem es mit anderem zusammentrifft oder nicht" (1. Aufl. § 37, Anm. I, 125). Von
daher muß man den § 37 verstehen: „Dies *ursprüngliche Abhängigkeitsgefühl* ist nicht *zufällig,*
sondern ein *wesentliches* Lebenselement, ja nicht einmal persönlich verschieden, sondern
gemeinsam in allem entwikkelten Bewußtsein dasselbige" (1. Aufl. § 37 I, 124, Herv. v. mir).
Wenn Schleiermacher in der 2. Auflage später – wir kommen noch darauf zu sprechen – von
einer *„ursprünglichen Offenbarung Gottes an den Menschen"* (2. Aufl. § 4,4 I, 30, Herv. v. mir)
redet, insofern gesagt werden kann „Gott sei uns gegeben im Gefühl *auf eine ursprüngliche
Weise"* (a.a.O., Herv. v. mir), dann kommt in diesen Aussagen derselbe Gedanke zum
Ausdruck.

[23] 1. Aufl. § 36 I, 123, 9f. Es ist entscheidend, daß nur über einer *Beziehung* des unendlichen
Seins zum endlichen Sein Aussagen getroffen werden, d. h. inhaltliche Aussagen werden nur
über das endliche Sein, nicht jedoch über den transzendenten Grund selbst gemacht. Über die
Struktur der Beziehung hinaus kann keine Bestimmung Gottes für das Denken zulässig sein.
Vgl. 2.2.

werden, denn er enthält, gleichsam als Kommentar zum § 9 (1. Aufl.) die grundlegenden Bestimmungen des Wesens der Frömmigkeit, d.h., wie zu zeigen sein wird, des *Gottesglaubens*.

Schleiermacher setzt ein mit einer vorbereitenden Verdeutlichung dessen, was unmittelbares Selbstbewußtsein meint. Das wirkliche Bewußtsein des Menschen von sich selbst unterliegt immer wechselnder Bestimmtheit. Der Mensch ist sich seines Selbst „an und für sich" nicht bewußt, sondern er findet sich „immer in Beziehung auf etwas".[24] Über diese Bestimmtheit seines Selbstbewußtseins verfügt der Mensch nicht aus eigenen Möglichkeiten, vielmehr verweist diese Bestimmtheit auf etwas von seinem Selbstbewußtsein Verschiedenes, d.h. sie verweist „unser Sosein auf ein etwas als mitwirkende Ursache".[25] Das Bewußtsein des Menschen von sich selbst stellt nach Schleiermacher nun diese Bestimmtheit nicht gegenständlich vor, sondern wir werden „unserer selbst als in unserem Sosein durch etwas bestimmt inne"[26], d.h. Selbstbewußtsein ist sich nur als In-Beziehung-Sein seiner Bestimmtheit bewußt.[27]

Schleiermacher definiert das unmittelbare Selbstbewußtsein, das durch Ursachen bestimmt wird, in seiner „Empfänglichkeit" als „Verhältnis der Abhängigkeit". Demgegenüber begreift er die „Selbsttätigkeit" als ein Verhältnis der Freiheit, d.h. von „Wechselwirkung und Gegenwirkung".[28] Die 1. Auflage der „Einleitung" in die Glaubenslehre grenzt die Selbsttätigkeit der Freiheit des Menschen nicht bloß ab gegenüber der Frömmigkeit als „reinem Gefühl der Abhängigkeit", das „nie ein Verhältnis der Wechselwirkung bezeichnen kann"[29], d.h. gegen das „schlechthinnige Abhängigkeitsgefühl", sondern betont zugleich dessen Ausschließlichkeit. Was heißt nun „schlechthinnige Abhängigkeit", wenn sie abgegrenzt wird von jeder teilweise gegebenen Abhängigkeit? Mit der Hervorhebung der Ausschließlichkeitsbeziehung dessen, was Frömmigkeit charakterisiert, manifestiert sich der zentrale Gedanke der Philosophischen Theologie Schleiermachers.[30]

Teilweise Abhängigkeit meint für Schleiermacher das Mitbestimmtsein des menschlichen Selbstbewußtseins entweder von einzelnem Endlichen

---

[24] 1. Aufl. § 9, 1 I, 31, 8.

[25] 1. Aufl. § 9, 1 I, 31, 17f.

[26] 1. Aufl. § 9, 2 I, 31, 27.

[27] Auf die im vorliegenden Zusammenhang gegebenen Schwierigkeiten im Verständnis eines „unmittelbaren Bewußtseins des Menschen von sich" (1. Aufl. § 9, 1 I, 31, 14), in dem nicht ein gegenständliches Wissen um etwas gemeint sein soll, werden wir noch näher eingehen.

[28] 1. Aufl. § 9, 2 I, 31, 27ff.

[29] 1. Aufl. § 9, 3 I, 32, 7.

[30] 1. Aufl. § 36, 2 I, 124, 17.

bzw. von der Welt als der Gesamtheit des endlichen Seins. Schleiermacher redet daher vom „Gefühl der Notwendigkeit".[31] Auf Endliches aber kann der Mensch selbsttätig einwirken oder diesem Endlichen entgegenwirken, d. h. gegenüber Endlichem kommt das „Freiheitsgefühl" zur Geltung.

Schlechthinnige Abhängigkeit kann aber gerade nicht ein Verhältnis des Menschen zur Welt als Inbegriff des Endlichen besagen. Der Mensch gehört zu endlicher Wirklichkeit als Teil derselben, d. h. partielle Abhängigkeit findet sich innerhalb endlicher Bezüge und endlicher Gegensätze. Schlechthinnige Abhängigkeit schließt daher ein, die Einheit alles Endlichen betreffend, daß „unser Selbstbewußtsein zugleich die Gesamtheit alles endlichen dar(stellt)".[32] Das Bewußtsein unserer eigenen Endlichkeit muß, insofern wir Teil der Welt sind, die Endlichkeit des Seins in sich begreifen. „Das Einssein mit der Welt im Selbstbewußtsein ist das Bewußtsein seiner selbst als mitlebenden Theiles im Ganzen".[33] Ist sich der Mensch so in seiner Endlichkeit als schlechthin abhängig bewußt, so ist mit unserem Selbst alles Sein des Endlichen in diese Abhängigkeit mit eingeschlossen. Das unmittelbare Selbstbewußtsein ist für Schleiermacher nicht isoliert von endlicher Wirklichkeit denkbar. Mensch und Welt sind in der Einheit des Selbstbewußtseins untrennbar verbunden. Worauf bezieht sich aber die schlechthinnige Abhängigkeit menschlicher Welt?

Die Einheit alles Endlichen, die Schleiermacher in das Selbstbewußtsein als Endlichkeitsbewußtsein einbindet, meint die Welt als „die getheilte Einheit, welche zugleich die Gesammtheit aller Gegensäze und Differenzen ist".[34] Das Woher schlechthinniger Abhängigkeit kann dann aber nur Gott als „ungetheilte absolute Einheit"[35] sein. Nur vor dem Hintergrund unserer Interpretation der Dialektik kann folglich der Begriff schlechthinniger Abhängigkeit verstanden werden. *Schleiermachers philosophische Gotteslehre, so bestätigt sich nun, stellt die unabdingbare Voraussetzung für das Verständnis des Entwurfs seiner Philosophischen Theologie dar.*[36]

---

[31] 1. Aufl. § 36, 2 I, 124, 20. Zum Begriff der Freiheit vgl. 3.1.5.

[32] 1. Aufl. § 41 I, 132, 1.

[33] 1. Aufl. § 36,2 I, 124, 12. Vgl. auch 1. Aufl. § 10,2 I, 35, 13 ff.

[34] 1. Aufl. § 36,2 I, 124, 11.

[35] 1. Aufl. § 36,2 I, 124, 10.

[36] „Die unfromme Erklärung dieses Gefühls, als sage es eigentlich nur die Abhängigkeit eines einzelnen Endlichen von der Ganzheit und Gesammtheit alles endlichen aus, und beziehe sich der Wahrheit nach nicht auf die *Idee Gott*, sondern auf die *Idee Welt*, kann denen, welche das fromme Gefühl in sich tragen, nicht zusagen. Denn sie kennen dieses im Selbstbewußtsein Einssein mit der Welt auch, aber als ein anderes. Wenn man nämlich beide Ideen auf irgend eine Weise auseinander halten will, so ist doch mindestens Gott die ungetheilte absolute

Wenn vom „schlechthinnigen Abhängigkeitsgefühl" die Rede ist, bringt Schleiermacher die Beziehung von Gott und menschlicher Welt in ihrem Konvergenzpunkt des unmittelbaren Selbstbewußtseins zum Ausdruck. „Wenn daher in dem die frommen Erregungen auszeichnenden Gesetztsein einer vollkommenen, stetigen, also auf keine Art von einer Wechselwirkung begrenzten oder durchschnittenen Abhängigkeit, die Unendlichkeit des mit-bestimmenden nothwendig mitgesetzt ist, so ist dies nicht die in sich getheilte und endlich gestaltete Unendlichkeit der Welt, sondern die einfache und absolute Unendlichkeit. Und dies ist der Sinn des Ausdrucks, daß sich schlechthin abhängig fühlen und sich abhängig fühlen von Gott einerlei ist".[37] Frömmigkeit heißt, als in die Endlichkeit eingebundener Mensch sich des Von-Gott-her-seins bewußt werden. Darin kommt zum Ausdruck, was ich *Gottesglauben* genannt hatte. Welche Bedeutung und Tragweite kommt aber dieser grundlegenden Aussage in der Philosophischen Theologie Schleiermachers zu, das unmittelbare Selbstbewußtsein sei schlechthinniges Abhängigkeitsbewußtsein des Menschen von Gott?

Die transzendente Bestimmtheit des unmittelbaren Selbstbewußtseins, von der die Dialektik im Begriff des „allgemeinen Abhängigkeitsgefühls" geredet hatte, findet nun in Schleiermachers Begriff des frommen Selbstbe-wußtseins ihre nähere Explikation. Das „auf Gott sich beziehende Selbstbe-

---

Einheit, die Welt aber die getheilte Einheit, welche zugleich die Gesammtheit aller Gegensätze und Differenzen ist. Dies Einssein mit der Welt im Selbstbewußtsein ist das Bewußtsein seiner selbst als mitlebenden Theiles im Ganzen. Da nun alle mitlebende Theile in Wechselwirkung untereinander stehen: so theilt sich dieses Gefühl in jedem solchen Theile wesentlich in das Gefühl der Freiheit, sofern er selbstthätig auf andere Theile einwirkt, und in das Gefühl der Nothwendigkeit, sofern andere Theile selbstthätig auf ihn einwirken. Das fromme Selbstbe-wußtsein aber weiß von einer solchen Theilung nichts. Denn weder giebt es in Beziehung auf Gott unmittelbar ein Freiheitsgefühl, noch ist das Abhängigkeitsgefühl das einer solchen Nothwendigkeit, welcher ein Freiheitsgefühl als Gegenstük zukommen kann" (1. Aufl. § 36, 2 I, 124, 3 ff., Herv. v. mir).

[37] 1. Aufl. § 9, 3 I, 32, 30 ff. In der 1. Auflage der Glaubenslehre findet sich nicht die in der 2. Auflage (1830) bewußtseinstheoretisch mißverständliche Bestimmung Gottes als „eben das in diesem Selbstbewußtsein mitgesetzte *Woher* unseres empfänglichen und selbsttätigen Da-seins" (2. Aufl. § 4, 4 I, 28, Herv. v. Sch.). Geht man demgegenüber vom Begriff des „Mitgesetztseins Gottes" aus, dann ist die ontologische Bedeutung auch in der 2. Auflage offensichtlich, wenn es in der Anmerkung zum vorliegenden Paragraphen heißt: „Das Wort ‚Gott' wird hier dargestellt als in unserem Sprachgebiet nichts anderes bedeutend, als das in dem ursprünglichen, schlechthinnigen Abhängigkeitsgefühl Mitgesetzte. Danach müssen sich auch alle näheren Bestimmungen erst hieraus entwickeln" (a.a.O.). Vgl. dazu auch *G. Ebeling* (Gottesbewußtsein, a.a.O., 120 f.), der die ontologische Dimension ausdrücklich hervorhebt. Zum Gottesbegriff vgl. *M. Frank* (a.a.O., 110), der sich auf § 4, 4 der 2. Auflage (1830) bezieht.

wußtsein"[38] des Menschen in seiner ontologischen und darin zugleich anthropologisch-existentiellen Dimension, die die Dialektik grundgelegt hatte, greift Schleiermacher nun wieder auf. Die Schwierigkeiten und Probleme des Begriffs des „religiösen Gefühls" – als Einheit vermittelter Unmittelbarkeit – werden ungeklärt wieder begegnen.

Es ist zunächst darauf hinzuweisen, daß Schleiermacher in dieser *absoluten Bestimmtheit des Selbstbewußtseins eine allgemeine Struktur* aufzeigt, die in ihrer unmittelbaren, d.h. ursprünglichen Form „so an und für sich nicht im wirklichen Bewußtsein, sondern immer nur mit näheren Bestimmungen, also wie ein allgemeines nur durch das besondere"[39] erscheint. Schleiermacher zielt auf das allen einzelnen Erscheinungen der Frömmigkeit Identische, das zugrundeliegt und das die Frömmigkeit, wie immer sie gelebt werden mag, abhebt von teilweisem, auf bloß Endliches bezogenem Abhängigkeitsbewußtsein. Auf die wirklichen, die allgemeine Struktur realisierenden Bestimmungen kommen wir noch zu sprechen. Schleiermachers Philosophische Theologie geht jedenfalls, streng vergleichender Methode gemäß, von der Mannigfaltigkeit des Besonderen zurück auf die als allgemein begriffene Wesensstruktur der Frömmigkeit, d.h. auf das schlechthinnige Abhängigkeitsbewußtsein von Gott. „Nothwendig mitgesezt", wie es im § 9 hieß, bedeutet dann, daß die Ursache für die notwendige Wesensstruktur der Frömmigkeit die absolute Unendlichkeit Gottes ist, die im unmittelbaren Selbstbewußtsein die Einheit der Abhängigkeit des endlichen Seins vom unendlichen Sein ermöglicht und begründet. Wieder stößt man auf Schleiermachers zentralen Gedanken des „Mitgesetztsein Gottes im Gefühl".

Von daher wird verständlich, daß Schleiermacher in seiner „Kurzen Darstellung" den Vorwurf, Frömmigkeit sei eine Verirrung des menschlichen Geistes, als Atheismus bezeichnet. Wenn die Bestimmtheit des Selbstbewußtseins als schlechthinnigem Abhängigkeitsbewußtsein in der Unendlichkeit Gottes begründet ist, *dann heißt die Frömmigkeit leugnen, Gott selbst zu leugnen*. Vom Gottesbegriff her entscheidet sich daher die Bestimmung des Wesens des Glaubens.[40]

---

[38] 1. Aufl. § 36, 2 I, 124, 23.

[39] 1. Aufl. § 36, 1 I, 123, 16f. Genau diese Absicht verfolgt der § 9: „Das gemeinsame aller frommen Erregungen, also das Wesen der Frömmigkeit ist dieses, daß wir uns unserer selbst als schlechthin abhängig bewußt sind, das heißt, daß wir uns abhängig fühlen von Gott" (1. Aufl. § 9 I, 31).

[40] Ganz ausdrücklich hebt *T. H. Jørgensen* die Bedeutung der christlich-philosophischen Tradition der Gotteslehre für Schleiermachers Wesensbestimmung des Gottesglaubens als „schlechthinnigem Abhängigkeitsgefühl" hervor. Im Gegensatz zu anderen Schleiermacher-

Es ist wichtig zu sehen, daß Schleiermachers Philosophische Theologie die *ontologische Struktur der Subjektivität der Frömmigkeit* als Einheit von göttlicher Ursächlichkeit und menschlich-schlechthinniger Abhängigkeit, d. h. als Innerlichkeit faßt. Äußerlich gehört zur Frömmigkeit, darauf kommen wir noch zu sprechen, die weltliche Bestimmtheit des Selbstbewußtseins. Ist aber innerlich das „Mitgesetztsein Gottes" das Bestimmende, dann ist als nachgeordnet zu verstehen, was das menschliche Selbstbewußtsein als „Gefühl" äußerlich bestimmt, denn all dieses ist dem Bereich des Zufälligen, nicht Wesentlichen zuzurechnen. Gottes Offenbarung in Christus bezieht sich demgegenüber auf die im Menschen noch nicht verwirklichte Einheit von Gott und Mensch, die im „schlechthinnigen Abhängigkeitsgefühl" aufscheint. Schleiermachers Konzentration auf das unmittelbare Selbstbewußtsein als innerer Dimension menschlichen Daseins muß als der Versuch interpretiert werden, die Vorgegebenheit der Frömmigkeit als innerer, jedem Menschen zukommenden ontologischen Einheit von göttlichem Sein und endlichem Sein im „absoluten Abhängigkeitsgefühl" sicherzustellen, methodisch abgesehen von allen äußerlich möglichen geschichtlichen Einflüssen. Ist mit menschlicher Existenz Gott als höchstes Wesen „notwendig mitgesetzt" als die schlechthinnige Abhängigkeit begründend – hier zunächst als allgemeine, An-sich-Struktur gefaßt –, so hofft Schleiermacher der atheistischen Kritik des Gottesgedankens in der Aufklärung in seiner Philosophischen Theologie begegnen zu können. Schon Schleiermachers Frühschrift (1799) „Über die Religion" hatte – wenngleich sehr viel stärker in von romantischem Geist beeinflußter Darstellungsweise – diese Absicht, ja man findet dieses Bemühen Schleiermachers in allen Schriften.

Interpreten fordert Jøergensen für jede Kritik des Gottesglaubens als „schlechthinnigem Abhängigkeitsgefühl" eine differenzierte Auseinandersetzung: „Eine Kritik an Schleiermachers Wesensbestimmung der Frömmigkeit muß diesen Zusammenhang respektieren und letztlich eine Kritik seiner Gotteslehre und der Gotteslehre dieser Tradition sein, indem zu fragen ist, ob diese Gotteslehre wirklich das Spezifikum der christlichen Gotteslehre zum Ausdruck bringt" (a.a.O., 226, Anm.). Diese Aussage sollte zur Interpretationsregel jeder Kritik Schleiermachers erhoben werden, um den Mißverständnissen einer unzureichenden Beurteilung seines Gottesbegriffs vorzubeugen. Zurecht hat daher *R. Stalder* (a.a.O., 301–400) gerade die Anknüpfung Schleiermachers an die christliche Tradition der Gotteslehre betont und die anti-idealistische Tendenz als Positivum der Gotteslehre Schleiermachers hervorgehoben.

3.1.3 „Das schlechthinnige Abhängigkeitsgefühl" des endlichen Selbstbewußtseins

Hatte Schleiermacher bisher die *transzendente und immanente Bestimmtheit* des unmittelbaren Selbstbewußtseins, d.h. das „Mitgesetztsein Gottes" als Grundvoraussetzung der Frömmigkeit dargestellt und sich in diesem Aufweis der Wesensstruktur der Frömmigkeit auf die *allgemeine* Einheit der Abhängigkeit des endlichen Seins vom unendlichen Sein Gottes beschränkt, so fragt er jetzt genauer nach der *endlichen Bestimmtheit* des religiösen Selbstbewußtseins, d.h. Frömmigkeit wird jetzt in ihrem Ineinander von transzendenter und immanenter Bestimmtheit Thema der Philosophischen Theologie.[41]

Das innerlich vorausgesetzte, allen Menschen gemeinsame „schlechthinnige Abhängigkeitsgefühl" von Gott kontrastiert Schleiermacher nun genauer mit dem Gedanken von Gott. So bemerkt er in einem Zusatz zum § 9, daß ungeachtet der Frage, was von beidem als früher anzusetzen sei, letztlich die reflexive Betrachtung der Frömmigkeit (religiöse Reflexion) in jedem Fall dazu führen wird, „den Gedanken des höchsten Wesens zu bilden. Und der auf diesem Wege sich bildende Gedanke ist es auch allein, mit dem wir es im folgenden zu thun haben".[42] Immer wieder wird das Bemühen Schleiermachers begegnen, seine Philosophische Theologie allein in ihrer Bestimmung als theologische Disziplin verstehen zu wollen. Theologisches Bedenken des Glaubens an Gott ist für Schleiermacher aber unverdächtig, setzt Theologie als „positive Wissenschaft" den christlichen Glauben doch immer schon voraus. Man wird Schleiermacher daher nur dann zutreffend verstehen und interpretieren können, wenn man in dieser Argumentation seiner Philosophischen Theologie die Bemühung erkennt, jede Möglichkeit einer Begründung des Glaubens an Gott aus einem philosophischen Wissen von Gott auszuschließen. So ist auch zu verstehen, wenngleich die enthaltenen Schwierigkeiten nicht gelöst sind, daß nur durch den Zusammenhang des Denkens, in welchen er gehört, der Gedanke von Gott, wie ihn die Theologie formuliert, vom philosophischen Begriff von Gott bestimmt unterschieden werden können soll.

---

[41] *T. H. Jøergensen* beurteilt zutreffend – ohne die in der Sekundärliteratur üblichen Vorbehalte – den Stellenwert der „Einleitung" in die Glaubenslehre, wenn er sie als „eine mit philosophischen Kategorien unternommene Wesens- und Ortsbestimmung erfahrbarer Frömmigkeit, die der Klarstellung des eigenartigen und selbständigen Ursprungs religiöser Rede dienen soll" (a.a.O., 236) bezeichnet.

[42] 1. Aufl. § 9,3 I, 33, 2f.

Wenn Schleiermacher daher im Zusatz zu § 9 meint, ein ausgebildetes Denken (hier Schleiermachers Denken) erreiche schließlich, im Ausgang von der Betrachtung des frommen Selbstbewußtseins auch den Gedanken von Gott, dann kann dies nur heißen, daß theologisches Wissen von Gott und philosophisches Wissen von Gott miteinander in Beziehung treten müssen. Die allgemeine *theologische Prinzipien* betreffende Übereinstimmung von Philosophischer Theologie und Philosophie der Dialektik in der Bestimmung des Verhältnisses von Gott, Welt und Mensch bringt diese gegenseitige Beziehung zum Ausdruck. Die Bedeutung der philosophischen Gotteslehre für den Zusammenhang des Entwurfs einer Philosophischen Theologie hat Schleiermacher – auf der Grundlage des mitgesetzten göttlichen „Urwissens" – unzweideutig markiert, wenn es heißt: „Das wissenschaftliche Bestreben, welches auf Anschauung des Seins in allen seinen verschiedenen Verzweigungen ausgeht, muß, wenn es nicht in Nichts zerrinnen soll, ebenfalls mit dem höchsten Wesen anfangen oder enden; und im Einzelnen kann oft zweifelhaft sein, ob ein Gedanke, der etwas vom höchsten Wesen aussagen will, zunächst der Ausdruck einer frommen Erregung des Gemüths ist, oder ob unmittelbar aus der höheren Wissenschaftlichkeit entsprungen".[43] Im I. Teil der Glaubenslehre, speziell der „Lehre von den göttlichen Eigenschaften", hat Schleiermacher dieser für sein Denken entscheidenden Voraussetzung Rechnung getragen, in einer, wie ich es genannt hatte, Philosophischen Theologie der Gotteslehre.[44] Sie muß auf die philosophische und theologische Tradition des Denkens zurückgreifen und setzt die Übereinstimmung von theologischem Wissen von Gott und allgemeinem philosophischen Wissen von Gott voraus. Ist in philosophischem Wissen aber Gott als Prinzip des Wissens mitgesetzt gedacht, dann kommen theologisches Wissen von Gott und philosophisch-theologisches Wissen von Gott darin überein, d. h. sind darin kongruent, daß sie, streng genommen, im Gottesgedanken nur nachvollziehend bedenken, was Grundvoraussetzung sowohl des Wissens

---

[43] 1. Aufl. § 2,2 I, 15, 9f.

[44] Vgl. 2.5.2. Es scheint mir angebracht, statt vom „Gottesbewußtsein im allgemeinen" von Gottesglauben zu reden. Insofern im „schlechthinnigen Abhängigkeitsgefühl" eine Bestimmtheit des ganzen Daseins gemeint sein soll, ist mit Gottesglauben genau die Einheit vermittelter Unmittelbarkeit des „religiösen Gefühls" gemeint. Demgegenüber sollte der Begriff des Gottesbewußtseins weniger der subjektiven Einheit des religiösen Selbstbewußtseins als vielmehr dem objektiven Gottesbewußtsein der Gottesvorstellungen vorbehalten sein. „Denn die Glaubenslehre hat es ebensowenig mit dem objektiven Bewußtsein unmittelbar zu tun als die reine Wissenschaft mit dem subjektiven" (2. Aufl. § 33,3 I, 180). Schleiermacher redet in einer handschriftlichen Anmerkung daher auch vom „ursprünglich objektiven Gottesbewußtsein" (a.a.O., Anm. a.).

als auch Grundvoraussetzung des Glaubens ist. Ist zugleich der Glaube als geschichtlicher Glaube aber immer mitvorausgesetzt für philosophisch-theologische Reflexion, dann ist die *geschichtliche Offenbarung Gottes,* wie noch zu zeigen sein wird, notwendig mitanzunehmen.

Von diesem Ansatz her versucht Schleiermacher die Kritik der Vernunft am Gottesgedanken zu entschärfen. So muß das Wissen der Philosophischen Theologie, im Ausgang von der transzendenten Bestimmtheit des unmittelbaren Selbstbewußtseins, die Notwendigkeit und Wahrheit des Glaubens für den Menschen, nicht um diese zu konstituieren, sondern um sie in apologetischer Absicht gegen die Behauptung des Atheismus, der den Glauben als eine geistige Verfehlung und Verirrung betrachtet, verteidigen – *eine Grundaufgabe der Fundamentaltheologie.*[45] Eine heutige Interpretation muß gerade auch in ökumenischer Hinsicht, die zeitgeschichtlich verständliche Zurückhaltung Schleiermachers überwindend, die Bedeutung des Gottesgedankens für die Frömmigkeit wieder deutlich machen. Schleiermachers Philosophische Theologie findet ihren archimedischen Punkt im Gottesbegriff, und alle Linien der Argumentation gehen vom Gottesbegriff aus und führen auf ihn zurück.[46] Da Schleiermachers Philosophische Theologie im „*Gefühl von Gott*" die Grundbedingung und den Konvergenzpunkt vom Glauben und Wissen annimmt, behauptet Schleiermacher, daß das „schlechthinnige Abhängigkeitsgefühl" „die Stelle aller Beweise vom Dasein Gottes"[47] vertritt.

---

[45] Bereits in der 1909 erschienenen Arbeit von *H. Scholz* wird die „apologetische Haltung der Glaubenslehre" (a.a.O., 119–198) in einem eigenen Kapitel verhandelt. Die zentrale Aussage darin macht die offensichtliche Übereinstimmung mit der Absicht unserer Untersuchung deutlich: „Die Einheit von Glauben und Wissen, auf eine Behandlungsweise gestützt, die jeden Konflikt der Methoden vermeidet und jeden Zusammenstoß der Prinzipien von vornherein unmöglich macht: das ist das apologetische Programm der Glaubenslehre (a.a.O., 123). Die an neuzeitlichen Fragestellungen gewonnenen Methoden und Prinzipien in Schleiermachers Denken – erinnert sei an die Auseinandersetzung mit dem Atheismus – unterstreichen die Bedeutung der Philosophischen Theologie für heutiges fundamentaltheologisches Denken.

[46] Auf das „theozentrische Gefüge" des Schleiermacherschen Denkens weist *H. Scholz* (a.a.O., 40 ff.) wiederholt hin. „Es ist klar, daß eine Philosophie, deren Lebenswurzel der Gottesgedanke ist, für eine Annäherung an das Christentum ganz anders prädestiniert sein muß, als etwa der philosophische Kritizismus" (a.a.O., 44). Und offensichtlich gegen den unermüdlich in der Rezeptionsgeschichte erhobenen Vorwurf des philosophischen Charakters der Theologie gerichtet, fügt Scholz hinzu: „Das ist, wiewohl es so nahe liegt, selten deutlich genug gesagt worden und es sei deshalb ausdrücklich betont" (a.a.O.).

[47] 1. Aufl. § 38 I, 127, 5. „Die Anerkennung, daß jenes Abhängigkeitsgefühl eine wesentliche Lebensbedingung sei, vertritt für uns die Stelle aller Beweise vom Dasein Gottes, welche bei unserem Verfahren keinen Ort finden" (1. Aufl. § 38, I, 127). Deutlicher als die 1. Aufl.

Gegenstand der Philosophischen Theologie in der Bestimmung des Wesens
des Glaubens bildet daher das unmittelbare Selbstbewußtsein als Gottesglaube in seiner Einheit mit dem endlichen Selbstbewußtsein des Menschen.

Sind Intention und Schwerpunkt der Philosophischen Theologie deutlich,
von denen her eine systematische Interpretation auch widersprüchlicher
Textpassagen sich leiten lassen muß, will sie ein angemessenes Verständnis
Schleiermachers erreichen, so können doch die Versuche, das Problem
reflexiver Vermittlung von „Gefühl von Gott" und „Gedanken von Gott" zu
lösen, nicht genügen. Dies wiegt umso schwerer, als Schleiermachers Begriff
des „Gefühls" als Einheit von Wissen und Wollen eine genauere Problembe-
stimmung ermöglicht als Schleiermacher sie dann selbst gibt. Wir hatten in
unseren Ausführungen zur Dialektik – und diese müssen wir hier voraussetzen – schon für die religiöse Reflexion die *Thematik des „Übergangs" von
„Gefühl" und Gottesbewußtsein* hervorgehoben.[48]

Die auftretenden Verständnisschwierigkeiten des § 10 liegen darin begründet, daß Schleiermacher vom Begriff des unmittelbaren Selbstbewußtseins
ausgeht, jedoch mit „frommen Selbstbewußtsein" die oszillierende Bedeu-
tung des Begriffs des „religiösen Gefühls" der Dialektik wiederholt. Um
Mißverständnisse zu vermeiden, muß man daran erinnern, daß wir das
„Gefühl" einmal als Einheit vermittelter Unmittelbarkeit, zum anderen als
Einheit der Unmittelbarkeit voneinander unterschieden hatten. Sowohl der
§ 9 als auch der § 10 schneiden nun in Zusätzen und dort in sehr knapper
Form das Problem der Vermittlung des „Gefühls von Gott" mit endlichem
Selbstbewußtsein an. Die *Einheit vermittelter Unmittelbarkeit* aber schließt
die bewußtseinsmäßige *Vermittlung von „Gefühl von Gott" und Gedanken
von Gott* mit ein, ist jedoch zugleich – wie von Schleiermachers philosophischer Anthropologie her gezeigt wurde – als ontologisch-existentielle Vermittlung zu begreifen. Für die Philosophische Theologie ist es daher von
Beginn an unmöglich, vom unmittelbaren Selbstbewußtsein auszugehen,
ohne zugleich die Einheit vermittelter Unmittelbarkeit zum Ausdruck zu
bringen.[49]

(1821/1822) präzisiert die 2. Aufl. (1830): „Die Dogmatik also muß überall die unmittelbare
Gewißheit, den Glauben, voraussetzen, und hat also auch was das *Gottesbewußtsein im
allgemeinen* betrifft, nicht erst die Anerkennung desselben zu bewirken, sondern nur den
Inhalt desselben zu entwickeln" (2. Aufl. § 33, I, 178, Herv. v. mir).

[48] Vgl. 2.5.

[49] *F. Wagner* (a.a.O., 191) hat zurecht gegen *D. Offermann* eingewandt, daß das Problem der
Vermittlung nicht genügend berücksichtigt ist, wenn man einfach eine „Komplexität des
Grundbegriffs" (a.a.O., 91) des unmittelbaren Selbstbewußtseins behauptet. Auch der

Schleiermachers Philosophische Theologie unterscheidet zwei Formen des Selbstbewußtseins, das „schlechthinnige Abhängigkeitsgefühl" als Einssein des endlichen Seins mit dem unendlichen Sein Gottes und das „sinnliche Selbstbewußtsein", das die Beziehung des Daseins zu endlichem Sein im „Gefühl" der Notwendigkeit und Freiheit bedeutet. Nur in deren gleichzeitigem Ineinander in der Einheit des Selbstbewußtseins wird Schleiermachers allgemeiner Begriff der Frömmigkeit verständlich. Schleiermachers Absicht liegt eben darin, die Einheit der zeitlosen Abhängigkeit als Einheit der endlichen Gegensätze in ihrer Abhängigkeit von der absoluten Einheit Gottes im religiösen Selbstbewußtsein des Menschen zu thematisieren. Eine Trennung von schlechthinnigem Abhängigkeitsbewußtsein und sinnlichem Selbstbewußtsein würde jedoch die „Einheit des Lebens"[50] zerstören, die Schleiermacher im Begriff des religiösen Selbstbewußtseins denkt, dessen vollkommenste Ausformung sich erst als Durchdringung von transzendenter und immanenter Bestimmtheit begreifen läßt. Der Zusammenhang menschlichen Daseins als „Einheit des Lebens" im „Gefühl" – Schleiermacher redet auch von der „menschlichen Seele"[51], d.h. vom inneren Bestimmtsein des Men-

---

Hinweis von *T. H. Jøergensen* auf Schleiermachers „Unterscheidung von Anlaß und Inhalt der Gefühle" (a.a.O., 221) kann die Einheit vermittelter Unmittelbarkeit des „religiösen Gefühls" nicht zufriedenstellend erklären. Dies zeigt sich dann in aller Deutlichkeit, wenn Jøergensen in seinen Ausführungen das Thema „Gottesoffenbarung und Sprache" (a.a.O., 235–270) aufnimmt. Die folgende zentrale Aussage, über die Jøergensen nicht hinausgelangt, erklärt das Problem der Vermittlung von „Gefühl von Gott" (Glauben) und Wissen von Gott, nicht zureichend: „Die Sprachwerdung ist das primäre, das ursprüngliche Geschehen. *Nicht der Mensch* spricht das im unmittelbaren Selbstbewußtsein mitgesetzte Woher seines schlechthin abhängigen Daseins als Gott aus, *sondern Gott selbst* spricht sich im Menschen *als Gott* aus" (a.a.O. 243, Herv. v. J.). Demgegenüber spricht *G. Ebeling* von einer „Ambivalenz des Sprachproblems" (Gottesbewußtsein, a.a.O., 133), indem er die endliche Beschränktheit aller sprachlichen Bestimmungen im Reden von Gott betont. Daß aber „der an die Reflexion über das Abhängigkeitsgefühl gebundene Rückgriff auf den Ausdruck ,Gott' nicht nur durch die Reflexion, sondern auch durch die an die Sprache geknüpfte theologische und philosophische Tradition vermittelt ist" (*F. Wagner*, a.a.O., 201) – diese Konsequenz zieht Ebeling nicht. Allein vom Denken her läßt sich aber unterscheiden, ob sich der Gottesglaube „wahrhaft auf Gott und nicht nur auf irgendein x bezieht, das sich im Sinne Feuerbachs auch einer bloßen Projektion des Selbstbewußtseins verdanken könnte" (Wagner, a.a.O.). Mit dieser unabdingbaren Forderung ist aber in keiner Weise eine Begründung des „schlechthinnigen Abhängigkeitsgefühls" durch das Wissen der Vernunft gegeben.

[50] 2. Aufl. § 5, 1, I, 31.

[51] 1. Aufl. § 10, 3 I, 37, 41. Zur Bedeutung des Begriffs der „menschlichen Seele", der in der 1. Aufl. (1821/22) auffallend oft begegnet, sei auf die Arbeit *R. Stalders* verwiesen, der Schleiermachers Nähe zu *Augustinus* und der Tradition christlicher Philosophie besonders hervorhebt.

schen – wird nun gleichfalls als „eingeboren"[52] behauptet. „Sofern aber das
Mitgesetztsein des höchsten Wesens mit unserem Ich allein zusammentref-
fend, Selbstbewußtsein erzeugte, wäre gar kein Grund zur Veränderung und
also auch keine zeitliche Bestimmtheit gegeben. Sondern nur sofern wir
schon ein zeitlich bestimmtes werden, d. h. im sinnlichen Selbstbewußtsein
begriffen sind, kann jenes Mitgegebene mit unserem Ich ein bestimmtes
Selbstbewußtsein erzeugen, welches dann . . . die mit einem sinnlichen Gefühl eins gewordene fromme Erregung ist"[53]. Als endliches Dasein kann sich
nach Schleiermacher der Mensch weder aus dem immer bestehenden Zusammenhang mit dem Endlichen noch aus dem ihm „eingeborenen" Zusammenhang der Abhängigkeit vom Unendlichen lösen. Hatte Schleiermacher im „absoluten Abhängigkeitsgefühl" zunächst die innere Bestimmtheit
menschlichen Seins durch *Gott* gefaßt (transzendente Bestimmtheit), so tritt
jetzt die besondere Beschaffenheit der menschlichen Sinnlichkeit selbst in den
Vordergrund, d. h. unser sinnliches Affiziertsein von den Gegebenheiten der
Welt (immanente Bestimmtheit).

Da das menschliche Selbstbewußtsein aber immer wechselnder, von außen es affizierender Bestimmtheit unterliegt, gehört zu dieser sowohl Abhängigkeit, die Schleiermacher im „Gefühl der Notwendigkeit" gefaßt hatte als
auch das „Gefühl" der Freiheit als Gegenwirkung gegen die Abhängigkeit.
Aus der *Einheit des „Gefühls" als zeitloser Einheit des zeitlichen „Übergangs"*
und Vollzugs des endlichen Selbstbewußtseins definiert Schleiermacher das
„sinnliche Gefühl" als im Gegensatz begriffen, „in welchem das insich-
zurückgehende Gefühl und die gegenständliche Anschauung"[54] auseinandertreten, d. h. das unmittelbar-ursprüngliche Selbstbewußtsein und das
endliche Selbstbewußtsein auseinandertreten. „Alles *Gefühl nun, welches*
innerhalb dieses Gegensazes als bestimmter Zustand des Menschen im Zusammensein mit irgend etwas hervortritt, nennen wir ein sinnliches".[55] Ohne
diese Bestimmung des „Gefühls" wäre nicht denkbar, wie die bloße Innerlichkeit der Frömmigkeit als Einheit vermittelter Unmittelbarkeit behauptet
werden könnte. Aus diesem Verständnis von Frömmigkeit in ihrer allgemeinen Bestimmung ergibt sich, daß in konkret gelebter Frömmigkeit endlich-
geschichtlicher Menschen die „Einheit des Lebens" von Gott und Mensch in
sehr unterschiedlichen Formen und sehr verschiedenen Intensitätsgraden
zum Ausdruck kommen muß. „Auch wird niemand sich bewußt werden

---

[52] 1. Aufl. § 10, 4 I, 36, 12.
[53] 1. Aufl. § 10,5 I, 37, 6f.
[54] 1. Aufl. § 10, 1 I, 34, 13.
[55] 1. Aufl. §10,1 I, 34, 20f., Herv. v. mir.

können eines schlechthin allgemeinen Abhängigkeitsgefühls von Gott, sondern immer eines auf einen bestimmten Zustand bezogenen".[56]

In gleicher Weise erreicht aber auch allein in der Frömmigkeit das an die Endlichkeit gebundene endliche Selbstbewußtsein eine höhere Stufe, in der die Gegensätzlichkeit zu Endlichem aufgehoben wird in die Abhängigkeit der Gesamtheit des Endlichen vom Unendlichen. Daher beschreibt Schleiermacher eine zweifache Weise der „Vollendung des Gefühls".[57] Diesen Zusammenhang gilt es besonders hervorzuheben, insofern alle weiteren Ausführungen der Philosophischen Theologie Schleiermachers auf dieser Grundlage entworfen sind, ja allein verständlich werden. Die vorliegende Interpretation sieht gerade in dieser *„Vollendung des Gefühls" die Vermittlung der Unmittelbarkeit* von Schleiermacher selbst vorgezeichnet, ohne daß Schleiermacher diese in der Darstellung der Frömmigkeit als unmittelbarem Selbstbewußtsein selbst thematisch gemacht hätte. Ganz am Text orientiert soll in der Deutung ein Verständnis der ontologischen Grundbestimmtheit des „Gefühls" versucht werden, die als „schlechthinniges Abhängigkeitsgefühl" notwendige Wesensbestimmung menschlichen Daseins ist. In ihrer zeitlichen Bestimmtheit entbirgt diese sich und tritt in Erscheinung, in die Vermittlung des Innern mit dem geschichtlichen Außen.

„Die Vollendung des Gefühls also läßt sich auf eine zweifache Weise beschreiben. Von unten herauf so, das lebendige sinnliche Gefühl, in welchem die Seele sich dem umgebenden Sein entgegensezt, nachdem es sich zur Klarheit entwickelt hat, . . . steigert sich dahin, daß in jeder Bestimmtheit des Selbstbewußtseins zugleich die Abhängigkeit von Gott gesezt ist. Von oben herab aber so, die an sich unbestimmte Neigung und Sehnsucht der menschlichen Seele, das Abhängigkeitsverhältniß zu dem höchsten Wesen, welches auch ihre Gemeinschaft mit demselben ist, in ihrem Selbstbewußtsein auszusprechen, indem sie heraustreten will, verschmilzt mit jeder von außen her entstehenden sinnlichen Bestimmtheit des Selbstbewußtseins und dadurch werden beide zusammen eine bestimmte fromme Erregung".[58] Das Innen drängt – so ist der Text zweifellos zu interpretieren – in die Vermittlung mit dem Außen und schließt so das Außen in das Innen ein; ermöglicht ist dieser gegenseitige Prozeß durch die *Vermittlungsebene des „Gefühls",* die die gleichbleibende Einheit des zeitlichen Vollzugs von Denken und Sein bildet. So tritt die ontologische Verbindung des Menschen mit Gott, die Schleiermacher als schlechthinnige Abhängigkeit von Gott versteht, auch in sprachliche

---

[56] 1. Aufl. § 10, 5 I, 37, 10f.
[57] 1. Aufl. § 10, 5 I, 37, 17.
[58] 1. Aufl. § 10, 5 I, 37, 14f.

Vermittlung und verwebt sich so notwendig auch mit dem gegenständlichen Bewußtsein des Menschen.

Von diesem Zusammenhang her bestätigt sich erneut in unserer Interpretation die Annahme des „religiösen Gefühls" als Einheit vermittelter Unmittelbarkeit. Schleiermacher spitzt die Problemstellung noch zu, wenn er behauptet, daß jedes bestimmte Selbstbewußtsein „welches aber nicht Abhängigkeitsgefühl von Gott geworden, sondern auf dem Gebiet des bloßen Gegensatzes stehengeblieben ist"[59] nicht eigentlich menschliches Selbstbewußtsein genannt werden könne. Streng genommen gilt dies aber nur dann, wenn sich das fromme Selbstbewußtsein nicht zur Klarheit entwickelt hat. In der 2. Auflage 1830 hat Schleiermacher die Vermittlung des „Gottesbewußtseins" auch als das „unmittelbare innere Aussprechen des schlechthinnigen Abhängigkeitsgefühls"[60] zu bezeichnen versucht. Kann man wirklich voraussetzen, Schleiermacher sei entgangen, daß es eine unmittelbare sprachliche Reflexion nicht geben kann? Es sei an die Dialektik erinnert, in der in gleicher Weise eine derart paradoxale Formulierung zu finden war.[61] Der Kontext, in dem Schleiermacher eine derartige Ausdrucksweise verwendet, zeigt aber unbestreitbar die implizite Inanspruchnahme reflexiver Vermittlung. In den Kontext des von uns ausführlich zitierten § 10, 5, der auf die Vermittlungsproblematik in Schleiermachers Denkansatz geführt hat, gehört auch der § 11: „Nur vermöge dieses Aufnehmens des sinnlichen Gefühls hat auch das fromme Antheil an dem Gegensaz des Angenehmen und Unangenehmen"[62], d. h. am endlichen „Gegensaz zwischen Hemmung und Förderung des Lebens ... innerhalb des Lebens".[63] Das vermittelnde Ineinander und Gegeneinander von „Gefühl von Gott" und menschlich-endlichem Selbstbewußtsein tritt erneut in den Mittelpunkt. Der positive und negative Wechselfälle des Lebens umspannende Gegensatz geht nicht einfachhin ins fromme Selbstbewußtsein und prägt sich in diesem aus; vielmehr erfährt die von der sinnlichen Bestimmtheit ausgehende Einwirkung auf das Selbstbewußtsein eine Transformation durch das Selbstbewußtsein der Frömmigkeit. Denn diesem kommt eine „höhere Richtung" als der Richtung sinnlicher

---

[59] 1. Aufl. § 10,5 I, 37, 30f. Vgl. 1. Auf. § 37,2 I, 125, 35ff.

[60] 2. Aufl. § 5, 5 I, 40.

[61] Vgl. die Behauptung, daß es eine „unmittelbare Reflexion des Selbstbewußtseins, worin die Wahrheit des höchsten Wesens niedergelegt ist" (O, 311) gebe. Der Widerspruch ist offensichtlich, wenn diese Reflexion für sich Unmittelbarkeit behauptet, in den von ihr gegebenen Bestimmungen aber sprachliche theologische und philosophische Tradition voraussetzen muß, d. h. vermittelt sein muß.

[62] 1. Aufl. § 11, I, 38.

[63] 1. Aufl. § 11, 4 I, 40, 15.

Bestimmung zu, nämlich *„sich Gottes bewußt (zu) werden".*[64] Schleiermacher
nennt nun bezeichnenderweise diesen Vorgang der Einbeziehung des sinnlichen Gefühls in das fomme Gefühl die *„Hineinbildung* der frommen Richtung in die sinnlichen Gefühle".[65]

Hemmung und Förderung menschlichen Lebens erreichen nach Schleiermacher aus der Orientierung des Menschen an Gott in ganz eigener Weise
eine neue Qualität. Schon der § 10 hatte die Möglichkeiten umrissen, das
endliche Selbstbewußtsein des Menschen – wir hatten in der Dialektik auch
vom Welt- und Selbstbewußtsein des Menschen geredet – in Verbindung mit
dem Gottesbewußtsein, d. h. dem „Abhängigkeitsgefühl" von Gott zu „voll-
enden". In einer gleichsam gegenläufigen Tendenz und Ergänzung bildet das
Gottesbewußtsein, besser: der Gottesglaube, das Selbst- und Weltbewußtsein des Menschen um, indem dieses assimiliert und darin zugleich transfor-
miert wird auf die transzendent-immanente „Bestimmtheit der Seele"[66] hin.
Diese „Hineinbildung" des Gottesbewußtseins ins menschliche Selbst-und
Weltbewußtsein – doch nicht anders zu verstehen als ermöglicht durch die
sprachlich-reflexive Vermittlung, die innerhalb des Lebens im Bewußt-Sein
des Menschen wirksam und tätig ist, wenngleich verschieden stark ausgebildet – diese „Hineinbildung" wird Schleiermacher im II. Teil der Glaubenslehre vom Begriff der Erlösung her wieder aufgreifen und vom Gegensatz
von Sünde und Gnade her als Hemmung und Förderung menschlichen
Lebens und christlichen Glaubens bestimmen. Die „Einleitung" wird im § 18
(1. Aufl.) für den Begriff des Wesens des christlichen Glaubens diese Thematik miteinbeziehen. Wir werden darauf noch zu sprechen kommen.

Halten wir hier fest, daß die Bestimmung des *Gottesglaubens* das Selbstbewußtsein des Menschen meint, das in seinem In-der-Welt-Sein einbezogen ist
in die Einheit der absoluten Abhängigkeit alles Endlichen von Gott.

Ganz offensichtlich hat Schleiermacher von seiner Annahme der „Vollendung des Gefühls" her – soll man sagen, vollendeten Vermittlung des „Gefühls" her? – sehr bewußt die Schwierigkeiten seines Argumentationsver-
suchs gesehen. Ein Textvergleich beider Auflagen an dieser Stelle wäre
aufschlußreich. Ich beschränke mich darauf, hervorzuheben, daß Schleiermacher eine gegenüber religionskritischen Vorwürfen anthropologischer
Projektionsinhalte der Gottesvorstellungen ganz entscheidende Differenz
einbringt; er führt diese Differenz jedoch weder genauer aus, noch gibt er in
der Glaubenslehre den philosophischen Kontext an, von dem her sie in

---

[64]   1. Aufl. § 11, 2 I, 39, 19.
[65]   1. Aufl. § 11, 3 I, 39, 30.
[66]   1. Aufl. § 11, 2 I, 39, 16.

seinem Denken möglich ist. Der Text der 2. Auflage ist allerdings deutlicher als der Text von 1821/1822.[67]

Schleiermacher betont, „daß Gott nicht menschenähnlich sei"[68], daß allerdings in der Ebene sprachlich-reflexiver Vermittlung – dort jedoch allein – endliche Bedingtheit des Menschen unvermeidlich sich miteinbringe. „Die Gläubigen", sagt Schleiermacher, „berufen sich darauf, daß sie dies menschenähnliche nur *im Sprechen* nicht vermeiden könnten, *im unmittelbaren Bewußtsein* aber wol aufzuheben oder wenigstens zu sondern vermöchten".[69]

In der 2. Auflage setzt Schleiermacher den Inhalt des Gottesglaubens und den philosophischen Begriff Gottes, „Gefühl von Gott" und Gedanken von Gott identisch. Dort heißt es: „Denn diejenigen, welche sich anderwärts her eines ursprünglichen Begriffs vom höchsten Wesen erfreuen, von der Frömmigkeit aber keine Erfahrung haben, wollen nicht aufkommen lassen, daß das Aussprechen jenes Gefühls *dasselbige als das darin wirksame setze, was ihr ursprünglicher Begriff aussagt*".[70] Wie legitimiert sich von Schleiermachers Philosophischer Theologie her diese Behauptung, „Begriff von Gott" und „ein ihn repräsentierendes Gefühl"[71] in Beziehung zu setzen?

Fragt man so, dann erinnert schon die Begrifflichkeit an die Annahme der Dialektik, das „religiöse Gefühl" sei die „Repräsentation des transzendenten Grundes".[72] Unzweifelhaft kann Schleiermacher nur aufgrund seiner philosophischen Theorie des unmittelbaren Selbstbewußtseins und dessen Analogie mit dem transzendenten Grund behaupten, Gott sei „nicht menschenähnlich". Denn die Dialektik hatte in der Unterscheidung der Idee der Welt und der Idee Gottes Identität und Differenz von Endlichem und Unendlichem deutlich gemacht. Von daher kann Schleiermacher für die ontologische Vermittlungsebene von Gott, Welt und Mensch im „religiösen Gefühl" der Menschen beanspruchen, Göttliches und Menschliches unterscheiden zu können.

Nimmt man daher diese Voraussetzungen und Zusammenhänge der Philosophischen Theologie wieder auf, die in Schleiermachers philosophischer Gotteslehre und Anthropologie nach unserer Interpretation gegeben

---

[67] Vgl. 1. Aufl. § 10,5 I, 37 f., bzw. 2. Aufl. § 5, 5 I, 40 f. Daß Schleiermacher *Fichtes* Kritik der Gottesvorstellungen in den Religionen gegenwärtig war, zeigt eine handschriftliche Anmerkung zum 1. Teil der Glaubenslehre (vgl. 2. Aufl. § 5, 5 I, 40, App. b.).

[68] 1. Aufl. § 10, 5 I, 38, 6.

[69] 1. Aufl. § 10, 5 I, 38, 12 f., Herv. v. mir.

[70] 2. Aufl. § 5, 5 I, 40, Herv. v. mir.

[71] 2. Aufl. § 5, 5 I, 41. Vgl. zum Problem der „Repräsentation" *M. Frank*, a.a.O., 121.

[72] Vgl. O, Hs, 289.

waren, dann wird man Schleiermacher von seiner theologischen Grunddisziplin her gegen religionskritische Verdächtigungen und Vorwürfe unzureichender Differenzierung von Göttlichem und Menschlichem verteidigen
können.[73] In letzter Konsequenz weist auch Schleiermachers Philosophische
Theologie die Auseinandersetzung mit dem Atheismus dem philosophischen Denken zu, das die Inadäquatheit der Religionskritik deutlich zu
machen allein in der Lage sein kann. In ihrer fundamentaltheologischen
Argumentation stützt sich Schleiermachers Philosophische Theologie auf die
Möglichkeiten reflexiv-vermittelter Unterscheidungskriterien.

3.1.4 Das Gottesbewußtsein geschichtlicher Religionen

Der spezifische Charakter gelebter Frömmigkeit läßt sich nur fassen innerhalb der gegenseitigen Bedingtheit der inneren Einheit des gemeinsamen
Gottesglaubens und der äußeren Einheit geschichtlicher Bestimmtheit. In
dieser Einheit der Frömmigkeit hat der „Bestimmungsgrund der inneren
Einheit"[74] in seiner gegenseitigen Zusammengehörigkeit mit dem äußeren
Bestimmungsgrund als „geschichtlichem Anfangspunkt"[75] jeweiliger Religionsgemeinschaften für Schleiermacher Priorität. Und dies deshalb, weil eine
unverwechselbare Einmaligkeit als „innere Verschiedenheit"[76] frommer Gemeinschaften soll gelten können. Genauer noch: es geht um die „eigenthümliche Abänderung alles dessen, was in jeder ausgebildeten Gestaltung derselben Art und Abstuffung vorkommt".[77] So kann der äußere Bestimmungs-

---

[73] Gänzlich abwegig – aufgrund der oberflächlichen Auseinandersetzung mit dem Text allerdings nicht verwunderlich – ist die einfach konstatierte Behauptung von *C. Senft*, daß bei
Schleiermacher „das Gegenüber von Gott und dem Menschen aufgehoben und der Glaube
als im Menschen begründete Frömmigkeit verstanden" (a.a.O., 39) werde. In Senfts Interpretation zeigt sich, in welch fataler Weise die Betonung einer anthropologischen Fragestellung
innerhalb der Theologie ohne jede Reflexion auf den Gottesbegriff sich auswirken muß.

[74] 1. Aufl. § 17,2 I, 59, 10.

[75] 1. Aufl. § 17,1 I, 58, 12.

[76] 1. Aufl. § 17,2 I, 60, 6. „Ist es nun gewiß, daß nichts in verschiedenen frommen Gemeinschaften völlig dasselbe ist, und daß auch nichts, was in der einen sich befindet, in der andern
nothwendig gänzlich fehlt: so bleibt, wenn doch eine innere Verschiedenheit sein soll, nichts
übrig, als daß alles in jeder anders sei" (1. Aufl. § 17,2 I, 60, 3 ff.).

[77] 1. Aufl. § 17, I, 58, 7 f. Der vollständige Text des § 17 lautet: „Das Eigenthümliche einer
Gestaltung gemeinschaftlicher Frömmigkeit ist zu entnehmen theils aus dem eigenen geschichtlichen Anfangspunkt, theils aus einer eigenthümlichen Abänderung alles dessen, was
in jeder ausgebildeten Gestaltung derselben Art und Abstuffung vorkommt" (1. Aufl.
§ 17 I, 58).

grund für das Innen keine einzelne Bestimmung neben anderen sein, die nur zufällige Auswirkungen auf die Ausbildung der Frömmigkeit zeitigt. Vielmehr liegt die Eigentümlichkeit der Frömmigkeit darin, daß jedes religiöse Selbstbewußtsein als Einheit und Ganzheit eine eigene Durchformung erfährt.

Schleiermacher hält an der Individualität der Religion fest, die schon die Reden „Über die Religion" betont hatten, weshalb zutreffend für Schleiermachers Denken der Gedanke der „Individualität in der Identität"[78] behauptet wurde. Von daher kann Schleiermacher sagen, jeder Mensch habe „alles das, was der andere, aber alles anders".[79] Die Begründung der *Eigentümlichkeit* einer Glaubensweise ist demnach zum einen mit ihrem *geschichtlichen Ausgangspunkt und geschichtlichen Zusammenhang* gegeben; zum andern kann jedoch von dieser äußeren Bestimmung her das religiöse Selbstbewußtsein nur im *reflexiv-vermittelten „Hineinbilden" des Abhängigkeitsbewußtsein in das endliche und geschichtliche Selbstbewußtsein* seine ihm eigentümliche, unverwechselbare Ausprägung erreichen. In der vollkommensten Gestaltung, sagt Schleiermacher, müsse „am innigsten die innere Eigenthümlichkeit mit dem verbunden sein, was die geschichtliche Einheit begründet".[80] Nur in dieser Hinsicht ist die vollendet innere und äußere Einheit des Gottesglaubens vollständig erfaßt. Ist aber die geschichtliche Dimension wesentliche Eigenschaft des Glaubens, dann ist der Vollzug des Glaubens immer schon durch die geschichtliche Vermittlung auch an das in einer Glaubensgemeinschaft tradierte Glaubenswissen von Gott gebunden und steht zugleich in unauflösbarer Wechselwirkung mit der geschichtlichen Tradition vernünftig-allgemeinen Wissens von Gott. Begründet dieses Wissen von Gott auch nie den religiösen Gottesglauben, so läßt sich religiöses Selbstbewußtsein, als menschlich-bewußtes und geschichtliches, nicht ohne die „mittheilende Kraft der Aeußerung"[81], die religiöser Darstellung entspringt und allein „innere lebendige Nachbildung"[82] hervorruft, verstehen.

Die bisherige Darstellung der allgemeinen Wesensstruktur des religiösen Gottesglaubens als schlechthinniger Abhängigkeit alles Endlichen von Gott

---

[78] *H. Süskind*, Der Einfluß Schellings auf die Entwicklung von Schleiermachers System. Tübingen 1909, 259.

[79] 1. Aufl. § 17,3 I, 60, 8.

[80] 1. Aufl. § 17,1 I, 58, 33f.

[81] 1. Aufl. § 12,2 I, 42, 18.

[82] 1. Aufl. § 12,2 I, 42, 12. Vgl. *G. Ebeling*, Gottesbewußtsein, a.a.O., 135, *H. Kimmerle*, a.a.O., 425f. Vgl. ebenso *T. J. Jøergensen* (a.a.O., 285–299), der die geschichtliche Vermittlung des Gottesglaubens sehr genau entfaltet.

wird in Schleiermachers Philosophischer Theologie nun erweitert auf das allgemeine Verhältnis der Entwicklungsstufen innerhalb der geschichtlichen Gestaltungen der Frömmigkeit. „Zu denjenigen Gestalten der Frömmigkeit, welche alle frommen Erregungen auf die Abhängigkeit alles Endlichen von Einem Höchsten und Unendlichen zurükführen, verhalten sich alle übrigen wie untergeordnete Entwiklungsstuffen".[83] Als „allgemeine Norm"[84] tritt diese höchste Entwicklungsstufe des Gottesglaubens nach Schleiermacher nur wirklich in den monotheistischen Religionen auf. Von diesem Ansatz her ergibt sich eine Unterscheidung untergeordneter und übergeordneter Entwicklungsstufen der Frömmigkeit, wobei sich Schleiermachers Interesse allerdings nur auf das Christentum in seiner „ausschließenden Vortrefflichkeit"[85] gegenüber allen anderen Religionen richtet. Diese Einschränkung seiner „Religionsphilosophie"[86], wie Schleiermacher diese Reflexion nennt, versteht sich aus der eigentlich apologetischen Absicht der Philosophischen Theologie, das Wesen des Christentums in seinen formalen Strukturprinzipien zu entwerfen. Allerdings betont Schleiermacher, ausgehend von christlicher Religion, daß alle Religionsformen nur gleichsam von dem in allen einzelnen Erscheinungen gemeinsamen Wesen der Religion her zu verstehen sind. Voraussetzung seiner vergleichenden Religionsphänomenologie in religionsphilosophischer Absicht ist daher, daß, von der Wahrheit des Wesens der Religion her gesehen, sich die untergeordneten Formen der Religionen gegenüber der höchsten Entwicklungsstufe, entsprechend geschichtlich gegebener Einflüsse, sehr unterschiedlich ausgebildet und ausgeprägt haben. Die Möglichkeit einer religiösen Entwicklung kann aber nur gedacht werden, wenn gezeigt werden kann, worin die geschichtliche Verschiedenheit des Wesens der Religionen begründet liegt, genauer, wie sich Wesen und Erscheinung der Religion zueinander verhalten.

Von diesen Überlegungen her muß man eine Interpretation von § 15 der Glaubenslehre vorlegen. Dann wird einsichtig, daß § 10 und § 15 aufs engste zusammengehören, genauer, daß § 15 nur von § 10 her verstanden werden kann. Es zeigt sich darüber hinaus, daß Schleiermachers Philosophische

---

[83] 1. Aufl. § 15 I, 49.
[84] 1. Aufl. § 15 Anm. I, 49, 23.
[85] 1. Aufl. § 14,3 I, 48, 37.
[86] Vgl. zu Schleiermachers Verständnis der Religionsphilosophie *T. H. Jøergensen*, a.a.O., 203–213. *R. Stalder* umreißt sehr genau die fundamentaltheologische Absicht Schleiermachers: „Es ist … zu beachten, daß die von Schleiermacher vorangestellten allgemeinen Bestimmungen von der individuellen Mannigfaltigkeit der konkreten Erscheinungen nur abstrahieren, ihre Fülle also nicht negieren, denn anders ließen sich aus ihnen die Keime alles Individuellen nicht herausbilden" (a.a.O., 58). Vgl. auch das in 0.2.2 Gesagte.

Theologie, ausgehend von der allgemeinen Wesensstruktur religiösen Gottesglaubens, auch die geschichtlich-besonderen Entwicklungsweisen der Religion allgemein zu begreifen sucht. Der Begriff des Wesens der Religion erfaßt das schlechthinnige Abhängigkeitsbewußtsein von Gott als ein solches, das alles Endliche in sich schließt. Denn das endliche Selbstbewußtsein ist „als das mit bestimmende Selbstbewußtsein auch nur das ganz allgemeine unseres Gesetzseins in den Naturzusammenhang".[87] Aus der Einheit vermittelter Unmittelbarkeit des religiösen Selbstbewußtseins als „allgemeinem Abhängigkeitsgefühl", wie die Dialektik es genannt hatte, erklärt Schleiermacher die Struktur von Wesen und Erscheinung der Religion.

Götzendienst, Polytheismus und *Monotheismus* parallelisiert Schleiermacher den Stufen des menschlichen Selbstbewußtseins (tierisches Leben, sinnliches Selbstbewußtsein, frommes Selbstbewußtsein).[88] Religiöser Glaube an das Göttliche hängt daher davon ab, in welcher Weise das menschliche Selbstbewußtsein alles Endliche in die Abhängigkeit vom Unendlichen einzubeziehen vermag und sich darin in der „Vollendung des Gefühls" als frommes Selbstbewußtsein ausbildet. „Diese Verschiedenheit", so Schleiermacher, „scheint zwar zunächst nur in der Vorstellung zu liegen, nicht in dem unmittelbaren Bewußtsein, und also nach unserer Ansicht nur eine abgeleitete zu sein, nach welcher nicht sicher genug wäre die Gestaltungen der Frömmigkeit einzutheilen. Allein es geht schon aus dem bisher gesagten hervor, wie diese verschiedenen Vorstellungen von verschiedenen Zuständen des Selbstbewußtseins abhängen".[89] In der Absicht, Religion als Angelegenheit der Einheit des subjektiven Selbstbewußtseins der Innerlichkeit zu verstehen und jede Reflexion über das religiöse Selbstbewußtsein für „unmittelbar" erklären zu wollen, um die Einheit des „Gefühls von Gott" nicht vom Wissen von Gott her zu begründen, werden Schleiermachers Ausführungen allerdings wieder unpräzise und unscharf. Diese schon erwähnten Verständnisschwierigkeiten der Ausführungen Schleiermachers werden ungelöst weiter mitgeführt; wir hatten in den Erörterungen zur Dialektik darauf aufmerksam gemacht. Vorstellung, unmittelbares Bewußtsein, verschiedene Zustände des Selbstbewußtseins – diese Bestimmungen stehen hier, als subjektives bzw. objektives Bewußtsein, einfachhin nebeneinander. Weder wird deutlich gemacht, worin begründet liegt, daß die Fähigkeit zu glauben verschieden ausgebildet sein kann, d.h. den § 10 erweiternd: wodurch die Möglichkeit zur „Vollendung des Gefühls" mitbedingt ist im Kontext ge-

---

[87] 1. Aufl. § 78, 1 I, 253, 16. Vgl. auch 1. Aufl. §§ 40–41.
[88] Vgl. 1. Aufl. § 10 I, 33 ff.
[89] 1. Aufl. § 15, 2 I, 50, 20 f.

schichtlicher Einflüsse; noch klärt Schleiermachers Text im weiteren Fortgang, damit aufs engste zusammenhängend, welche Bedeutung dem Verhältnis von unmittelbarem Selbstbewußtsein und reflexiv-vermittelnder
Vorstellung von Gott zukommt. So gesehen erklärt der folgende Satz den
Problemzusammenhang nur ungenügend: „Es gibt keinen eigentlichen Monotheismus, ohne die Fähigkeit sich im Selbstbewußtsein mit der ganzen
Welt zu einen, d. h. sich selbst schlechthin als Welt oder die Welt schlechthin
als sich selbst zu fühlen".[90] Man muß vorgreifend auf Schleiermachers weitere Ausführungen der Glaubenslehre sehen, daß der Monotheismus nicht in
menschlicher Reflexionsbestimmung begründet ist, sondern, als in kirchlicher Gemeinschaft geschichtlich vermittelter, sich göttlicher Offenbarung
und Gnade verdankt, genauer: geschichtlicher Offenbarung Gottes und
urspünglich-natürlicher Offenbarung Gottes als „Mitgesetztsein Gottes" im
Menschen. Dieser Zusammenhang wird in der geschichtlichen Bestimmtheit
des religiösen Selbstbewußtseins noch näherhin zu erörtern sein.

Das Kriterium für Schleiermachers religionsphilosophische Bestimmung
geschichtlicher Erscheinungsformen der Frömmigkeit bildet letztlich wieder
die Unterscheidung von Gottesbewußtsein und Weltbewußtsein im religiösen Selbstbewußtsein. Im Götzendienst wird „das übersinnliche und sinnliche Gefühl so verworren"[91] sein, daß Göttliches und Weltliches nicht voneinander zu unterscheiden sind, d. h. daß Gott als endliches Phänomen vorgestellt
wird, das im „frommen Gefühl" verehrt wird. „Frommes Gefühl" und
„sinnliches Gefühl" sind zwar im Polytheismus schärfer getrennt als im
Fetischismus. Gleichwohl überträgt das sinnliche Gegensatzbewußtsein die
Vielfalt und Mannigfaltigkeit endlich-weltlicher Erscheinungen in das Abhängigkeitsbewußtsein von Gott, d. h. Gott und Welt werden unzureichend
geschieden, das „fromme Gefühl" liefert sich dem zu Göttlichem hyposta-
sierten Weltlichen aus.

„Vollkommen *klar* ist das fromme erst mit allem sinnlichen zwar vereinbar
aber auch *im Bewußtsein davon geschieden(!)*, da wo in den frommen Erregungen sie nur auf Eines bezogen werden".[92] Nochmals kann von dieser
Textstelle her die Unterscheidung Schleiermachers von objektivem Bewußtsein von Gott und Einheit des religiösen Gottesglaubens als recht ungenaue
Darstellungsweise der Vermittlungsproblematik offensichtlich gemacht werden. In die Einheit von frommem und sinnlichem „Gefühl" im religiösen

---

[90] 1. Aufl. § 15,2 I, 50, 26 f.
[91] 1. Aufl. § 15,2 I, 50, 38.
[92] 1. Aufl. § 15,2 I, 51, 9 f. Herv. v. mir.

Selbstbewußtsein ist notwendig das unterscheidende Denken miteinbezogen. Dieses ermöglicht es, daß in der Einheit des Gottesglaubens Bewußtsein von Gott und Bewußtsein von Welt unterschieden werden können. Denn „klar" „geschieden" kann der religiöse Gottesglauben als „schlechthinniges Abhängigkeitsgefühl" im menschlichen Selbstbewußtsein erst sein unter Zuhilfenahme einer Reflexionsbestimmung des Denkens, von der her eine *Hineinbildung* des frommen Selbstbewußtseins ins endliche Selbstbewußtsein erfolgt. Die Einheit des religiösen Selbstbewußtseins, die die Einheit menschlichen Lebens betrifft, ist damit keineswegs gefährdet, d.h. in keiner Weise reduziert auf ein objektives Wissen von Gott. Denn immer ist diese Reflexion eingebunden in das geschichtlich vermittelte Offenbarungswissen, durch das das ganze Dasein des Menschen betroffen ist.

Wenn Schleiermacher behauptet, daß die Frömmigkeit eines Monotheisten und Pantheisten gänzlich identisch sein könne, da die Verschiedenheit der Vorstellungen nicht einer Verschiedenheit des religiösen Selbstbewußtseins gleichkomme, so fordert er doch gleichzeitig eine Unterscheidung, die allein in der reflexiven Vermittlung des Denkens möglich wird: „Sofern der Pantheismus nur wirklich ein Theismus ist, sind in ihm ebenfalls, wie im Monotheismus, Gott und Welt zusammengehörig und zugleich im Gedanken wie im Gefühl (!) geschieden".[93] Im „Gefühl", dies kann nur die Einheit vermittelter Unmittelbarkeit meinen, in der Glauben an Gott, Glaubenswissen und Wissen von Gott untrennbar miteinander verbunden sind als religiöses Selbstbewußtsein. In der 2. Auflage (1830) heißt es daher, die *Gleichursprünglichkeit von Glauben und Wissen* betonend, d.h. genau den Zusammenhang, den unsere Interpretation für die Einheit des „religiösen Gefühls" behauptet hatte: „So dürfen wir uns auch beide nicht so geschieden denken, daß einige nur die Frömmigkeit haben, weil sie die Spekulation nicht haben können, und andere die Frömmigkeit entweder nie gehabt haben oder sie vergessen müßten, wenn sie zum spekulativen Bewußtsein kommen, sondern beides ist gleich ursprünglich und kann deshalb auch miteinander sein.

---

[93] 1. Aufl. § 15,5 I, 53, 28 f. Wieder erweist sich der Gottesbegriff der Philosophischen Theologie als letztbegründendes und unterscheidendes Kriterium aller von Schleiermacher vorgelegten wesentlichen Bestimmungen des Gottesglaubens. Dies zeigt auch eine fast identische Aussage der Glaubenslehre und der Dialektik (O, Hs, 304): „Der Unterschied aber zwischen außer oder überweltlichen Gott und einem innerweltlichen ist wunderlich, weil der Gegensatz von innerhalb und außerhalb etwa auf Gott unanwendbar ist, und die Aufstellung desselben immer die göttliche Allgegenwart gefährdet" (1. Aufl. § 15, 5 I, 53, 30 f). Zur Frage der Allgegenwart Gottes, vgl. 1. Aufl. §§ 64–69 (vor allem 67) I, 188 ff. sowie dazu *G. Ebeling*, Göttliche Eigenschaften, a.a.O. 318 ff.

Fast unbegreiflich, wie man mir hat Pantheismus zuschreiben können, da ich
das schlechthinnige Abhängigkeitsgefühl von der Beziehung auf die Welt
ganz sondere".[94]

Das Hauptgewicht seiner Ausführungen zum Pantheismusproblem legt
Schleiermacher in der Glaubenslehre allerdings auf den geschichtlichen Zusammenhang, in den Frömmigkeit und Gottesglauben immer eingebunden
sind. Es sei, so Schleiermacher „niemals eine eigne kirchliche Gemeinschaft
auf dem Grund des Pantheismus entstanden".[95] Aus diesem geschichtlichen
Befund schließt Schleiermacher, daß der Pantheismus-Theismus-Streit einzig eine Frage philosophischer Auseinandersetzung in Anbetracht verschiedener Gottesvorstellungen sei. Für den theistischen Gottesglauben fordert
Schleiermacher „nur" die Unterscheidung von Gott und Welt.

Wie beurteilt Schleiermacher nun das Verhältnis der verschiedenen Gestaltungen des religiösen Gottesglaubens? Eine fortschreitende Entwicklung als
Übergangsphasen von „niederen Stuffen" der Frömmigkeit zu „höheren"
sieht Schleiermacher in seinem Konzept als möglich mitgedacht. Eine vollendete Gestaltung seines „frommen Gefühls" erreicht der Mensch, wie es
ausdrücklich heißt, „so wie sein Bewußtsein sich zu größerer Reinheit und
Klarheit entfaltet".[96] Darunter darf aber nicht eine notwendig behauptbare,
vorweg festgelegte Entwicklungslinie verstanden werden. Ob etwa der Monotheismus sich geschichtlich erst gebildet hat, ursprünglich vielleicht sogar
am Anfang menschlicher Entwicklung gegeben war, oder vielleicht ganz
andere Übergangsphasen denkbar sind, läßt Schleiermachers geschichtlichem Denken verbundener Standpunkt bewußt offen.

Allerdings, dies betrifft die Grundannahme der Religionsphilosophie
Schleiermachers, Frömmigkeit als eine zufällige Erscheinung in menschlicher
Wirklichkeit zu behaupten, ist vom Ansatz der Philosophischen Theologie
her ausgeschlossen; geht es doch im Aufweis der Wahrheit des religiösen
Gottesglaubens um den Nachweis seiner anthropologischen Notwendigkeit.
Als wesentliches Lebenselement kann Religion nicht behauptet werden als
etwas, das vorkommen kann oder auch nicht. „Allein wir unseres Theils
bilden das ganze geschichtliche Gebiet nach dem Grundsaz aus Nichts wird
Nichts; und was sich aus der Seele eines Menschen entwikkeln soll, dazu

---

[94] 2. Aufl. § 4, 4 Anm. I, 29.
[95] 1. Aufl. § 15, 5 I, 54, 7. *H. Scholz* hat in seinen Ausführungen „Der pantheistische Schein und
das geistige Christentum" (a.a.O., 145–175) die Pantheismusfrage in ihrer Bedeutung für die
Glaubenslehre eingehend verhandelt und Schleiermacher gegen den falschen Verdacht des
Spinozismus verteidigt.
[96] 1. Aufl. § 15, 3 I, 51, 17.

muß der Keim schon ursprünglich in ihr gelegen haben".[97] Wieder stößt man auf Schleiermachers Annahme gegenseitiger Ergänzung und Durchdringung von Geschichtlichem und Spekulativem, von religionsphänomenologischem und religionsphilosophischem Denken. Darauf werden wir noch näher eingehen müssen für die Bestimmung des Wesens des Christentums.

3.1.5 Schlechthinnige Abhängigkeit von Gott und menschliche Freiheit

In der Absicht, das eigentümliche Wesen des christlichen Glaubens zu klären, führt Schleiermacher im § 16 eine bedeutsame Unterscheidung monotheistischer Religionsformen durch. Er knüpft dazu an die grundlegenden Aussagen des § 9 über das „schlechthinnige Abhängigkeitsgefühl" von Gott an. Dieses hatte Schleiermacher im Kontext seiner Überlegungen zum Verhältnis von Freiheit und Abhängigkeit menschlichen In-der-Welt-Seins entwickelt. Wir hatten diesen Zusammenhang bisher nur gestreift und müssen ihn nun in unsere Fragestellung einfügen. Zu klären gilt es, „wie die Abhängigkeit aller Wirkungen des endlichen Geistes von seiner Selbsttätigkeit mit der Abhängigkeit alles endlichen von Gott in Übereinstimmung zu bringen sei"[98], d.h. es geht um das Verhältnis von endlicher Freiheit des Menschen und gleichzeitiger Abhängigkeit von Gott. Nun hatten wir schon gesehen, daß in der Einheit des religiösen Selbstbewußtseins Gott und Welt untrennbar zusammengehören und grundsätzlich unterschieden werden müssen. Gottesglaube als „schlechthinniges Abhängigkeitsgefühl" ist aber von daher verbunden mit Weltbewußtsein, das in seiner Bestimmtheit von Empfänglichkeit und Selbsttätigkeit gekennzeichnet wurde als Wechselwirkung der Abhängigkeit des Menschen von der Welt und Freiheit gegenüber der Welt. Zwar gibt es ein stärkeres Übergewicht einmal der Freiheit, dann der Abhängigkeit, jedoch sind beide im Kontext von Welt nicht voneinander trennbar. Als In-der-Welt-Sein ist menschliches Dasein nur aus diesem Ineinander zu verstehen.

„Da nun alle mitlebende Theile in Wechselwirkung untereinander stehen: so theilt sich dieses Gefühl in jedem solchen Theile wesentlich in das Gefühl der Freiheit, sofern es selbstthätig auf andere Theile einwirkt, und in das Gefühl der Nothwendigkeit, sofern andere Theile selbstthätig auf ihn einwir-

---

[97] 1. Aufl. § 15, 3 I, 51, 36f.
[98] 1. Aufl. § 63, 1 I, 185, 23f.

ken. Das fromme Selbstbewußtsein aber weiß von einer solchen Theilung nichts."[99] Man versteht diesen letzten Satz, wenn man die schon bekannte Unterscheidung des Gottesbegriffs und Weltbegriffs heranzieht. Ist Gott die ungeteilte absolute Einheit, Welt aber die geteilte Einheit alles Endlichen, dann meint das „schlechthinnige Abhängigkeitsgefühl" nicht eine Notwendigkeit, die zugleich die Gegenwirkung der Freiheit hervorruft. Der Gegensatz von Freiheit und Notwendigkeit ist nach Schleiermacher nur anwendbar auf das Weltbewußtsein des Menschen als Bewußtsein seiner selbst als Teil im Ganzen von Welt. Stellt man allerdings, diese Unterscheidung außer acht lassend, schlechthinnige Abhängigkeit von Gott gleich mit Abhängigkeit von Welt, dann hebt man entweder die Freiheit auf und vernichtet „in einem allgemeinen Notwendigkeitsgefühl alles Einzelne"[100], d. h. man setzt Determinismus ohne Freiheit, oder man hebt die Göttlichkeit Gottes auf und identifiziert Gott mit der geteilten Einheit alles Endlichen, d. h. der Welttotalität.

Aus dem Gesagten muß man nun gleichzeitig entnehmen, daß Freiheit als menschliche Selbsttätigkeit als zum Ganzen von Welt gehörig nicht unmittelbar in Beziehung zu Gott treten kann. Es gehört nach Schleiermacher zur eigentlichen Möglichkeit endlicher Freiheit, die Vorgegebenheit der Welt so zu Anerkenntnis zu bringen, daß die Freiheit ihre eigene Gegebenheit und Begrenztheit mit eben dieser Abhängigkeit vom Sein der Welt her einsieht. Abhängigkeit und Empfänglichkeit gehen daher selbsttätiger Freiheit immer schon voraus, d. h. unseres In-der-Welt-Seins „sind wir uns aber nicht als eines von uns selbst hervorgebrachten und vorgebildeten bewußt".[101] Ein absolutes Freiheitsgefühl des Menschen ist daher ausgeschlossen.

Bringt menschliches Selbstbewußtsein die Unmöglichkeit schlechthinniger Freiheit zur Anerkenntnis, dann impliziert dies zugleich die Anerkenntnis schlechthinniger Abhängigkeit alles schon gegebenen Seins von Gott. Aus dem Gesagten geht hervor, daß „schlechthinniges Abhängigkeitsgefühl" und Bewußtsein der Freiheit notwendig miteinander vermittelt sein müssen, damit menschliches Selbstbewußtsein religiöses Selbstbewußtsein werden kann. Gottesglaube und menschliches Wissen eigener Freiheit sind unlösbar gegeben.[102]

---

[99] 1. Aufl. § 37, 2 I, 124, 14 f.
[100] 1. Aufl. § 37, 2 I, 124, 31.
[101] 1. Aufl. § 9, 1 I, 31, 15.
[102] Das Problem der Freiheit wird in der 2. Auflage weit eingehender verhandelt als in der 1. Auflage der Glaubenslehre. Die Darstellungen der 2. Auflage lassen sich gleichsam als Kommentar der Ausführungen der 1. Auflage heranziehen. Vgl. 2. Aufl. § 4, 3 I, 27 f.; 2. Aufl.

Die Einheit des religiösen Selbstbewußtseins macht den Zusammenhang von Glauben, Wissen und Freiheit deutlich. Denn aus dem *Bewußtsein sich wissender Freiheit*, das zum menschlichen Selbstbewußtsein gehört, resultiert die Möglichkeit, sich der Gegebenheit der schlechthinnigen Abhängigkeit bewußt werden zu können, insofern allein der sich wissenden Freiheit zugleich die Begrenztheit des eigenen und damit allen endlichen Seins gewiß ist. Mit dieser Einsicht, so läßt sich sagen, kann die immanente Bestimmtheit des menschlichen Selbstbewußtseins dessen transzendente Bestimmtheit im religiösen Selbstbewußtsein entbergen und manifestieren. So wird vom Begriff sich wissender menschlicher Freiheit her der von mir entwickelte Interpretationszusammenhang der Vermittlung von Glauben und Wissen, von unmittelbarem „Gefühl von Gott" und vermittelt-endlichem Gottesglauben in der „Vollendung des Gefühls" bestätigt und, wie sich zeigen wird, noch vertieft.

Die Problematik von religiösem Gottesglauben und Freiheit des Menschen bringt Schleiermacher in der Unterscheidung des § 16 zum Ausdruck[103], in der er von „teleologischer" und „ästhetischer" Form der Frömmigkeit redet. Für die dogmatische Theologie Schleiermachers kann auf die weitreichende Bedeutung hier nur hingewiesen werden. Diese Erörterungen bilden in Schleiermachers apologetischer Intention der Philosophischen Theologie zusammen mit § 17 den Übergang und das Bindeglied zur allgemeinen Wesensbestimmung des christlichen Glaubens. In der Tat wird im folgenden *die fundamentaltheologische Bedeutung des Glaubensbegriffs* der „Einleitung" in die Glaubenslehre mit der Einführung des Freiheitsverständnisses ganz entscheidend erweitert.

---

§ 49,1 I, 249 ff. Zum Verhältnis von Freiheit und „schlechthinnigem Abhängigkeitsgefühl" sei auf die Arbeit *F. Wagners* verwiesen. Zwar ist der erklärten Absicht Wagners uneingeschränkt zuzustimmen, wenn es – in Anlehnung an *W. Pannenberg* (Gottesgedanke und menschliche Freiheit, Göttingen 1972) – heißt, daß „das unerledigte Thema des modernen Denkens", d.h. eben auch des theologischen Denkens, „die Konstitution der Subjektivität, ihre Verwirklichung im Sinne inhaltsvoller Freiheit" (a.a.O., 75) sei. Wenn Wagner allerdings den transzendenten Grund als „Konstrukt des Selbstbewußtseins" (a.a.O., 163) behauptet, überbewertet er die bloß vermittelnde, d.h. unterscheidende Funktion der Reflexionsbestimmung der Abhängigkeit und beansprucht diese als begründende Funktion, die dem Wissen von Gott für das „Gefühl" nach Schleiermacher gerade nicht zukommen kann. Vgl. Wagner, a.a.O., 202, 206 f.

[103] „Als verschiedenartig entfernen sich am meisten voneinander diejenigen Gestaltungen der Frömmigkeit, bei denen in Bezug auf die frommen Erregungen das natürliche in den menschlichen Zuständen dem sittlichen untergeordnet wird, und diejenigen, bei denen umgekehrt das sittliche darin dem natürlichen untergeordnet wird" (1. Aufl. § 16, I, 54).

Schleiermacher entwickelt aus dem in den „innersten Verhältnissen des Selbstbewußtseins begründeten Gegensatz"[104] von Freiheit und Notwendigkeit zwei Grundformen monotheistischer Frömmigkeit, die er dann auf den schon genannten Gegensatz der Ungleichheiten des zeitlichen Lebens bezieht. Von beiden Gegensätzen her strukturiert Schleiermacher das „schlechthinnige Abhängigkeitsgefühl", indem er seine Argumentationsbasis in ihrer allgemeinen Form immer weiter öffnet auf ein konkret geschichtliches Wissen des Glaubens von Gott, d.h. die Innerlichkeit religiösen Selbstbewußtseins wird zunehmend auf ihre immer schon vorgängige geschichtliche Gestalt in ihrer Bedingtheit durch die Offenbarung Gottes in Christus befragt.

Wird „das natürliche in den menschlichen Zuständen dem sittlichen untergeordnet"[105], sieht Schleiermacher die „teleologische" Grundform der Frömmigkeit, wird „umgekehrt das sittliche darin dem natürlichen untergeordnet"[106], liegt die „ästhetische" Variante vor. Wie soll dies verstanden werden? „Natürlich" ist gleichzusetzen dem Eingebundensein des endlichen Menschen in Welt, deren Teil er ist und mit welcher er in der Wechselwirkung von Freiheit und natürlich-notwendiger Abhängigkeit steht. Tritt das Freiheitsbewußtsein gänzlich in den Hintergrund, dann steht das „leidentliche Bewegtsein des Menschen"[107] unter dem beherrschenden Einfluß des weltlich-Natürlichen. Wird dieses Verhältnis des Menschen zur Welt gedeutet als begründet in der von Gott verfügten Geordnetheit der Welt in ihrer Gesamtheit, dann wird damit das „schlechthinnige Abhängigkeitsgefühl" als passiv erfahrene Schickung ohne eigentlich selbsttätiges, d.h. hier „sittliches" Zutun des Menschen zum Ausdruck gebracht.

Diese „ästhetische", d.h. bloß wahrnehmende Ansicht religiösen Gottesglaubens, grenzt Schleiermacher ab von jener „teleologischen" Ansicht, in der alle äußere Einwirkung auf das Selbstbewußtsein, die dieses in einem naturhaft-abhängigen Zustand hält, aufgenommen wird in die „dem ganzen Gebiet der Wechselwirkung selbstthätig gegenübertretende, geistige Kraft"[108] der Freiheit. Gehört aber das Freiheitsbewußtsein zum Weltbewußtsein, so muß für Schleiermacher in Gott das Freiheitsbewußtsein des Menschen begründet sein. Vermittels seines endlichen Selbstbewußtseins, d.h. seines Freiheitsbewußtseins eröffnet sich dem Menschen nicht nur das schlechthinnige Abhängigkeitsbewußtsein alles Endlichen von Gott, sondern damit

---

[104] 1. Aufl. § 16,3 I, 57, 39.
[105] 1. Aufl. § 16, I, 54, 15.
[106] 1. Aufl. § 16, I, 54, 17.
[107] 1. Aufl. § 16 Anm. I, 54, 24.
[108] 1. Aufl. § 16 Anm. I, 54, 28.

erschließt sich dem Menschen zugleich Gott als die Bedingung der Ermöglichung seiner Freiheit, nicht jedoch als deren Beschränkung, einer gleichwohl
nie unendlichen, sondern aus diesem Von-Gott-her-Sein immer notwendig
endlichen Freiheit. Daher gilt, daß, „wenn wir uns bei unseren freien Handlungen der gänzlichen Abhängigkeit von Gott bewußt sind, sie dadurch
keineswegs ihrer Natur zuwider beschränkt werden".[109]
  Ist aber der gesamte Naturzusammenhang unter dem allgemeinen Verhältnis der Abhängigkeit alles Endlichen „von Gott geordnet", dann muß
Schleiermacher Wert darauf legen, daß die Freiheit in ihrem Eingebundensein in den Naturzusammenhang sich mit dem frommen Selbstbewußtsein
verbindet. Geschieht dies nicht, sind die Folgen offensichtlich: „So ist das
Gefühl des Naturzusammenhanges getrübt, wo die Natur nur als ein allgemeiner Mechanismus aufgefaßt ist; aber eben da ist auch der Übergang zum
raisonnierenden *Atheismus* am leichtesten und also das Bewußtsein Gottes
am meisten zurückgedrängt".[110] Wird aber das „leidentliche Bewegtsein" des
Menschen gedeutet als von Gott her auferlegte Verpflichtung zum Vollzug
der Freiheit gegenüber allem Sein, in das der Mensch eingebunden ist, so wird
das fromme Selbstbewußtsein in Unterordnung des Natürlichen unter das
Sittliche „teleologisch" ausgeprägt. Demgemäß provoziert die notwendige
Bestimmtheit des Selbstbewußtseins das Bewußtsein selbsttätiger Freiheit,
das sich mit dem schlechthinnigen Abhängigkeitsbewußtsein verbindet, insofern in der Gestaltung der Welt der Mensch im Vollzug seiner Freiheit sich
seiner selbst als die „sittlichen Zwekke Gottes erfüllend bewußt"[111] wird.
Welche Konsequenzen für das Verständnis des Glaubens müssen daraus
abgeleitet werden?
  In der „teleologischen" Ansicht als höchster allgemeiner Bestimmung
des religiösen Selbstbewußtseins verknüpft Schleiermachers Philosophische
Theologie zugleich die allgemeine Form des Gegensatzes zeitlicher Bestimmtheit eines Mehr oder Weniger („Hemmung" oder „Förderung") des
frommen Selbstbewußtseins mit den aus seiner Freiheit gegebenen Möglichkeiten des Menschen. Als lediglich passive Bestimmtheit kann aber das
„schlechthinnige Abhängigkeitsgefühl" nicht mehr verstanden werden. Mit
der Aufnahme des „teleologischen" Charakters der Frömmigkeit muß jede

---

[109] 1. Aufl. § 63,2 I, 187, 8f. „In Bezug auf die Abhängigkeit von Gott entsteht kein Unterschied
       des Mehr oder Weniger daraus, ob einem endlichen wirkenden der höchste Grad der
       Lebendigkeit, die Freiheit, zukommt, oder ob es auf dem niedrigsten, dem sogenannten
       Naturmechanismus, zurückgehalten ist" (1. Aufl. § 63, I, 184).
[110] 1. Aufl. § 40, 2 I, 131, 22f. Herv. v. mir.
[111] 1. Aufl. § 16, 2 I,56, 18.

Gestaltung des Selbstbewußtseins zum Gottesglauben schlechthinniger Abhängigkeit, d. h. die von uns hervorgehobene „Vollendung des Gefühls" von der Freiheit des Menschen her interpretiert werden. „Denn unsere teleologische Ansicht, weil sie von dem Übergewicht der Selbsttätigkeit in dem Menschen ausgeht, muß in allen Hemmungen Schuld und in allen Fortschreitungen Verdienst finden".[112] Hängt damit die Entwicklung des Gottesglaubens von den Entscheidungen des Menschen mit ab, so ist wohl einsichtig, daß die „Abkehr des Menschen von Gott"[113] (Hemmung) nicht in gleicher Weise wie die „Gemeinschaft mit Gott"[114] (Steigerung) im Menschen begründet liegen kann. Vielmehr wird die Gemeinschaft mit Gott etwas dem Menschen „von außen zukommendes sein, und kann nur in einem anderen Sinn als seine That angesehen werden", wohingegen „die Hemmung That des Einzelnen ist".[115]

Die allgemeine Bestimmung des „teleologischen" Charakters der Frömmigkeit kann freilich nur die Struktur benennen, in der mit dem Gegensatz von Freiheit und Notwendigkeit der Gegensatz eines Mehr oder Weniger der Frömmigkeit verbunden ist. Schleiermachers Glaubenslehre hat in der Philosophischen Theologie die auf dem Wege der Abstraktion gewonnene, allgemeine Fassung des Gegensatzes von Gnade und Sünde formuliert. Verfolgt man nämlich Schleiermachers weitere Ausführungen, dann wird Sünde von der gegebenen Begrifflichkeit her als „in der Selbstthätigkeit des Menschen begründete Hemmung des Gottesbewußtseins"[116], Gnade aber allein aus dem Geschehen der Erlösung verstanden. Diese Thematik aber führt über in den Zusammenhang von Gottesglauben und Offenbarung Gottes. Aus der inneren Bedingtheit des religiösen Selbstbewußtseins von äußeren geschichtlichen Zusammenhängen, die Schleiermacher in der Verbindung von Gottesglaube und Christusglaube explizit macht, können die Voraussetzungen allgemeiner Art erst gänzlich ersehen werden.

Ich fasse zusammen: Schleiermachers Philosophische Theologie entwirft die allgemeine Struktur des Gottesglaubens, ohne die zugleich mitvorausgesetzte Struktur der Vermittlung von innerer Bestimmtheit des religiösen

---

[112] 1. Aufl. § 79,1 I, 256, 6f.
[113] 1. Aufl. § 85,1 I, 262, 23.
[114] 1. Aufl. § 80,1 I, 256, Vgl. „Das eigenthümliche der christlichen Frömmigkeit besteht darin, daß wir uns des Widerstrebens unserer sinnlichen Erregungen das Bewußtsein Gottes mit in sich aufzunehmen als unserer That bewußt sind, der Gemeinschaft mit Gott hingegen nur als etwas, uns vom Erlöser mitgetheilten" (a.a.O.).
[115] 1. Aufl. § 79,2 I, 256, 14f.
[116] 1. Aufl. § 85, 1 I,262, 23.

Selbstbewußtseins und sprachlich-reflexiver Äußerungsweise des Glaubens-
wissens thematisch zu machen. Diese aus, wie es scheinen mag, methodischen Gründen zur Betonung der Selbständigkeit des Glaubens gegenüber
dem Wissen der Vernunft gewählte Vorgehensweise erwies sich als nicht
haltbar. Eine ausgeführte Philosophische Theologie müßte diese, auch für
eine Dogmatik fragwürdige und problematische Methode ersetzen durch
eine notwendige Miteinbeziehung der Vermittlungsproblematik in die Einheit religiöser Unmittelbarkeit, wie ich sie in Grundzügen von Schleiermachers Dialektik her angedeutet habe. Als Bestätigung dieser Forderung findet
man im § 29 (2. Aufl.) die Aussage, das schlechthinnige Abhängigkeitsbewußtsein betreffend, daß die christliche Frömmigkeit „jenes *Gefühl selbst und
ein Wissen um dasselbe* voraussetzt. Denn da es uns nirgend anders, als in dem
Menschen gegeben ist: so können wir auch nur darum wissen, sofern es in
uns selbst ist; und ohne darum zu wissen, könnten wir weder um eine
Unfähigkeit dazu wissen, noch auch um den Unterschied zwischen dem
Erlöser und uns".[117] *Wenn der Glaube auch Akt der Zustimmung des Menschen
sein soll, dann muß das kognitive Moment des Wissens mit dem Leben des
Glaubens verbunden sein.* Die Einheit des religiösen Selbstbewußtseins, die
die „Richtung auf die Frömmigkeit" und die „Richtung auf das Erkennen"[118]
in sich enthält und als Einheit zerstört wird, wenn man eine Richtung
aufhebt, fordert, daß, „wie uns beides gleich wesentlich ist, das Selbstbewußtsein in seiner ganzen Entwicklung und das objective: so muß auch jedes von
beiden mit dem andern auf allen Punkten zusammenstimmen".[119]
    Diese rationale Zustimmung darf allerdings keineswegs von ihrer gnaden-
haften Mitwirkung abgetrennt gedacht werden. Es ist der unübersehbare
Vorteil der geschichtlich-spekulativen Methode Schleiermachers, daß sie von
der immer schon geschehenen geschichtlichen Vermittlung des Glaubens
durch kirchliche Gemeinschaft und Tradition, d. h. von der Wirklichkeit des
Glaubens in menschlicher Existenz ausgeht. *Geschichtliche Offenbarung Gottes
und „Mitgesetztsein Gottes im Gefühl" als ursprüngliche Offenbarung Gottes an
den Menschen erhalten in Schleiermachers Konzept ihre gegenseitige Aufeinan-
derzuordnung, die alle reflexiven Vollzüge als nachträglich-nachvollziehende
Akte der Vernunft verstehen läßt.* Zugleich bestätigt sich aber mit der Einheit
des wirklichen Selbstbewußtseins der „Übergang" vom „Gefühl von Gott"
ins Wissen und darin die Vermittlung des Glaubens mit dem Wissen. In

---

[117] 2. Aufl. § 29, 1 I, 161.
[118] 1. Aufl. § 60, 3 I, 174, 35 f.
[119] 1. Aufl. § 60, 1 I, 173, 27 f.

dieser Vermittlung liegt das kognitive Moment der Glaubenszustimmung sowie die Möglichkeit eines Glaubwürdigkeitsurteils im Sinne der von einer anthropologisch orientierten Philosophischen Theologie erwiesenen Notwendigkeit und Vernunftgemäßheit des Glaubens.

Exkurs:
„Gefühls-Theologie"? Hegel und Schleiermacher

Nicht unerwähnt bleiben kann Hegels Kritik an Schleiermachers Begriff des Gefühls, die, ohne daß Schleiermacher beim Namen genannt wird, in Hegels „Vorrede zu Hinrichs' Religionsphilosophie (1822)"[120] enthalten ist. Die folgenden Ausführungen beabsichtigen, den Begriff des Gefühls nicht nur in der Bedeutung aufzunehmen, in der Hegel ihn versteht, sondern zugleich die sich mit Hegels Kritik des Gefühls von Gott verbindende Kritik des Wissens autonomer Vernunft von Gott darzustellen. Dieser Zusammenhang ist auffällig, insofern Hegels eigenes Verständnis von Vernunft die Voraussetzung dieser Kritik bildet und Schleiermacher in der 2. Auflage (1830) seiner Glaubenslehre ausdrücklich eine Erwiderung gegen Hegel formuliert, die sich zunächst nicht gegen dessen Kritik des Gefühls wendet, sondern gegen Hegels Behauptung eines *absoluten Wissens der Wahrheit Gottes an sich*. Aufgrund der von mir vorgelegten Interpretation Schleiermachers ist nur in stichwortartiger Erinnerung beabsichtigt, Schleiermachers Begriff des „Gefühls" und des Wissens der Vernunft von Gott dem Verständnis Hegels gegenüber- und entgegenzustellen.

In seiner Kritik beruft sich Hegel, wie er selbst sagt, „ohne in die Natur des Gefühls hier weiter eingehen zu wollen, nur auf das Allgemeinste"[121], den Begriff des Gefühls betreffend. Zugleich verbindet er diese Einschränkung mit einer Erinnerung seiner Kant-Kritik, die alle philosophischen Bestimmungen Kants in ihrer Begrenzung auf Erfahrungserkenntnis, d.h. auf Endlichkeit, als Bewußtsein der Unwissenheit von Gott als absoluter Wahrheit charakterisiert hatte. Ist aber von der Vernunft her ein Wissen von Gott ausgeschlossen, wo kann dann der Geist, so fragt Hegel, „noch einen Ort

---

[120] *G. W. F. Hegel*, Werke in zwanzig Bänden, 11. Berliner Schriften 1818–1831, neue Ed. der Werke von 1832–1845, hg. v. *E. Moldenhauer* und *K. M. Michel*, Frankfurt a.M. 1970, 42–68.

[121] *Hegel*, a.a.O., 57.

finden, in welchem ihm das Substantielle begegnet, das Ewige an ihn käme . . .? Es ist nur die *Region des Gefühls.*"[122] Und Hegel fügt erklärend hinzu, daß „nur noch in der eingehüllten Weise der *Empfindung*"[123] die Wahrheit als für den Menschen zumutbar betrachtet wird.

Mit dieser ersten Aufnahme des mit Gefühl Gemeinten, das „die wahrhafte und sogar einzige Form sei, in welcher die Religiosität ihre Echtheit bewahre"[124] hat aber Hegel schon genau dasjenige als Gefühl bestimmt, wovon sich Schleiermacher mit aller Deutlichkeit abgegrenzt hat. „Gefühl" sei eben „keine subjektive Passivität, diese heißt vielmehr ‚Empfindung‘".[125] Dieses bloß „subjektiv Persönliche ist im bestimmten Moment, also mittelst der Affektion gesetzt. Von der Empfindung wird niemand sagen, daß sie die Identität von Denken und Wollen sei, . . .die Einheit des denkend wollenden und wollend denkenden Sein".[126]

Hegel verschärft seine Kritik am Begriff des Gefühls, indem er sie nun in allgemeiner Begrifflichkeit formuliert. Ausgehend von der „natürlichen Subjektivität"[127] des Gefühls als Empfindung behauptet Hegel, daß die *„Zufälligkeit des Gefühls . . . zum absoluten Prinzip "*[128] erhoben werde, d.h. auf die natürlichen Gefühle des Menschen[129] werde gegründet, was als der absolute Inhalt der Religion, als die „objektive" Wahrheit gelten solle. Somit werde das *subjektive Gefühl,* dessen wesentliche Natur darin bestehe, *„bloße Form "*[130] zu sein, d.h. in sich unbestimmt und daher für jede beliebige und zufällige Bestimmung offen zu sein, als Prinzip „absoluter Unbestimmtheit"[131] Maßstab dessen, was Glaube und göttliche Wahrheit sei. Insofern die endliche Vernunft unfähig sei, ein Wissen von Wahrheit an sich zu erlangen, sei der Mensch außerstande, sein subjektives Gefühl des Göttlichen durch die Möglichkeit reflexiver Bestimmung und Unterscheidung von dem abzugrenzen,

---

[122] *Hegel,* a.a.O., 55 f.
[123] *Hegel,* a.a.O., 56, Herv. v. mir.
[124] *Hegel,* a.a.O., 56.
[125] O, 287.
[126] O, Hs, 287 f.
[127] *Hegel,* a.a.O., 57.
[128] *Hegel,* a.a.O., 61.
[129] „Der *natürliche Mensch* vernimmt nichts vom Geiste Gottes und kann es nicht erkennen, denn es muß geistlich gerichtet sein" (*Hegel,* a.a.O., 57 f. Herv. v. H.).
[130] *Hegel,* a.a.O., 59.
[131] *Hegel,* a.a.O., 60. „Diese Form ermangelt der Gegenständlichkeit und der Bestimmtheit, die das Wissen und der seiner bewußte Glaube erfordert, die aber der Verstand zunichte zu machen gewußt, vor welcher sich eben wegen dieser Gefahr die Religiosität nur fürchtet und deswegen in diese Einhüllung zurückzieht, welche dem Denken keine Seite zum dialektischen Angriff darzubieten scheint". (Hegel, a.a.O., 56).

was göttliche Wahrheit an sich sei. Damit erhalte dasjenige, was nicht Prinzip wahrhafter Bestimmung sein könne absolute Geltung, d.h. „dem Subjekte (ist) es zu überlassen, *welche* Gefühle es haben will".[132]

Mit diesem Verständnis des Gefühlsbegriffs hat Hegel die Voraussetzungen seiner Kritik jenes theologischen Denkens entworfen, das für ihn das subjektive Gefühl als Wesensbestimmung des Menschen und als Ort der Begegnung von Göttlichem und Menschlichem behauptet. In schon begrifflich ungenauer Bestimmung faßt Hegel dann – unmißverständlich auf Schleiermacher anspielend – dessen zentralen theologischen Begriff des „schlechthinnigen Abhängigkeitsgefühls" in pejorem partem[133]: „Gründet sich die Religion im Menschen nur auf ein Gefühl, so hat solches richtig keine weitere Bestimmung, als das *Gefühl reiner Abhängigkeit* zu sein".[134] Ist Kants kritische Philosophie in ihrer „tierischen Unwissenheit von Gott"[135] zu der „Bescheidenheit des Viehs als zu seiner höchsten Bestimmung verkommen"[136], so ist Schleiermachers Theologie von dieser Übereinstimmung mit Kant her ‚auf den Hund gekommen', denn auch „Erlösungsgefühle hat der Hund, wenn seinem Hunger durch einen Knochen Befriedigung wird".[137]

Schleiermacher hat in der 2. Auflage der Glaubenslehre (1830) – ohne Hegel selbst zu erwähnen – seine Erwiderung zum Vorwurf der Unwissenheit von Gott ausdrücklich formuliert. Gegen das sich als Vollendung der Philosophie (und der Religion!) wissende „absolute Wissen" Hegels, das sich als „Selbstbewußtsein Gottes" des Transzendenten sicher weiß, d. h. gegen die Verfügbarkeit Gottes durch den Menschen und seine Vernunft, wendet Schleiermacher ein: „Zur vollkommenen Wahrheit würde gehören, daß Gott sich kundmachte, wie er an und für sich ist; eine solche aber könnte weder äußerlich aus irgendeiner Tatsache hervorgehen, ja auch wenn eine

---

[132] *Hegel*, a.a.O., 60. Vgl. hierzu auch *G. W. F. Hegel*, Glauben und Wissen, in: Werke in zwanzig Bänden, 2. Jenaer Schriften 1801–1807, a.a.O., 391 ff. Hegels Bemerkungen zu Schleiermachers „Reden" fallen wesentlich differenzierter aus.

[133] „In dem Augenblick, in dem er (Schleiermacher) Gefühle mit schlechthinniger oder unbedingter Abhängigkeit verband, transzendierte er das Psychologische. Jede Art von Gefühl im psychologischen Sinn ist nämlich bedingt. Es ist ein in dauernder Veränderung begriffener Strom von Empfindungen, Gedanken, Willenserregungen und Erfahrungen. Demgegenüber ist das Element des Unbedingten etwas vom subjektiven Gefühl völlig Verschiedenes" (*P. Tillich*, Friedrich Schleiermacher, in: Religion des konkreten Geistes, Stuttgart 1968, 14, Herv. v. mir).

[134] *Hegel*, a.a.O., 58.

[135] *Hegel*, a.a.O., 65.

[136] *Hegel*, a.a.O., 54.

[137] *Hegel*, a.a.O., 58.

solche auf unbegreifliche Weise an eine menschliche Seele gelangte, könnte
sie nicht von derselben aufgefaßt und als Gedanke festgehalten werden …
Eine Kundmachung Gottes, die an und in uns wirksam sein soll, kann *nur
Gott in seinem Verhältnis zu uns* aussagen; und dies ist nicht eine unter-
menschliche Unwissenheit über Gott, sondern das *Wesen der menschlichen
Beschränktheit in Beziehung auf ihn*".[138] Schleiermacher insistiert mit der
Behauptung des schlechthinnigen Abhängigkeitsverhältnisses des Menschen
von Gott zugleich auf der Selbständigkeit der Frömmigkeit gegenüber dem
Wissen der Vernunft von Gott. Daher wendet er sich in gleicher Weise gegen
die Aufhebung des Glaubens in die Objektivität des Wissens wie gegen die
Behauptung bloßer Subjektivität des Glaubens ohne dessen Vermittlung in
die Objektivität der Glaubenslehre und des Kultus.[139]

Worin, so muß man daher fragen, liegt Schleiermachers Verständnis der
Selbständigkeit des „religiösen Gefühls" begründet, wenn von diesem her die
Differenz zu Hegel betont werden soll, zumal das Wissen der Vernunft nicht
der für menschliche Wirklichkeit eigentliche Ort der Begegnung des Göttlichen und Menschlichen sein soll?[140] Schleiermacher lehnt es ausdrücklich ab,
daß die Wahrheit Gottes im Menschen wie Hegel meint, „nur in der vernünftigen Erkenntnis" zu finden sei, in der der Geist „sein ewiges Bedürfnis, zu
denken und hiermit die *unendliche Form dem unendlichen Inhalte* der Religion hinzuzufügen, zu befriedigen vermag".[141] Ist für Hegel das Denken die

---

[138] 2. Aufl. § 10, 3 I, 74, Herv. v. mir. Briefliche Äußerungen Schleiermachers nehmen übrigens
ausdrücklich Bezug auf Hegels „Vorrede zu Hinrichs' Religionsphilosophie", die noch im
Erscheinungsjahr der 1. Auflage (1821/22) der Glaubenslehre veröffentlicht wurde.

[139] Daß diese Vermittlung der Religiosität in die Objektivität der Glaubenslehre und des Kultus
für Schleiermachers Denken unabdingbar war, hatte Hegel sehr wohl gewußt. In der ihm
eigenen Präzision des Gedankens formulierte Hegel – im Text an jener Stelle, die den
Übergang zur genaueren Kritik des von ihm als Gefühl Verstandenen darstellt – die von
Schleiermacher im „religiösen Gefühl" bezeichnete Wirklichkeit des Glaubens. Vgl. *Hegel*,
a.a.O., 56f. Dazu 1. Aufl. § 8, 2 I, 29, 8 ff.

[140] Daß aber diese Wahrheit den Menschen eigentlich „als erkennendes Wesen" betrifft, dabei
kann Schleiermacher nicht stehenbleiben. Die Wahrheit Gottes, sagt Schleiermacher in der
Glaubenslehre, kann als Lehre nur erfaßt werden als „Teil eines anderen Ganzen, als
Lebensmoment eines denkenden Wesens, *welches ursprünglich auf uns wirkt als eigentümliche
Existenz, durch seinen Totaleindruck und diese Wirkung ist immer eine Wirkung auf das
Selbstbewußtsein*" (2. Aufl. § 10, 5 I, 72, Herv. v. mir), d.h. auf das ganze Dasein des
Menschen als Einheit von Natur und Geist. Das von Schleiermacher „unmittelbares Existen-
tialverhältnis" genannte Verhältnis des Menschen zu Gott läßt sich nicht reduzieren auf den
erkennenden Menschen und somit intellektualistisch engführen. Ebensowenig läßt sich
jedoch der existentielle Vollzug der Frömmigkeit isolieren von der intellektuellen Verantwortung des Glaubens.

[141] *Hegel*, a.a.O., 63.

unendliche Form der Wahrheit, so ist für Schleiermacher das „Gefühl" als
Einheit von Denken und Sein die Form der Wahrheit, die in der absoluten
Einheit Gottes begründet ist. Indem für Schleiermacher der Gottesbegriff die
Bedingung der Einheit von Denken und Sein im „Gefühl" ist, kann Gott als
dem Denken immer schon zugrundeliegend, im Gegensatz zu Hegels Got-
tesbegriff, nicht selbst das vollendete Ganze des Denkens sein. So kann für
Schleiermacher Gott als unendlicher Inhalt nicht in der immer bedingten
Form des Denkens erfaßbar sein in dem, was er an sich ist. „Das Denken
wird hier durch etwas bedingt, das nicht selber ein Denken ist, darin sieht
Hegel das philosophische Ärgernis dieser Konzeption. *Diese Abhängigkeit
des Denkens vom Sein* ist jedoch auch aus der Geschichtlichkeit der menschlichen Existenz zu erweisen: der Mensch findet sich immer schon vor in einer
sich wandelnden Welt. Das ist eine Tatsache, die nicht durch Reflexion
aufgelöst werden kann".[142]

Abschließend soll von den bisherigen Erörterungen her noch einmal
klargestellt werden, daß die von Hegel behauptete Alternative subjektives
Gefühl von Gott und objektive Wahrheit Gottes an sich für Schleiermachers
Denken nicht zutreffend ist und diesem nicht gerecht werden kann. „Allein
ein ganz anderes ist, ob solcher Inhalt wie Gott, Wahrheit, Freiheit aus dem
Gefühle geschöpft (werden), ob diese Gegenstände das Gefühl zu ihrer
Berechtigung haben sollen oder ob umgekehrt solcher objektive Inhalt als an
und für sich gilt, in Herz und Gefühl erst einkehrt und die Gefühle erst
vielmehr wie ihren Inhalt, so ihre Bestimmung, Berichtigung und Berechtigung von demselben erhalten. Auf diesen Unterschied der Stellung kommt
alles an. Auf ihm beruht die Abscheidung alter Rechtlichkeit und alten
Glaubens, wahrhafter Religiosität und Sittlichkeit, welche Gott, Wahrheit

---

[142] *H. Kimmerle,* Das Verhältnis Schleiermachers zum Transzendentalen Idealismus, in: Kant-
Studien 51 (1959/60), 423, Herv. v. mir. Die Geschichtlichkeit der menschlichen Existenz
im Gegensatz zu aller idealistischen Verkürzung hebt auch *R. Stalder* (a.a.O., 311, 314, 316
u. ö.) wiederholt und eindringlich hervor als die antiidealistische Tendenz in dem an der
geschichtlichen Offenbarung in Christus orientierten Denken Schleiermachers. Vgl. dazu
Schleiermachers Aussage: „Die Entwicklung des einwohnenden Bewußtseins von Gott als
letzter Ursache alles Seins, die uns aber anders nicht gegeben ist, erweckte das parallele von
Gott als letztem Grund alles Wissens..." (O, Hs, 89). Zum Verhältnis von Vernunft,
Geschichte und Christentum bemerkt auch *H. Scholz,* daß für Schleiermacher der Gegensatz
von zufälliger Geschichtswahrheit und notwendiger Vernunftwahrheit nicht gegeben sei,
„weil er die Vernunft selbst überall aus der Geschichte herauswachsen sieht" (a.a.O., 25).
Ebenso *T. H. Jøergensen:* „Wie sollte die Vernunft überhaupt der Geschichte vorgreifen
können in der Konstruktion eines allgemeinen Religionsbegriffs, wenn Frömmigkeit nur
innerhalb einer Gemeinschaft geweckt werden kann? ... Man kann ... Schleiermacher
nicht einer geschichtsvergessenen apriorischen Spekulation bezichtigen" (a.a.O., 289 Anm.).

und Pflicht *zu dem Ersten* macht, von der Verkehrtheit, dem Eigendünkel und der absoluten Selbstsucht, welche in unserer Zeit aufgegangen und den Eigenwillen, das eigene Meinen und Belieben zur Regel der Religiosität und des Rechten macht".[143]

Es kann kein Zweifel sein, dies sollte auch vom Ganzen unserer Interpretation her deutlich sein, daß Schleiermacher der „unmittelbaren Wahrheit Gottes, die in unserem Selbstbewußtsein unter der Form des religiösen Gefühls niedergelegt ist"[144] *absoluten Vorrang* zuspricht, worauf Hegel in seiner Unterscheidung zu Recht allen Wert legt. Nur wer Schleiermacher nicht kennt, kann behaupten, daß die „absolute Selbstsucht" des Menschen für ihn Maßstab der Wahrheit der Religion sei. Es ist zu bedauern, daß Hegel Kronzeuge der Entstellung der Theologie Schleiermachers geworden ist. Gerade auch von katholisch-theologischer Seite ist Schleiermachers dann sogenannte „Gefühls-Theologie" immer wieder als Zeugnis der Irrationalität religiöser Erfahrung und christlichen Glaubens behauptet worden. Es ist daher hervorzuheben, daß neben R. Stalder neuerdings W. Brugger in seiner „Summe einer philosophischen Gotteslehre"[145], sich selbst korrigierend gegenüber früheren Äußerungen, Schleiermachers „Gefühl der schlechthinnigen Abhängigkeit" rehabilitiert hat.

---

[143] *Hegel,* a.a.O., 60, Herv. v. H.
[144] O, 310.
[145] Vgl. *W. Brugger,* Summe einer philosophischen Gotteslehre, München 1979, 217, 219 f. Sehr differenziert dazu auch ein früher Aufsatz von *G. Söhngen,* Friedrich Schleiermacher in unserer Zeit, in: Germania 41 (1934), 40 ff. Ebenso *B. Weissmahr,* Philosophische Gotteslehre, Stuttgart 1983, 20 f., 72.

3.2 Die Philosophische Theologie der Offenbarung Gottes

3.2.1 Theozentrische, christologische und anthropologische Thematik

Schleiermachers Philosophische Theologie setzt die Wirklichkeit des Glaubens voraus, d. h. sie denkt von dem von der Offenbarung Gottes in Christus her bestimmten Glauben des Menschen her. Von diesem Ansatz aus wird die Aufgabe der Philosophischen Theologie in Angriff genommen, die Notwendigkeit der christlichen Offenbarung für menschliche Wirklichkeit aufzuzeigen. Um dies leisten zu können, entwickelte Schleiermacher zunächst eine Philosophische Theologie des Gottesglaubens, in der von anthropologischem Ansatz her die Offenheit des Menschen für das Ereignis der Offenbarung aufgezeigt wird, genauer: die innere Notwendigkeit der Offenbarung Gottes für den Menschen wird, ausgehend vom ontologischen Begriff schlechthinniger Abhängigkeit des Menschen von Gott, aufgewiesen. Die letztlich apologetische Intention der Philosophischen Theologie mündet schließlich, ausgehend von dieser *Wesensbestimmung des Gottesglaubens des Menschen* in eine *Wesensbestimmung der Offenbarung als Menschwerdung Gottes*, d. h. in eine Philosophische Theologie der absoluten Offenbarung als Erlösung. Aus diesem Gesamtentwurf wird von Schleiermacher die Notwendigkeit der Offenbarung Gottes für den Menschen gegenüber dem Vorwurf des Atheismus, der Offenbarungsglaube des Menschen sei eine „Verirrung" menschlichen Geistes, behauptet. Offenbarung kann nur für den Menschen und an den Menschen ergehende Offenbarung sein. Daher muß ausgeschlossen sein, daß Offenbarung die menschliche Natur und menschliche Vernunft so übersteigt, daß eine Vermittlung zwischen Göttlichem und Menschlichem unmöglich wird. „Tatsachen aber von übermenschlichem Inhalt könnten auch gar nicht oder nur unvollkommen aufgefaßt, und in dieser Unvollkommenheit nicht die unmittelbar göttliche Einwirkung erkannt werden".[1] Mit diesen Hinweisen ist aber schon ein Verständnis der

---

[1] 1. Aufl. § 19, 3 I, 75, 12f.

verwendeten Begriffe gegeben. Natur und Vernunft, Denken und Sein sind im Menschen als vernünftiger Natur, als denkendem Sein miteinander verbunden. So hatte es in Schleiermachers Dialektik geheißen: „Die Identität des Seins und Denkens tragen wir in uns selbst; wir selbst sind Sein und Denken, das denkende Sein und das seiende Denken".[2] Zum Ausdruck kam dies in der Einheit des Selbstbewußtseins als, wie man auch sagen kann, der – noch unter endlicher Bedingtheit stehenden – Einheit und Vernunft und Natur.

Übernatürlich und übervernünftig meint von daher zunächst das Göttliche gegenüber aller vernünftigen Natur des Menschen. Vom Gottesbegriff her, d.h. vom „Mitgesetztsein Gottes" im „Gefühl" als Einheit von Denken und Sein her, kann allein verstanden werden, wie dieses Übernatürliche und Übervernünftige in Vermittlung treten kann mit menschlicher Wirklichkeit, mit der vernünftigen Natur, die das endliche Sein repräsentiert. Es bestätigt sich so die *Bedeutung des Gottesbegriffs für Schleiermachers Philosophische Theologie*.

Philosophisch-natürliches Wissen muß, wie die Dialektik gezeigt hat, den transzendenten Grund von Denken und Sein immer schon voraussetzen, um ein Wissen von Gott überhaupt intendieren zu können, ohne daß das Wissen jedoch diese seine alles begründende Voraussetzung je aus seiner endlichen Beschränktheit adäquat erreichen könnte. *Christlicher Glaube* schließt Beziehung auf Gott und Beziehung auf Gottes Offenbarung in Christus immer in sich, d.h. er gründet einerseits als geschichtlicher Glaube in Gottes geschichtlicher Offenbarung, andererseits als Glaube des Menschen im „Mitgesetztsein Gottes" im „Gefühl" als der Einheit von Denken und Sein, weshalb Schleiermacher auch von der ursprünglichen Offenbarung Gottes im Menschen reden kann.

Schleiermachers Philosophische Theologie vermag den Glauben mit den ihr zur Verfügung stehenden Denkmöglichkeiten als Gottesglauben und Offenbarungsglauben nur nachvollziehend auf seine Vernünftigkeit, d.h. seine dem Wissen zugängliche, notwendige Struktur hin zu bedenken. Nicht eine vom Wissen her gegebene Begründung des Glaubens kann daher Schleiermachers Absicht sein, denn *Glauben und Wissen des Menschen gründen in der Unmittelbarkeit und Ursprünglichkeit der Wahrheit Gottes*. Philosophische Theologie und Theologie kommen darin überein, daß die *geschichtliche Bestimmtheit des „Gefühls" im Menschen*, d.h. der christliche Glaube vorausgesetzt ist. Anders gesagt: das Sein Gottes im Menschen ist einmal als unmittelbares, zum andern als geschichtlich vermitteltes Grund der Überein-

---

[2] O, 270.

stimmung, d.h. als ursprüngliche Offenbarung Gottes im Menschen und als geschichtliche Offenbarung Gottes in Christus.

Die Vermittlung von Glauben und Wissen in der Philosophischen Theologie muß daher zu erreichen suchen, die in Gott gründende Möglichkeit und Wirklichkeit der christlichen Offenbarung als eine Notwendigkeit für den Menschen vom Wissen der Vernunft her nachvollziehend einsichtig zu machen, eben weil christliche Offenbarung nicht schlechthin übernatürlich und unvernünftig ist. Diese allein für den Menschen gegebene Notwendigkeit hebt in keiner Weise die Übernatürlichkeit der Offenbarung, die allein in der Freiheit Gottes und der Gnade Gottes gründet, auf.

Schleiermachers Philosophische Theologie thematisiert damit aber zwei Problemkreise, die ineinandergreifen, jedoch verschieden gewichtet sind. Einmal die *anthropologische Thematik*, die im Begriff schlechthinniger Abhängigkeit des Menschen von Gott als *Möglichkeit der Offenbarung Gottes im Menschen* Gegenstand der Untersuchung ist. Dann die *christologische Thematik*, die die *Wirklichkeit der Offenbarung Gottes in Christus* als Identität von Göttlichem und Menschlichem zum Gegenstand der Untersuchung hat. Letztere gehört streng genommen in die dogmatische Theologie, ist jedoch in Grundzügen zur Bestimmung des Wesens des Christentums aufzugreifen, um die Erlösung des Menschen als *Notwendigkeit der Offenbarung Gottes für den Menschen* in der *anthropologisch-christologischen Thematik* verständlich machen zu können.

Zunächst gilt es Schleiermachers Unterscheidungen der Begriffe positiver Religion, natürlicher Religion und Offenbarungsreligion im § 19 aufzunehmen, um in das Verständnis und die Interpretation der §§ 18 und 20 einzuführen.

3.2.2 Geschichtliche Positivität der Religion und „natürliche Religion"

Schleiermachers Philosophische Theologie nimmt in ihrer apologetischen Absicht, das eigentümliche Wesen des christlichen Glaubens zu bestimmen, entsprechend den Ausführungen über die innere und äußere Einheit der Wesenstruktur des religiösen Glaubens, nun die geschichtliche Offenbarung Gottes in Christus in ihrer Bedeutung für die anthropologische Notwendigkeit des Glaubens auf. Schleiermachers geschichtlicher Standpunkt hatte sich im § 17 zur Geltung gebracht und somit den Forderungen des § 32 der „Kurzen Darstellung" entsprochen. Gemäß der „Grundaufgabe der Apologetik"[3] kann allein unter Aufnahme der „Wechselbegriffe des Natürlichen und Positiven"[4] das eigentümliche Wesen des Christentums gefaßt werden, wobei das „kritische Verfahren" der Philosophischen Theologie gerade in ihrem apologetischen Interesse leitend bleibt. Von daher ist zu verstehen, daß Schleiermacher im § 19 zunächst die Begriffe des Natürlichen und Positiven verhandelt, dann die Unterscheidung von positiver Religion und geschichtlicher Offenbarung, um schließlich, seiner kritisch-vergleichenden Methode der Religionsphilosophie gemäß, Offenbarung und Erlösung inhaltlich zu unterscheiden, um sie in ihrem gegenseitigen Bezug aufweisen zu können. Jede Kritik, die den Offenbarungsbegriff Schleiermachers für unzureichend erklärt, greift zu kurz, wenn sie sich den im folgenden erörterten Zusammenhang nicht vergegenwärtigt.

Die die Geschichtlichkeit des Glaubens bedenkende Philosophische Theologie erhält ihre Legitimation letztlich aus ihrem vorgängigen Verständnis von Theologie als „positiver Wissenschaft", das Schleiermachers „Kurze Darstellung" im § 1 formuliert hatte. Als Philosophischer Theologie obliegt ihr dabei die Aufgabe, das Wesen des Glaubens so zu denken, daß es als *ontologisch-existentielle Bestimmung menschlichen Lebens nicht ohne die geschichtliche Dimension* begriffen werden kann. Nach den bisherigen Untersuchungen ist aber einsichtig, daß das allgemeine, ursprüngliche „schlechthinnige Abhängigkeitsgefühl" als „Mitgesetztsein Gottes" im menschlichen Sein nur wirkliches Bewußtsein als geschichtliches werden kann, und umgekehrt ohne eine allgemein angenommene schlechthinnige Abhängigkeit des Menschen von Gott wäre eine geschichtliche Bestimmung des Menschen in seinem Verhältnis zu Gott nicht möglich.

Diesem Zusammenhang widmet Schleiermacher große Aufmerksamkeit, da er einen Gegensatz von natürlich und positiv-geschichtlich nicht anerkennt, sondern, „sofern die Lehre Aussage sein soll über das unmittelbare Bewußtsein, *beides nirgends getrennt, sondern überall das natürliche im positiven und das positive am natürlichen*"[5] gegeben ist. Schleiermachers geschichtliche Perspektive erweitert somit die allgemeine Struktur des religiösen Glaubens grundlegend. Es gibt nicht erst eine „natürliche Religion", die dann

---

[3] KD, § 44, Anm.

[4] KD, § 43. „Die Aufstellung dieser Begriffe, wovon jener (das Natürliche) *das Gemeinsame aller,* dieser (das Positive) *die Möglichkeit verschiedener eigentümlicher Gestaltungen desselben* aussagt, gehört eigentlich der Religionsphilosophie an; daher dieselben (Begriffe) auch gleich gültig sind für die Apologetik jeder frommen Gemeinschaft" (KD, § 43, Anm., Erg. u. Herv. v. mir).

[5] 1. Aufl. § 19, 1 I, 70, 32 f., Herv. v. mir.

auch noch geschichtlich bestimmt sein könnte, vielmehr ist Religion immer schon geschichtliche Religion. Von daher kann Schleiermacher die Ansicht verwerfen, als käme das geschichtlich positiv Gegebene „zu dem sogenannten natürlichen hinzu".[6] Drückt sich darin eine betont der geschichtlichen Positivität des Glaubens und der Theologie verpflichtete Einstellung aus, so schließt dies ein eigenes Verständnis dessen, was natürlich meint, mit ein. „Von Seiten der Gemeinschaft angesehen ist also hier das *positive das ursprüngliche* und unmittelbar gegebene, und das *natürliche* ist nur eine durch zusammenstellende Betrachtung mehrerer Gemeinschaften entstandene Abstraction, welche in dem mannigfaltigen die Einheit nachweisen will".[7] Wenngleich Schleiermacher die gewöhnliche Unterscheidung von positiver Religion bzw. natürlicher Religion zurückweist, insofern „keine Gemeinschaft ihre Haltung finden könnte"[8] in dem, was eine geschichtslose natürliche Religion auch immer sein sollte, lehnt Schleiermacher eine „natürliche Religionslehre"[9] keineswegs ab.

Eine solche von Schleiermacher als Religionsphilosophie verstandene Lehre müßte in ausgearbeiteter Form in einer vergleichenden Betrachtung verschiedener Religionsgemeinschaften entfaltet werden, die auf eine einheitliche, allen gemeinsame Struktur hin abzufragen wären. Wenngleich Schleiermacher eine „natürliche Religionslehre" nicht vorgelegt hat, so hat er jedoch angedeutet, worauf sein Denken zielt. So heißt es in der 1. Auflage der „Einleitung" (1821/22), die weit weniger Vorbehalte gegenüber rationalistisch-aufklärerischer Begrifflichkeit zeigt als die 2. Auflage (1830), daß „das *in der menschlichen Natur Begründetsein* der Gesammtheit aller religiösen Erregungen"[10] aufzuweisen sei. In seiner Philosophischen Theologie ist diese anthropologische Fragestellung zwingend, wenn der religiöse Glaube als wesentliches Lebenselement bestimmt werden soll. Aussagen der Philosophischen Theologie benennen nach Schleiermacher den in allem geschichtlich frommen Selbstbewußtsein „mitenthaltenen" bzw. der „menschlichen Natur einwohnenden" Gottesglauben schlechthinniger Abhängigkeit. Diese Argumentationsbasis überträgt eine gewisse Spannung in Schleiermachers Ausführungen des § 19. Einmal durch die in der Methode der Abstraktion

---

1. Aufl. § 19, 1 I, 69, 25. „. . . es giebt nichts, was man als natürliche Religion aufzeigen kann, wie man etwas irgendwo und wie vorhandenes aufzeigt als die christliche Religion" (1. Aufl. § 12, 3 I, 42, 36 f.).

[7] 1. Aufl. § 19, 1 I, 69 f., Herv. v. mir.

[8] 1. Aufl. § 19, 1 I, 70, 14.

[9] 1. Aufl. § 19, 1 I, 70, 19.

[10] 1. Aufl. § 19, 1 I, 70, 22 f., Herv. v. mir.

gewonnene „Wesensphänomenologie"[11] der Frömmigkeit, d.h. durch die allgemeine Bestimmung des Wesens des Gottesglaubens, zum andern durch die ausdrücklich gemachte Vorrangigkeit der geschichtlichen Wirklichkeit der Religion. Von unserer Interpretation her, die Schleiermachers Philosophische Theologie als Neuentwurf einer natürlichen Theologie behauptete, wird diese argumentative Spannung der Äußerungen Schleiermachers methodisch-sachlich aber verständlich.

Allein eingeordnet in den Kontext einer Theologie als „positiver Wissenschaft" sollte Schleiermachers religionsphilosophisch-allgemeine Reflexion über das „Gefühl von Gott" ihre Legitimation erhalten. Nimmt man hinzu, daß Schleiermacher die eigentliche Problematik einer „natürlichen Religionslehre" darin sieht, daß von ihr her, d.h. von einem Wissen der Vernunft her Religion und Glaube begründet werden könnten, dann muß von der geschichtlichen Positivität der Religion her sich das von der Vernunft als natürliche Religion Behauptete als bloß nachträgliche Konstruktion und Abstraktion erweisen, weshalb Schleiermacher vom Positiven als dem „ursprünglich und unmittelbar" Gegebenen redet. Darüberhinaus bildet das im Wissen mitgesetzte göttliche Prinzip selbst die Begründung des Wissens und damit für das, was das Wissen der Vernunft, nur wenn es sich selbst mißversteht, von sich her zu begründen intendieren kann: das Sein Gottes im Menschen, das im Gottesglauben schlechthinniger Abhängigkeit sich Ausdruck verschafft.

Von dieser selbstkritischen Vergewisserung des Wissens her kann Schleiermacher in der 1. Auflage auch sagen, „Vernunftreligion" müsse, „sofern sie überhaupt ist, ewig sein. Das heißt aber, sie kann nirgends als etwas besonderes für sich erscheinen, sondern ist nur in allen geschichtlich gewordenen also geoffenbarten Religionen ein Eigenthum aller der Einzelnen".[12] Schleiermacher stellt Vernunftglauben und geschichtlichen Offenbarungsglauben so gegenüber, daß ersterer als Gegenstand Philosophischer Theologie „mitenthalten" ist in letzterem als dessen notwendige Wesensstruktur. So kommt dem Vernunftglauben ganz eigene Bedeutung zu, insofern Schleiermacher ausdrücklich betont, daß die Bestimmung christlicher Frömmigkeit ohne die Annahme eines allgemeinen Gottesglaubens streng genommen der Frömmigkeit nicht gerecht wird.

Dieser *Zusammenhang von natürlicher Theologie und positiver Theologie* wird einsichtig für den Entwurf einer Philosophischen Theologie, zieht man

---

[11] *R. Stalder*, a.a.O., 59, Anm.
[12] 1. Aufl. § 19, 3 I, 76, 25f.

Schleiermachers Ausführungen zum § 78 der 1. Auflage heran. Weder dürfe
natürliche Theologie „überschätzt", noch „gering geschätzt" werden[13], denn
beides treffe nicht den Sachverhalt. Im § 62 der 2. Auflage (1830), der dem
§ 78 der 1. Auflage (1821/22) entspricht, wird die Problematik der Philosophischen Theologie in aller zu fordernden Präzision thematisiert: „Kein allgemeines Gottesbewußtsein, ohne daß eine Beziehung auf Christum mitgesetzt
sei, aber auch kein Verhältnis zum Erlöser, welches nicht auf das allgemeine
Gottesbewußtsein bezogen würde . . . *so daß ein Verhältnis zu Christo, durch
welches das Gottesbewußtsein in den Hintergrund gestellt oder gleichsam anti-
quiert würde, indem das in dem Selbstbewußtsein Mitgesetzte nur Christus wäre,
nicht auch Gott, zwar ein sehr inniges sein könnte, aber es würde streng
genommen nicht in das Gebiet der Frömmigkeit gehören*".[14] Erneut bestätigt
sich die überragende Bedeutung des Gottesbegriffs für Schleiermachers Denken.

Schon der § 36 hatte betont, daß in einer Philosophischen Theologie die
ursprüngliche Abhängigkeit von Gott nur als die aller Frömmigkeit identische Bestimmtheit betrachtet werde; daß aber, „wie ein allgemeines nur
durch das besondere"[15] wirklich werde, so auch eine Philosophische Theologie ihre Legitimität allein im Kontext einer positiven Theologie erhalten
könne. Und umgekehrt, so hatte § 32 der „Kurzen Darstellung" deutlich
gemacht, läßt sich nur durch eine wechselseitig sich bedingende und ergän-
zende geschichtlich-positive und spekulativ-natürliche Betrachtung das Wesen des christlichen Glaubens erfassen. *Die fundamentaltheologische Ausrichtung der Philosophischen Theologie schließt daher philosophisches Denken und
historische Theologie in sich.*

3.2.3 Die Möglichkeit der Offenbarung Gottes

Schleiermachers Verständnis der „natürlichen Religion" als der in allen
Menschen nur jeweils geschichtlich anders ausgeprägte Gottesglaube, konnte
nur als Abstraktion integraler Bestandteil christlicher Theologie sein. Für den
Gesamtbereich geschichtlich positiver Religionen muß nun das spezifische
Verständnis einer Offenbarungsreligion aufgezeigt werden. Hier interessiert
zur apologetischen Bestimmung des Wesens christlichen Glaubens nur des-

---

[13] 1. Aufl. § 78, 3 I, 254, 32f.
[14] 2. Aufl. § 62, 1 I, 344.
[15] 1. Aufl. § 36, 1 I, 123, 18.

sen als grundlegend behaupteter Unterschied gegenüber anderen Offenba-
rungsreligionen.

Die ursprüngliche Entstehung des positiv-individuellen Inhalts einer Religion betreffend, meint Offenbarung „ein Neues aus einem geschichtlichen
Zusammenhang nicht zu erklärendes und zwar von einem einzelnen Punkt
ausgehendes".[16] Unableitbarkeit des Offenbarungsinhaltes und des geschichtlichen Ursprungs einer Glaubensgemeinschaft sind zunächst im Offenbarungsbegriff ausgesagt. Da Offenbarungsinhalte immer auf eine göttliche
Mitteilung gegründet sind, sagt Schleiermacher: „Und der spezifische Unterschied zwischen dem Christentum und anderen Glaubensweisen betrifft
nicht den Begriff der Offenbarung, sondern den eigenthümlichen Unterschied Christi zu anderen Religionsstiftern".[17] In allen anderen Formen
positiv-individueller Religionen führe, so Schleiermacher, die ebenfalls aufgestellte Behauptung einer Offenbarung als göttlicher Mitteilung nur zu einem
oszillierenden Begriff derselben. Deshalb plädiert Schleiermacher dafür, die
Unüberbietbarkeit des Christentums vorwiegend im Begriff einer *absoluten
Offenbarung als Erlösung* zu fassen.

Die Schwierigkeiten liegen nun darin, jede inhaltliche Abhängigkeit von
schon Bekanntem ausschließen zu können. Da dies dort nicht der Fall sein
kann, wo aus der Bedingtheit durch Raum und Zeit alles Einzelne seine
Entstehung erhält, kann die ursprüngliche und eigentliche Offenbarung
letztlich nur in Christus aufgenommen werden, da „sein persönliches Sein
und Wesen von solcher Bestimmtheit befreit gedacht werden muß".[18] Kann
aber Gott in seiner Selbstmitteilung sich offenbaren, wie er an und für sich ist?
Wenn nicht, in welchem Verhältnis stehen dann Offenbarung Gottes in
Christus und menschliche Wirklichkeit? Das ursprünglich Neue der Offenbarung, das aus dem geschichtlichen Zusammenhang nicht erklärt werden
kann, kann sich aber nicht „an sich", d.h. als gänzlich fremd und unbegreiflich für den Menschen zum Vorschein bringen. Schleiermachers *anthropologischer Ansatz* wird wieder deutlich, wenn er sagt: „Was aber denen, die den
Begriff der Offenbarung streng und ausschließlich fassen wollen, am meisten
vorschwebt, ist wol dieses, daß Gott in der Offenbarung sich selbst kund
thut, und darin soll zugleich die Unmittelbarkeit sein und die Uebermensch-
lichkeit. Nun wäre freilich eine Kundmachung Gottes, wie er an sich ist,
etwas übermenschliches, aber auch eine solche könnte aus keiner Tatsache
hervorgehen und als Gedanke auch nicht von der menschlichen Seele, in der

---

[16] 1. Aufl. § 19, 2 I, 73, 13f.
[17] 1. Aufl. § 19, 3 I, 77, 13f.
[18] 1. Aufl. § 19, 2 I, 74, 13f.

sie wäre, aufgefaßt werden; also auf keine Weise wahrgenommen und festgehalten, könnte sie auch nicht wirksam sein. Sondern eine wirksame Kundmachung Gottes kann nur beziehungsweise übermenschlich sein".[19] Offenbarung Gottes, die den Menschen angehen soll, kann nicht „übermenschlich" in dem Sinne sein, daß das endliche Auffassungsvermögen des Menschen Gott überhaupt nicht in seiner Selbstmitteilung als das Heil und die Erlösung erfassen könnte.

Es ist zunächst die Absicht Schleiermachers, die Vermittlung von Übergeschichtlichem und Geschichtlichem so sichtbar zu machen, daß die göttliche Offenbarung in Christus, die von ihrem Ursprung in Gott her aus dem natürlichen Verlauf der Geschichte nicht erklärt werden kann, dennoch „den allgemeinen von Gott geordneten Gesetzen des Weltlaufs und besonders auch der Entwikklung der menschlichen Natur gemäß erfolge".[20] Diese anthropologische Orientierung Schleiermachers an der geschichtlichen Wirklichkeit des Menschen enthält zugleich eine *theozentrische Orientierung,* d. h. Anthropologie und Gotteslehre gehören unauflösbar zusammen. Der Offenbarungsbegriff setzt daher, soll er zutreffend bestimmbar sein, den Gottesbegriff voraus. Erst wenn der *Zusammenhang von Gott, Offenbarung Gottes und menschlicher Wirklichkeit* thematisiert wird, kann die *geschichtliche Offenbarung Gottes als Erlösung des Menschen* einsichtig gemacht werden. Allein so kann auch der Irrtum vermieden werden, aus dem religiösen Selbstbewußtsein des Menschen allein Inhalte christlicher Offenbarung ableiten zu wollen. Von diesem Problemzusammenhang her muß Schleiermachers Philosophische Theologie der Offenbarung Gottes interpretiert und beurteilt werden, wenn in der Vermittlung von Glauben und Wissen gefragt wird, wie Offenbarungswirklichkeit und menschliche Wirklichkeit in innere Beziehung miteinander treten können. In heutiger Fundamentaltheologie spricht man von der „Offenheit des Menschen" für Gottes Offenbarung in Christus.

Soll Offenbarung Gottes in Christus nicht als schlechthin übernatürlich gelten, d. h. ohne jede Vermittlungsmöglichkeit mit menschlicher Natur sein, dann muß das Natürliche am Göttlichen teilhaben können. „In der menschlichen Natur muß, so gewiß Christus ein Mensch war, die *Möglichkeit* liegen, das Göttliche, so wie es in Christus gedacht wird, in sich aufzunehmen. Denn alles wirkliche muß möglich sein".[21] Innere Grundlage, d. h. die Möglichkeit der menschlichen Natur, das Göttliche aufnehmen zu können, und äußere Gegebenheit, d. h. Wirklichkeit geschichtlicher Offenbarung Gottes sind

---

[19] 1. Aufl. § 19, 3 I, 75, 23 f.
[20] 1. Aufl. § 19, 3 I, 76, 13 f.
[21] 1. Aufl. § 20, 1 I, 79, 2 ff. Herv. v. mir.

beide in *Gott als dem in Geschichte sich offenbarenden transzendenten Grund allen Seins* begründet. Zugleich spiegelt sich die spekulative und geschichtliche Betrachtungsweise der Philosophischen Theologie im Zusammenhang der Behauptung von Möglichkeit und Wirklichkeit der Offenbarung Gottes wieder, insofern Schleiermacher davon ausgeht, daß das Wirkliche möglich sein müsse, denn die geschichtliche Wirklichkeit der Offenbarung läßt die allgemeine Frage nach deren Möglichkeit aufkommen.

Sind aber letztlich in Gottes „ewigem Erlösungsrath"[22], d.h. in der nicht aus dem Naturzusammenhang zu begreifenden göttlichen Ursächlichkeit, schöpferische und erlösende Mitteilung als Einheit begründet, dann ist der Satz einsichtig, es liege in der „Behauptung, daß, wenn in der menschlichen Natur nur die *Möglichkeit* liegt, das göttliche so aufzunehmen, die *wirkliche* Einpflanzung desselben aber ein göttlicher, also ewiger Akt sein muß, dennoch das zeitliche Hervortreten desselben in einer bestimmten einzelnen Person zugleich als eine in der *ursprünglichen* (!) dem göttlichen Rathschluß gemäßen *Einrichtung der menschlichen Natur* begründete und durch alles frühere vorbereitete That derselben, und als die höchste Entwiklung ihrer geistigen Kraft muß angesehen werden".[23] Was hier theologisch formuliert ist, hatte Schleiermacher wie ich zeigen konnte, in seiner Philosophischen Theologie schon formuliert: Gott als transzendenter Grund und Ziel allen Denken und Seins wird im religiösen Selbstbewußtsein als Gottesglaube schlechthinniger Abhängigkeit allen endlichen Seins vom unendlichen Sein offenbar. In der 2. Auflage war zu Recht von einer ursprünglichen Offenbarung Gottes im Menschen die Rede. Diese stellt für die menschliche Natur die Bedingung der Möglichkeit dar, die in der Geschichte ankommende Wirklichkeit der Offenbarung Gottes überhaupt aufnehmen zu können. Diesem Zusammenhang soll noch genauer nachgedacht werden, um Schleiermachers Ausführungen zum Themenkreis der Offenbarung in ihrer inneren Argumentationsstruktur zu verdeutlichen. Wir können dabei in Anlehnung an unsere bisherige Interpretation der Philosophischen Theologie weitgehend auf schon Erwähntes zurückgreifen.

3.2.4 Die Wirklichkeit der Offenbarung Gottes

Mit Schleiermachers grundlegendem Ansatz, daß die Offenbarung Gottes in der vernünftigen Natur als das in jedem endlichen Sein gegebene Verhältnis

---

[22] 1. Aufl. § 20, 1 I, 79, 23.
[23] 1. Aufl. § 20, 1 I, 79, 11 ff., Herv. v. mir.

der Abhängigkeit vom unendlichen Sein Gottes zu Bewußt-Sein kommt, ist hinreichend deutlich, daß Schleiermacher vom menschlichen Selbstbewußtsein her die Analogie zwischen dem Sein Gottes im Erlöser und dem Sein Gottes im Menschen festmacht.[24]

Die Bestimmung des Wesens des christlichen Glaubens, die den fundamentaltheologischen Charakter der Philosophischen Theologie prägt und in der Formulierung des zentralen § 18 zum Ausdruck kommt, geht vom genannten Analogiegedanken aus. In diesem enthalten ist der Grundgedanke der Identität von Erlöser und Erlösung, das Schleiermachers Urbildchristologie entwickelt. Zum Verständnis des Analogiedenkens, das in Schleiermachers Urbildchristologie die traditionelle Zweinaturenlehre neu formulieren will, muß Schleiermachers dogmatische Theologie kurz aufgenommen werden, um den Entwurf des § 18 der Philosophischen Theologie besser einsichtig machen zu können. Nur aus diesem Zusammenhang läßt sich dann die in der Philosophischen Theologie entworfene Idee der „Vollendung des Gefühls" überhaupt verstehen, die auf die Mitwirkung und Mitteilung der Gnade angewiesen ist, soll christliche Frömmigkeit denkbar sein.

Um Schleiermachers Begriff der Erlösung zu klären, muß man von der Voraussetzung der absoluten Offenbarung Gottes als Identität von Erlöser und Erlösung in Christus ausgehen, da der eigentliche Unterschied zwischen Christentum und anderen Glaubensweisen eben in der Unübertrefflichkeit dieser Identität besteht. Diese enthält in der genannten Analogie zwischen dem Sein Gottes im Erlöser und dem Sein Gottes im Menschen einen doppelten Aspekt. Dieser betrifft zum einen das *Verhältnis von Gott und Erlöser,* zum anderen von *Erlöser und Erlösung des Menschen.* Da nach unserer Interpretation Schleiermachers Gottesbegriff für seine gesamte Philosophische Theologie (freilich nicht nur für diese, was hier außer acht bleiben muß) grundlegende Bedeutung hat, muß zunächst, unter Aufnahme von § 119, das erstgenannte Verhältnis als alles weitere begründend aufgenommen werden, sodann, anhand der §§ 114, 115, 116, das daraus resultierende Verhältnis. Die bisher verhandelten Problemstellungen, gerade des § 20 sowie des noch aufzunehmenden § 18, werden im folgenden weiter präzisiert und interpretiert. Wie denkt Schleiermacher die Vermittlung von Gott und Mensch in der Offenbarung in Christus?

In Schleiermachers dogmatischen Abhandlungen werden wesentliche Inhalte der aufgrund ihrer formalen Unhaltbarkeit abgelehnten Zweinaturenlehre verhandelt. Schleiermacher legt dabei einen Versuch vor, diese neu zu formulieren.

---

[24] Vgl. 1. Aufl. § 119, Z. 1 II, 58, 34f.

„Bei der Vereinigung des göttlichen Wesens mit der menschlichen Natur in Christo war das göttliche Wesen allein thätig oder sich mittheilend und die menschliche Natur allein leidend oder aufgenommen werdend; im Vereintsein beider aber war auch jede Thätigkeit eine gemeinschaftliche beider".[25] Die von Schleiermacher zugestandenen erheblichen Schwierigkeiten dieser Verhältnisbestimmung liegen nun darin, den Akt der Vereinigung und den Zustand des Vereintseins von Gott und Mensch als Einheit zu denken. Denn aufgrund dieser Einheit muß das je Einzelne zugleich beide Momente der Einheit enthalten, soll doch in der „Vereinigung zu lebendiger Thätigkeit" zugleich die „lebendige Erscheinung jener Vereinigung"[26] ausgedrückt sein. Wie kann folglich in Christus göttliches Handeln tätig sein, ohne menschliches Handeln aufzuheben, so daß ein gemeinsames Handeln möglich wird? Schleiermacher betont abgrenzend zunächst, daß die Göttlichkeit in Christus nicht einer Handlung und Tat der menschlichen Natur Christi entspringen kann, sondern daß dem unvollkommenen Zustand der geschaffenen Natur nur die Möglichkeit verliehen ist, das Göttliche in sich aufzunehmen, daß die Wirklichkeit der Möglichkeit jedoch allein aus göttlichem Akt hervorgehen kann. Insoweit läßt sich verstehen, daß im Akt der Vereinigung das Göttliche allein handelnd war, denn zu menschlicher Natur gehört eben diese bloße Möglichkeit, die allein passiven Charakter trägt.

Kommt aber ein Zustand des Vereintseins von Gott und Mensch in Christus überhaupt nur zustande von dieser Annahme aus, so vermag die menschliche Natur aus eigenem Vermögen nie jene Vereinigung zu bewirken, d.h. keine Tätigkeit in der menschlichen Natur Christi ist ohne göttlichen Akt denkbar. „Insofern aber Christus eine vollkommene menschliche Person war, so war auch die Bildung derselben ein gemeinschaftlicher Act der göttlichen und menschlichen Natur".[27] Will sagen: allein im Erlöser ist die bloße Möglichkeit der menschlichen Natur, ins Göttliche aufgenommen zu werden nie bloße Möglichkeit, sondern als vollkommene menschliche Möglichkeit fällt sie zusammen mit der Wirklichkeit göttlichen Handelns im Akt der Vereinigung, d.h. sie ist als Akt eine gemeinschaftliche Tätigkeit von Gott und vollkommener Menschlichkeit Christi.

Von daher wird einsichtig, daß diese Vereinigung als Vereintsein, d.h. die Erscheinung der Vereinigung als „der zeitliche Lebensanfang des Erlösers nur die uns zugekehrte Seite der Sache"[28] ist. In ihrem Wesen aber ist „die

---

[25] 1. Aufl. § 119 II, 50.
[26] 1. Aufl. § 119, 1 II, 50, 23f.
[27] 1. Aufl. § 119, 2 II, 51f.
[28] 1. Aufl. § 119, 2 II, 52, 26.

vereinigend göttliche Thätigkeit als eine besondere schon als ewiger Rathschluß wirklich und als solcher auch schon mit dem Rathschluß der
Schöpfung des Menschen identisch".[29] So ist vollendete Schöpfung der
menschlichen Natur im Erlöser allein in der, wenngleich für menschliches
Denken im letzten nicht verständlichen, Einheit des göttlichen Wesens begründet.

Mit dem Gesagten ist nun möglich, daß die Analogie zwischen dem Sein
Gottes im Erlöser und dem Sein Gottes im Menschen verdeutlicht wird.
Genauerhin geht es um die seit und mit Christus wirkliche Vereinigung
Gottes mit der menschlichen Natur als Erlösung des Menschen. Mit dem
Folgenden wird unmittelbar übergeleitet in die Interpretation des § 18 der
Philosophischen Theologie.

„Vermöge dieser Vereinigung des geschichtlichen und urbildlichen ist der
Erlöser auf der einen Seite, was die menschliche Natur betrifft, uns vollkommen gleich, auf der andern Seite als Anfänger eines zur Verbreitung über das
ganze menschliche Geschlecht bestimmten neuen Lebens dadurch von allen
andern Menschen unterschieden, daß das ihm einwohnende Gottesbewußtsein ein wahres Sein Gottes in ihm war".[30] Schleiermacher deutet von der
Einheit von göttlichem Wesen und menschlicher Natur in Christus her jetzt
die eigentümliche, d.h. einzigartige menschliche Wirklichkeit des Erlösers,
um vom gemeinsamen menschlichen Selbstbewußtsein her die Notwendigkeit der Erlösung als absoluter Offenbarung Gottes für das menschliche Sein
aufzuzeigen. Um die zeitliche Erscheinung des zeitlich-unbedingten göttlichen Wesens in Christus in ihrem jeweils spezifischen Charakter unterscheiden zu können, bedient sich Schleiermacher nun der Begriffe des Geschichtlichen und Urbildlichen. Der Beginn neuen wahrhaft menschlichen Lebens
manifestiert sich als die aus dem bisherigen Naturzusammenhang nicht
herleitbare geschichtliche Erscheinung, in der die „nothwendige Unsündlichkeit des Erlösers"[31] sich äußert, d.h. die allen anderen Menschen kaum
annäherungsweise erreichbare urbildliche Göttlichkeit. Wie sind nun von
menschlicher Wirklichkeit her gesehen, Geschichtliches und Urbildliches in
Christus vereinigt?[32]

---

[29] 1. Aufl. § 119, 2 II, 52, 24.

[30] 1. Aufl. § 116 II, 27.

[31] 1. Aufl. § 116, 1 II, 27, 19.

[32] „Ist nun beides geschichtliches und urbildliches so im Erlöser vereint, so muß das urbildliche
      in der Form des geschichtlichen erscheinen, d.h. der Erlöser muß sich zeitlich entwikkeln,
      aber jeder geschichtliche Augenblick muß zugleich das Wesen des urbildlichen ausdrükken,
      also das zeitlich unbedingte" (1. Aufl. § 115 II, 23).

Wir schließen an bisherige Ergebnisse unserer Untersuchung wieder an, wenn man den urbildlichen Charakter menschlicher Wirklichkeit als die ursprüngliche Offenbarung Gottes im Menschen deutet, die als Gottesglaube nur zu Bewußtsein kommen kann in der Einheit des schlechthinnigen Abhängigkeitsbewußtseins mit dem sinnlich-natürlichen Selbstbewußtsein. Diese, immer unter Bedingungen der Endlichkeit stehende Entwicklung des Gottesglaubens verwehrt eine „Vollendung des Gefühls" aus menschlichen Möglichkeiten. Menschlicher Glaube an Gott bewegt sich immer im Gegensatz eines Mehr oder Minder, d. h. einer aus Schuld des Menschen eintretenden Abkehr von Gott bzw. einer von Gottes Gnade erwirkten Gemeinschaft mit Gott.

Ein solcher Gegensatz aber zwischen Gottesglauben und sinnlichem Selbstbewußtsein ist in der menschlichen Natur Christi aufgrund der notwendigen, d. h. „erlösenden Unsündlichkeit"[33], ausgeschlossen. Andernfalls müßte eine Erlösungsbedürftigkeit des menschgewordenen Gottes selbst angenommen werden. Schleiermacher geht aus vom Gedanken einer „ungestörten Identität des Verhältnisses"[34] von urbildlichem Gottesbewußtsein und geschichtlichem Selbstbewußtsein in allen menschlichen Lebensformen Christi; ja er behauptet sogar eine vollkommene zeitliche Entwicklung eben dieser Identität. Dieser Annahme Schleiermachers liegt die aus der Vereinigung des göttlichen Wesens mit der menschlichen Natur in Christus gegebene Einzigartigkeit der menschlichen Natur zugrunde, so daß, „wenn dieses Sein Gottes in ihm seine Thätigkeit ist, keine andere durch dasselbe nicht bestimmte Thätigkeit in ihm sein kann, und also jenes Sein Gottes in ihm sein innerstes Selbst ausmacht".[35] D. h. Christi menschliches Selbstbewußtsein hat in vollkommener Weise alle endliche Bestimmtheit in jedem Augenblick schon aufgehoben in die erlösende Identität des Gottesbewußtseins, „*daß Gott in ihm war in dem höchsten Sinne, in welchem überall Gott in Einem sein kann*".[36]

Es zeigt sich an dieser Stelle, daß, von Schleiermachers Gottesbegriff her, die ontologische Vermittlung von Gott und Mensch im „Gefühl" in der Menschwerdung Gottes in Christus ihre einmalige Einheit findet, wohingegen in menschlicher Wirklichkeit das unendliche Sein Gottes und das endliche Sein des Menschen allein in der Weise der Abhängigkeit eins sein können. Das Sein Gottes macht das innerste Wesen Christi aus, in dem die Identität von Unendlichem und Endlichem zur Wirklichkeit kommt, und damit ist

---

[33] 1. Aufl. § 116, 3 II, 28, 40.
[34] 1. Aufl. § 115, 2 II, 25, 13.
[35] 1. Aufl. § 116, 3 II, 30, 1f.
[36] 1. Aufl. § 116, 3 II, 29, 36, Herv. v. mir.

„unstreitig die Erlösung die absolute Offenbarung und also in dem Erlöser ein vollkommenes Sein Gottes".[37]

Schleiermachers 1. Auflage der Glaubenslehre (1821/22) macht an dieser Stelle ihre grundlegende und selbstverständliche Voraussetzung jedoch nicht deutlich genug geltend, daß mit der absoluten Offenbarung in der menschlichen Natur Christi die Gesamtheit allen endlichen Seins miteingeschlossen ist. Das Sein Gottes in der Welt ist im wahrhaften Sein Gottes in der menschlichen Natur Christi offenbar geworden, denn in der ungeteilten Identität von Gottes- und Weltbewußtsein des Erlösers hat dessen Sein die Endlichkeit allen Seins in das innerste Selbst als Sein Gottes aufgehoben. In der 2. Auflage (1830) heißt es daher, jede bloße Bewußtseinsrelation von Gott und menschlicher Natur unmißverständlich ausschließend, damit auch die Voraussetzungen der Philosophischen Theologie wieder einholend: „. . . wenn erst durch ihn (Christus) das menschliche Gottesbewußtsein ein Sein Gottes in der menschlichen Natur wird, und erst durch die vernünftige Natur die Gesamtheit der endlichen Kräfte ein Sein Gottes in der Welt werden kann, daß *er allein alles Sein Gottes in der Welt und alle Offenbarung Gottes durch die Welt in Wahrheit vermittelt*".[38]

Man kann zurecht kritisch fragen, worin die Geschichtlichkeit Christi eigentlich konkret bestehen soll. In der ungeteilten Identität von Gott und Welt, wie sie in Christus Wirklichkeit ist, sind alle geschichtlichen Störungen der Endlichkeit immer schon aufgehoben, d.h. Gott und Mensch sind von ihrer einzigartigen Einheit in Christus her in Differenz zu aller sonst möglichen geschichtlichen Wirklichkeit des Menschen getreten.[39] Ist durch die Verwirklichung und Vollendung göttlicher Bestimmung des Menschen in Christus noch die Identifikation des geschichtlich-endlichen Menschen mit diesem Gott-Menschen möglich? Hat sich in der Offenbarung Gottes die göttliche Ursächlichkeit wirklich in den Prozeß endlicher Geschichte vermittelt, wirklich geschichtliche Form angenommen, oder ist ihr urbildliches Wesen doch ohne zeitliche Dimension und Veränderung geblieben? Oder vom Erlösungsbegriff her gefragt: wird für Schleiermacher Erlösung auch in der geschichtlichen Lebenswirklichkeit des Menschen wesentlich, oder ist

---

[37] 1. Aufl. § 116, 3 II, 29, 20.

[38] 2. Aufl. § 94, 2 II, 46. Herv. v. mir.

[39] Vgl. zu diesem Problemkreis die Ausführungen von *T. H. Jøergensen,* „Der christologische Offenbarungsbegriff in der Einleitung zur Glaubenslehre" (a.a.O., 308–334, vor allem 333). Ebenso *D. Lange,* Historischer Jesus oder mythischer Christus. Gütersloh 1975. *G. Ebeling,* Beobachtungen zu Schleiermachers Wirklichkeitsverständnis, a.a.O., 96–115. *R. Stalder,* a.a.O., 248–300.

Erlösung nur außerhalb der Geschichte, d.h. außerhalb zeitlicher Entwicklung möglich?

3.2.5 Die Notwendigkeit der Erlösung des Menschen

Hervorzuheben ist nun, daß Schleiermacher in den Nachweis der nicht schlechthin möglichen Übernatürlichkeit und Übervernünftigkeit der göttlichen Offenbarung zugleich die anthropologisch-christologische Thematik der Philosophischen Theologie einbindet. Drei Problemkreise ergaben sich: einmal ging es um die *Möglichkeit* der Offenbarung Gottes in menschlicher Natur, d.h. es wurde gefragt, worin begründet liegt, daß die menschliche Natur das Göttliche in sich aufnehmen kann; zum andern wurde die geschichtliche *Wirklichkeit* der Offenbarung Gottes als Identität von Erlöser und Erlösung, d.h. als wahre Offenbarung verstanden; schließlich wechselt nun im § 18 die Argumentation auf die Frage der *Notwendigkeit der Erlösung des Menschen* durch die Offenbarung Gottes in Christus.

Es sind streng genommen zwei Gedankenkomplexe, die der § 18 aufgreift[40]: einmal den Analogiegedanken, der, von der Identität von Erlöser und Erlösung her, die absolute Offenbarung Gottes gegenüber allen anderen geschichtlichen Offenbarungen in Religionsstiftern behauptet; zum anderen der am Analogiegedanken entwickelte, die Philosophische Theologie aufnehmende, Zusammenhang von Erlösungsbedürftigkeit und Erlösung des Menschen.

Den Einsatzpunkt bildet Schleiermachers „Vorstellung einer Erlösung"[41], genauer: einer Erlösung des Menschen. Die anthropologische Fragestellung wird wieder aufgenommen, die für die Bestimmung des Wesens des religiösen Glaubens grundlegend war. Es hatte sich gezeigt, daß Aussagen über den Menschen Aussagen über Gott miteinschließen, d.h. daß anthropologische und theologische Reflexionen untrennbar verbunden sind. Die Vorstellung der *Erlösung des Menschen* entwickelt Schleiermacher, wie sich zeigen wird, im Kontext der dem religiösen Selbstbewußtsein zugrundeliegenden allgemeinen Struktur des Verhältnisses von Gott und Mensch als „schlechthinnigem Abhängigkeitsgefühl" des Endlichen vom Unendlichen.

---

[40] „Das Christenthum ist eine eigenthümliche Gestaltung der Frömmigkeit in ihrer teleologischen Richtung, welche Gestaltung sich dadurch von allen andern unterscheidet, daß alles einzelne in ihr bezogen wird auf das Bewußtsein der Erlösung durch die Person Jesu von Nazareth" (1. Aufl. § 18 I, 61).

[41] 1. Aufl. § 18, 3 I, 64, 24.

Die Absicht Philosophischer Theologie der Offenbarung Gottes als Erlösung trägt ebenfalls dieser Struktur Rechnung, indem die Offenbarung Gottes
unmittelbar auf wesentliche Lebensbedingungen menschlicher Wirklichkeit
bezogen wird. Der unbedingte Anspruch der Offenbarung als Erlösung soll
für menschliche Wirklichkeit, an die sie gerichtet ist, so dargelegt werden,
daß zwar die Annahme der Offenbarung dem Menschen freigestellt bleibt,
daß aber sichtbar werden kann, in welch unbedingter Weise in der Offenbarung Gottes die Wirklichkeit menschlichen Lebens gemeint ist, d. h. als
dessen Vollendung und Erfüllung, die diesem aus eigenen Möglichkeiten
verwehrt bleiben muß.

Die Notwendigkeit der Offenbarung Gottes für menschliche Wirklichkeit
stellt zugleich nicht die Aufhebung menschlicher Freiheit dar, sondern macht
nur deutlich, daß keine bloß zufällige, für den Menschen beliebige Möglichkeit seines Seins in Frage steht, d. h. daß der Mensch sich nicht einfachhin
dem unbedingten Anspruch der Offenbarung Gottes entziehen kann. Es
wird im folgenden nötig sein, gelegentlich schon Erwähntes zu erinnern, um
im vorliegenden Kontext die Einheit der Philosophischen Theologie des
Gottesglaubens und der Offenbarung Gottes in anthropologisch-christo-
logischer Hinsicht nicht zu übersehen.

Zur Beantwortung der anthropologisch einsetzenden Frage, wovon der
Mensch einer Erlösung bedürfe, schließt Schleiermacher an die Ausführungen der §§ 10 bzw. 11 an, in denen die Einheit der transzendenten und
endlichen Bestimmtheit des menschlichen Selbstbewußtseins formuliert war.
Denn das Wesen des Gottesglaubens tritt aufgrund dieser Einheit in zeitliche
Erscheinung. Die jeweilige Gestaltung des Gottesbewußtseins hängt dabei
davon ab, in welcher Weise jener Vermittlungsprozeß der „Vollendung des
Gefühls" gelingt, in dem sich jedes endliche Selbstbewußtsein zum Abhängigkeitsbewußtsein von Gott entwickelt, und zugleich das „allgemeine Abhängigkeitsgefühl" von Gott wirklich, d. h. bestimmtes frommes Selbstbewußtsein wird. Um Mißverständnissen vorzubeugen, läßt sich vielleicht
deutlicher formulieren: die ontologische Einheit der Differenz von unendlichem Sein Gottes und endlichem Sein im „schlechthinnigen Abhängigkeitsgefühl" kommt in einem Mehr oder Weniger von religiösem Selbstbewußtsein im Menschen zum Ausdruck.

Dieser Zusammenhang läßt jetzt den Begriff der Erlösung in seiner allge-
meinen Form verstehen: „So werden wir sagen müssen, die Vorstellung der
Erlösung seze voraus, daß zwischen dem Fürsichgeseztsein des Menschen –
im sinnlichen Selbstbewußtsein – und dem Mitgeseztsein des Bewußtseins
Gottes in ihm – in seinem frommen Selbstbewußtsein – ein beziehungsweiser
Gegensaz stattfinde; und die *Aufhebung dieses Gegensazes sei eben die Erlö-*

sung".[42] Im 2. Teil der Glaubenslehre wird Schleiermacher diesen Zusammenhang als Gegensatz von Sünde und Gnade entfalten als „Entwiklung des einwohnenden Bewußtseins von Gott, so wie der Gegensaz sich hineingebildet hat, welcher verschwinden soll".[43] In der allgemeinen Bestimmung des Wesens des Christentums zielt Schleiermacher jedoch auf die Gegenüberstellung von Sein Gottes im Menschen und Sein Gottes in Christus. Im Gott-Menschen Christus hat sich die vollkommene Erlösung des Menschen geoffenbart als Identität von Erlöser und Erlösung, d. h. die Aufhebung des Gegensatzes von menschlich-endlichem Selbstbewußtsein und unmittelbarfrommem Selbstbewußtsein, die im endlichen Menschen nur (durch die Gnade vermittelt) mehr oder (durch die Sünde gehemmt) weniger gelingen kann.

Die 2. Auflage (1830) spricht unter Bezugnahme auf die äußerste Unfähigkeit des Menschen, den Gottesglauben im Zusammenhang menschlichen Lebens die alles bestimmende Größe werden zu lassen, von „Gottvergessenheit"[44], der in seltenen Augenblicken menschlicher Existenz, als Gegenpol gleichsam, das entspricht, was Schleiermacher „Gottseligkeit" nennt. Förderung und Hemmung des Gottesglaubens schlechthinniger Abhängigkeit lassen sich aber nicht so denken, daß eine gänzliche Hemmung des Gottesglaubens entstehen könnte; damit wäre das „Mitgesetztsein Gottes" als unmittelbares Sein Gottes im „Gefühl" aufgehoben, was von Schleiermachers Denkansatz her ausgeschlossen ist. Unter Bedingungen der Endlichkeit menschlichen Lebens läßt sich auch nicht denken, daß eine „Vollendung des Gefühls" erreicht werden könnte.

Die „erlösende Tätigkeit Christi" tritt so in ihrer Einzigartigkeit in den Mittelpunkt. Wenn der Mensch in seiner Entfernung von Gott nicht aus eigenem Vermögen die Aufhebung des Gegensatzes erreichen kann, muß ihm diese von Gott her zugeteilt werden. Mit der Frage, wie „eine nicht vorhandene Leichtigkeit der Erhebung des sinnlichen Selbstbewußtseins zum frommen"[45] dennoch möglich werden könne, führt unsere Interpretation auf die vom Analogiegedanken her gegebene Verbindung der beiden Gedankenstränge des § 18. Denn das wahre Sein Gottes im Erlöser als ein „solches Menschwerden und Mensch geworden sein Gottes, so daß immer und überall in ihm durch das menschliche sich das göttliche offenbarte"[46],

---

[42] 1. Aufl. § 18, 3 I, 65, 10f., Herv. v. mir.
[43] 1. Aufl. I, 253.
[44] 2. Aufl. § 11, 2 I, 77.
[45] 1. Aufl. § 18, 3 I, 65, 7.
[46] 1. Aufl. § 117, 3 II, 37, 27f.

wird zum Grund des Gedankens der Erlösung des Menschen durch Christus. Wie dieser „als der einzige anerkannt wird, der keiner Erlösung bedarf, so auch eben deshalb eine völlige Aufhebung jenes Gegensazes, wie nur in ihm so auch nur durch ihn gedacht werden kann".[47] Was hier ausführlich belegt ist, zeigt: *die Identität von Gott und Mensch im Erlöser wird als Erlösung des Menschen die Zielvorgabe aller erlösenden Tätigkeit Christi für menschliche Wirklichkeit, die noch in endlicher Bedingtheit, d. h. in immer unvollkommener Beziehung zu Gott, d. h. Abhängigkeit von Gott steht.*

Schleiermacher denkt daher das Wesen der Erlösung des Menschen durch Christus ganz analog dem Verhältnis von Gott und Mensch in Christus. Es war die göttliche Tätigkeit, die den Anfang eines neuen Lebens als vollendete Schöpfung der menschlichen Natur bewirkte. Die erlösende Tätigkeit Christi manifestiert sich demnach im Menschen als „Wendepunkt seines Lebens"[48], d. h. als Veränderung, die den Anfang einer neuen Lebensweise markiert. Erlösende Tätigkeit und Veränderung des menschlichen Lebens sind wesenhaft miteinander verbunden. „Weil aber dieses neue Leben durch die Vereinigung mit Christo bedingt ist: so steht es auch in der genauesten Analogie mit dem Leben des Erlösers selbst, dessen Persönlichkeit auch bedingt war durch die Vereinigung der menschlichen Natur mit der göttlichen".[49] Wir betonen diesen Analogiezusammenhang deshalb, weil mit ihm wieder offensichtlich wird, daß Beziehung auf Gott und Beziehung auf Christus im christlichen Glauben untrennbar sind. Eine nähere Ausführung des Zusammenhanges des christlichen Glaubens von Erlösungsbedürftigkeit und erlösender Tätigkeit Christi erfolgt aber erst in Schleiermachers eigentlich dogmatisch-theologischen Ausführungen.

Von daher muß daran erinnert werden, daß in Schleiermachers Rede von Förderung und Hemmung des Gottesbewußtseins die reflexive Vermittlungsproblematik, wenngleich von Schleiermacher nicht selbst thematisiert, wieder zur Geltung kommt. Die endlich-gegensätzliche Bestimmtheit des „schlechthinnigen Abhängigkeitsgefühls" zwingt zu klären, in welcher Weise die erlösende Tätigkeit Christi und menschliche Freiheit in Zusammenhang stehen. Schleiermacher vermerkt lediglich, daß „für jeden einzelnen Menschen sein Ergriffensein von den Einwirkungen Christi, mag man sie nun *mittelbar oder unmittelbar* denken, der Wendepunkt seines Lebens ist".[50] Gerade erst vom teleologischen Charakter christlichen Glaubens, vom Be-

---

[47] 1. Aufl. § 18, 3 I, 66, 13 f.
[48] 1. Aufl. § 18, 4 I, 67, 9. Vgl. dazu 3.2.4.
[49] 1. Aufl. § 127, 1 II, 104, 12 f. Vgl. hierzu 3.2.2.
[50] 1. Aufl. § 18, 4 I, 67, 8 f., Herv. v. mir.

wußtsein sich wissender Freiheit als Selbsttätigkeit menschlichen Geistes her wird es überhaupt sinnvoll, von Schuld des Menschen in Anbetracht der Hemmung des Gottesbewußtseins zu sprechen. „Mangel an Selbsterkenntnis"[51], d.h. an Bewußtsein des Menschen von seiner aus Eigenem nicht aufhebbaren Erlösungsbedürftigkeit sei der Grund dafür, unfähig für die „Anerkennung"[52] der Offenbarung Gottes als notwendiger Erlösung des Menschen zu sein.

Die fundamentaltheologische Absicht der Philosophischen Theologie gipfelte in der Wesensbestimmung des christlichen Glaubens als notwendigem Element menschlichen Seins. Diese Absicht, so zeigte sich, läßt sich in zwei Themenbereiche, die Philosophische Theologie des „schlechthinnigen Abhängigkeitsgefühls" und der Offenbarung Gottes unterteilen, die notwendig zusammengehören. Läßt man diesen Zusammenhang außer acht, stellt man Schleiermachers Philosophische Theologie gänzlich in Frage, denn man löst die ausdrücklich geschichtlicher Theologie verpflichtete Einheit Philosophischer Theologie auf. Als theologische Disziplin bildet in ihr die geschichtliche Wirklichkeit des Glaubens die Argumentationsbasis und Legitimation philosophisch-theologischer Reflexion. Das ursprüngliche „schlechthinnige Abhängigkeitsgefühl" wird wirklicher Gottesglaube immer nur in seiner geschichtlichen Beziehung auf Christus, diese schließt jedoch immer auch die Beziehung auf Gott mit ein. Zugleich kommt Schleiermachers vergleichendes methodisches Verfahren zum Ausdruck, in dem geschichtliche und spekulative Betrachtung untrennbar verbunden sind und sich gegenseitig ergänzen, um das Wesen des christlichen Glaubens bestimmen zu können.

Fassen wir zusammen: Die *Möglichkeit* der menschlichen Natur, das Göttliche in sich aufzunehmen, muß als eine vom Göttlichen gestiftete Möglichkeit begriffen werden. Das „Sein Gottes in uns" als ursprüngliche Offenbarung Gottes im Menschen stellt demnach die Voraussetzung dar, daß die *Wirklichkeit* der Offenbarung Gottes in Christus als Identität von Gott und Mensch sich manifestieren kann. Daß der Mensch sich seiner selbst nur als in Beziehung zu Gott stehend bewußt wird, hatte für Schleiermacher aber zum Ausdruck bringen sollen, daß die schlechthinnige Abhängigkeit alles Endlichen vom Unendlichen eben die ursprüngliche Offenbarung des Göttlichen für menschliche Wirklichkeit bedeutet. Damit erweist sich die *von Gott* gesetzte Möglichkeit, sich in menschlichem Sein wirklich offenbaren zu können *für den Menschen als Notwendigkeit schlechthinniger Abhängig-*

---

[51] 1. Aufl. § 21, 1 I, 82, 35.
[52] 1. Aufl. § 21, 1 I, 82, 36.

keit von Gott. In dieser ist zugleich die *Notwendigkeit der Erlösung des Menschen durch die Wirklichkeit der Offenbarung Gottes in Christus,* für die Gott selbst in seinem „Mitgesetztsein im Gefühl" die Möglichkeit bereitgestellt hat, enthalten.

Die Behauptung der *Notwendigkeit des christlichen Glaubens* für den Menschen zeigt daher einen doppelten Aspekt, der in der Untrennbarkeit der Beziehung auf Gott und der Beziehung auf Christus schon mitbedeutet war: einmal die ursprüngliche Notwendigkeit schlechthinniger Abhängigkeit von Gott, zum andern die wirkliche Notwendigkeit der Erlösung durch Gottes Offenbarung in Christus. So gehören ursprüngliche Offenbarung Gottes und geschichtliche Offenbarung notwendig zusammen in christlich-schlechthinniger Abhängigkeit des Menschen von Gott.

Die Unbedingtheit, d. h. *Wahrheit und Notwendigkeit der Offenbarung für den Menschen* hebt die Übernatürlichkeit, d. h. göttliche Ursächlichkeit der Offenbarung keineswegs auf, sondern formuliert nur ihre, für menschliches Wissen der Vernunft einsichtige Wahrheit und Vernunftgemäßheit, d. h., wie Schleiermacher sagt, die *Nicht-Widervernünftigkeit der Offenbarung.*

Der § 20 behauptet daher nicht nur, daß die Offenbarung Gottes nicht schlechthin übernatürlich sei, sondern zugleich daß sie nicht schlechthin übervernünftig sein könne.[53] Beides ist allerdings, wie Schleiermacher betont, nicht voneinander zu trennen, „indem das Sein für den Menschen nur ist, sofern er Natur ist, und die Natur für den Menschen nur ist, sofern er Vernunft ist".[54] Worin besteht, so muß gefragt werden, das *Übervernünftige der christlichen Offenbarung,* d. h. das nicht von der Vernunft Einholbare und Begründbare? Worin zeigt sich die Übereinstimmung von menschlicher Vernunft und göttlicher Offenbarung?

„Die Forderung also, das Christenthum solle auch übervernünftig sein, weil ja sonst keine Offenbarung nöthig gewesen wäre, betrifft den *Inhalt* desselben, und also vorzüglich das *positive*".[55] Dieser Aussage kommt insofern besonderes Gewicht zu, als Schleiermacher die übervernünftigen Inhalte des christlichen Glaubens untrennbar verbindet mit ihrer geschichtlichen Entstehung. Insofern sie allein in der geschichtlichen Gegebenheit der Offenbarung Gottes begründet sind, können die Inhalte christlichen Glaubens aus den Möglichkeiten der Vernunft des Menschen, d. h. auf dem Weg allgemeiner philosophischer Spekulation nicht entwickelt und gewußt werden.

---

[53] „Die göttliche Offenbarung in Christo kann weder etwas schlechthin übernatürliches noch etwas schlechthin übervernünftiges sein" (1. Aufl. § 20 I, 77).
[54] 1. Aufl. § 20, Anm. I, 77, 32 f.
[55] 1. Aufl. § 20, 2 I, 79, 32 ff., Herv. v. mir.

Daß jedoch der positive Inhalt christlicher Offenbarung, d.h. die Erlösung des Menschen als ihrem *„Inhalt nach außervernünftig, dennoch durchaus vernunftmäßig sein muß"*[56], daran läßt Schleiermacher keinen Zweifel. Für die intellektuelle Verantwortung des Glaubens ist der geschichtliche Zusammenhang des Glaubens aber ebenfalls immer schon vorgegeben. Offenbarung Gottes und geschichtliche Tradition des christlichen Glaubens, d.h. die Einheit von göttlicher Gnade und menschlicher Geschichte ist im Verständnis der Philosophischen Theologie Schleiermachers, vor aller rationalen Glaubenszustimmung und Anerkenntnis der Nicht-Widervernünftigkeit des christlichen Glaubens, eigentlich glaubensbegründend.[57]

Damit kommt die *geschichtliche Dimension der Wahrheit innerer Glaubenserfahrung* in ihrer ganzen Bedeutung, d.h. in ihrem Eingebundensein in kirchliche Gemeinschaft als deren Basis, zum Tragen. Dieser Feststellung kommt deshalb besonderes Gewicht zu, insofern sie dem Mißverständnis entgegenwirkt, Offenbarung in Christus sei für Schleiermacher bloße Angelegenheit der Innerlichkeit religiösen Selbstbewußtseins des Menschen. Daß die „Wahrheit . . . der inneren Grunderfahrung"[58] des Glaubens wieder in den Mittelpunkt tritt, heißt dann, daß Schleiermacher das „religiöse Gefühl" immer als christlichen Offenbarungsglauben versteht. Das in der ursprünglichen Offenbarung Gottes begründete „religiöse Gefühl" wird nur als in der geschichtlichen Offenbarung Gottes mitbegründet wirklich. Allein in dieser Einheit kann nach Schleiermacher vom frommen christlichen Selbstbewußtsein die Rede sein.

Allein von dieser Einheit her kann aber die Frage der Vernunftgemäßheit des Glaubens, d.h. die Frage nach dem Verhältnis von Glauben und Wissen für Schleiermacher gestellt werden. Es muß kritisch gegen Schleiermacher eingewandt werden, daß er den Glauben nicht deutlich genug *auch* als Akt der Zustimmung des Menschen in den Blick genommen hat, in dem die Vernunft des Menschen stärkere Bedeutung erlangt hätte. Diese Schwierigkeit im Ansatz Schleiermachers resultiert aus der zu geringen Beachtung des Glaubens in seiner Einheit vermittelter Unmittelbarkeit.

---

[56] 1. Aufl. § 20, 1 I, 80, 38, Herv. v. mir.

[57] „Indem wir aber diesen inneren Charakter desselben (des Christentums) in einem *nothwendigen* Zusammenhang darstellen mit seinem geschichtlichen Anfang, so verzichten wir . . . also hier auf jeden anderen Beweis für die Nothwendigkeit und Wahrheit des Christentums als den jeder in sich selbst trägt, indem er sich bewußt ist, daß seine eigne Frömmigkeit keine andere Gestalt annehmen kann als diese, und indem er sich in deren geschichtlichem und innerem Zusammenhang befriedigt fühlt: und das ist der Beweis des Glaubens" (1. Aufl. § 18, 5 I, 68, 27 ff., Herv. v. mir).

[58] 1. Aufl. § 20, 2 I, 80, 35.

Soll aber das Glaubenswissen „nichts anderes bedeuten als das betrachtete Selbstbewußtsein, so *kann darin überall kein widervernünftiges vorkommen,* weil das Selbstbewußtsein und das gegenständliche Bewußtsein, d. h. die Gesammtheit alles Vernünftigen rein ineinander aufgehen".[59] Ergeht die Offenbarung Gottes aber, wie Schleiermachers Begriff des „Gefühls" als Einheit von Wissen, Wollen und Sein gezeigt hat, nicht an eine vernunftlose Natur, sondern an eine mit Vernunft begabte Existenz, dann wird aus der Vermittlung von Gott, Glauben und Wissen im „Gefühl" des Menschen die intellektuelle Verantwortung des Glaubens, wie sie die Philosophische Theologie entwirft, nicht nur legitim, sondern zwingend.

Was ich in der vorliegenden Interpretation die Vernunftgemäßheit und Notwendigkeit des christlichen Glaubens für den Menschen genannt hatte, bezeichnet Schleiermacher als Nicht-Widervernünftigkeit des Glaubens, wodurch dessen Übernatürlichkeit und Übervernünftigkeit in keiner Weise aufgehoben wird. Unser Interesse galt daher der fundamentaltheologischen Aufgabenstellung der Philosophischen Theologie Schleiermachers, die anthropologische Notwendigkeit des christlichen Glaubens aufzuzeigen, um dem atheistischen Vorwurf der Widervernünftigkeit des Glaubens von den Möglichkeiten der Vernunft her begründet begegnen zu können, d. h. um den atheistischen Vorwurf zurückweisen zu können, daß der christliche Glaube als „Verirrung" menschlichen Geistes, statt als „notwendiges Element" desselben anzusehen sei.

Der § 20 der 1. Auflage (1821/22) bestätigt ausdrücklich den in unserer Interpretation behaupteten fundamentaltheologischen Charakter der Philosophischen Theologie. „Eben diese Vereinigung, daß das christliche nicht durch die Vernunft hervorgebracht oder aufgenöthigt werden kann, und daß es doch vernunftmäßig dargestellt werden soll, scheint auch die wahre Abzwekkung der gewöhnlichen Formel zu sein, daß das übervernünftige im Christenthum nicht widervernünftig sei. Es liegt nämlich darin einerseits die *Aufgabe, das nicht widervernünftige nachzuweisen, welches eben durch die vernunftmäßige Darstellung geschieht,* andrerseits das Anerkenntniß, daß das widervernünftige auch im Christenthum nur könne als Mißverstand oder als Erzeugniß eines krankhaften Zustandes angesehen werden. Soll aber diese Formel irgendwie das Uebervernünftige verringern oder entschuldigen: so ist sie nicht frei von Verwirrung".[60]

---

[59] 1. Aufl. § 20, 2 I, 81, 24 ff., Herv. v. mir.
[60] 1. Aufl. § 20, 2 I, 81, 10 ff., Herv. v. mir.

Quellen- und Literaturverzeichnis

Die Abkürzungen für Zeitschriften, Reihen u.a. entsprechen denen von RGG³. Im Text
benutzte Abkürzungen oder Kurztitel sind in Klammern angegeben.

I. Quellen (Schleiermacher)

1. F. Schleiermacher, Sämmtliche Werke, I. Zur Theologie, II. Predigten, III. Zur Philoso-
   phie, Berlin 1836ff.
   - Aus dem Athenäum: Fichtes Bestimmung des Menschen, Abt. III, Bd. 1, 345–420
   - Dialektik. Aus Schleiermachers handschriftlichem Nachlasse, hg. v. L. Jonas, Abt. III,
     Bd. 4, 2 (J)
   - Geschichte der Philosophie, Abt. III, Bd. 4,1, 13–282
   - Grundlinien einer Kritik der bisherigen Sittenlehre, Abt. III, Bd. 1, 1–344

2. F. Schleiermacher, Dialektik, hg. v. J. Halpern, Berlin 1903
   - Dialektik, hg. v. R. Odebrecht, Neudr. der Aufl. von 1942, Darmstadt 1976. (1822 = O;
     Handschrift 1822 = O, Hs)
   - Dialektik (1811), hg. v. A. Arndt, Hamburg 1986
   - Schleiermachers Sendschreiben über seine Glaubenslehre an Lücke, hg. v. H. Mulert,
     Gießen 1908
   - Entwürfe zu einem System der Sittenlehre, in: Werke, Auswahl in vier Bänden II, hg. v.
     O. Braun und J. Bauer, Neudr. der 2. Aufl. Leipzig 1927–28, Aalen 1967
   - Über die Religion. Reden an die Gebildeten unter ihren Verächtern, hg. v. R. Otto, auf d.
     Grundlage der 1. Aufl. 1799, Göttingen ⁶1967
   - Hermeneutik und Kritik. Mit einem Anhang sprachphilosophischer Texte, hg. u. einge-
     leitet v. M. Frank, Frankfurt a.M. 1977
   - Brouillon zur Ethik (1805/06), hg. u. eingeleitet v. H. J. Birkner, Hamburg 1981
   - Ethik (1812/13), hg. u. eingeleitet v. H. J. Birkner, Hamburg 1981
   - Ästhetik. Über den Begriff der Kunst, hg. v. Th. Lehnerer, Hamburg 1984
   - Kurze Darstellung des theologischen Studiums zum Behuf einleitender Vorlesungen,
     Kritische Ausgabe, hg. v. H. Scholz, Hildesheim ⁴1961 (KD, Paragraph)
   - Der christliche Glaube (1830), Kritische Ausgabe, hg. v. M. Redeker, 2 Bd., Berlin ⁷1960
     (2. Aufl., Paragraph, Abschnitt, Teilband, Seite; z.B. 2. Aufl. § 5, 2 I, 15)

3. F. Schleiermacher, Kritische Gesamtausgabe, hg. v. H. J. Birkner, G. Ebeling, H. Fischer,
   H. Kimmerle, K. v. Selge, Berlin, New York 1980ff.
   Bisher erschienen:
   - Jugendschriften 1787–1796, hg. v. G. Meckenstock, I. Abt., Bd. 1, 1984

- Schriften aus der Berliner Zeit 1796–1799, hg. v. G. Meckenstock, I. Abt., Bd. 2, 1984
- Der christliche Glaube (1821/22), hg. v. H. Peiter, I. Abt., Bd. 7, 1–2, 1980 (1. Aufl., Paragraph, Abschnitt, Teilband, Seite, Zeile; z. B. 1. Aufl. § 2, 1 I, 13, 2)
- Der christliche Glaube (1821/22), Marginalien und Anhang, hg. v. U. Barth, I. Abt., Bd. 7, 3, 1984
- Briefwechsel 1774–1796 (Briefe 1–326), hg. v. A. Arndt u. W. Virmond, V. Abt., Bd. 1, 1985

II. Sonstige Quellen

G. Fichte, Die Wissenschaftslehre (1794), in: Sämtliche Werke I, hg. v. J. H. Fichte, Nachdr. der Aufl. von 1845, Berlin 1971

G. W. F. Hegel, Glauben und Wissen oder die Reflexionsphilosophie der Subjektivität in der Vollständigkeit ihrer Formen als Kantische, Jacobische und Fichtesche Philosophie, in: Werke in zwanzig Bänden 2, hg. v. E. Moldenauer u. K. M. Michel, Frankfurt a. M. 1970

G. W. F. Hegel, Vorrede zu Hinrichs' Religionsphilosophie (1822), in: Werke in zwanzig Bänden 11, hg. v. E. Moldenhauer u. K. M. Michel, Frankfurt a. M. 1970

G. W. F. Hegel, Vorlesungen über die Philosophie der Religion I–II, in: Werke in zwanzig Bänden 16–17, hg. v. E. Moldenhauer u. K. M. Michel, Frankfurt a. M. 1970

F. H. Jacobi, Über die Lehre des Spinoza, in Briefen an Herrn Moses Mendelsohn; Beilagen zu den Briefen über die Lehre des Spinoza, in: Werke, Bd. 4, Abt. 1–2, hg. v. F. Roth u. F. Köppen, Nachdr. d. Ausgabe von 1819, Darmstadt 1980

I. Kant, Kritik der reinen Vernunft, in: Werke in zwölf Bänden III, IV, hg. v. W. Weischedel, Frankfurt a. M. 1967 (KrV)

I. Kant, Prolegomena zu einer jeden künftigen Metaphysik, die als Wissenschaft wird auftreten können, in: Werke in zwölf Bänden V, hg. v. W. Weischedel, Frankfurt a. M. 1967 (Prolegomena)

F. W. J. Schelling, Philosophische Briefe über Dogmatismus und Kritizismus, in: Schriften 1794–1799 I, Nachdr. der Aufl. von 1856 ff., Darmstadt 1967

F. W. J. Schelling, System des transzendentalen Idealismus, in: Schriften 1799–1801 II, Nachdr. der Aufl. von 1856 ff., Darmstadt 1967

B. de Spinoza, Die Ethik nach geometrischer Methode dargestellt, hg. v. O. Baensch, Hamburg 1967 (Ethik)

III. Bibliographie

T. N. Tice, Schleiermacher Bibliography, Princeton, New Yersey 1966
Eine Ergänzung der Bibliographie von Tice für die Jahre 1964–1977 enthält die Monographie

G. Moretto, Etica e storia in Schleiermacher, Neapel 1979

G. U. Gabel, Friedrich Schleiermacher. Ein Verzeichnis westeuropäischer und nordamerikanischer Hochschulschriften 1885–1980. Köln 1985.

IV. Sekundärliteratur

K. Barth, Nachwort, in: Schleiermacher-Auswahl, hg. v. H. Bolli, München, Hamburg 1968, 290–312

U. Barth, Christentum und Selbstbewußtsein, Göttingen 1983

W. Becker, Selbstbewußtsein und Spekulation. Zur Kritik der Transzendentalphilosophie, Freiburg 1972

F. Beisser, Schleiermachers Lehre von Gott, Göttingen 1970

W. Bender, Schleiermachers Gotteslehre, Worms 1868

W. Bender, Schleiermachers Theologie, I. Die philosophischen Grundlagen, Nördlingen 1876

H. J. Birkner, Natürliche Theologie und Offenbarungstheologie, in: NZSTh 3 (1961), 279–295

H. J. Birkner, Schleiermachers christliche Sittenlehre im Zusammenhang ihres philosophisch-theologischen Systems, Berlin 1964

H. J. Birkner, Theologie und Philosophie, München 1974

E. Biser, Glaubensverständnis. Grundriß einer hermeneutischen Fundamentaltheologie, Freiburg 1975

A. L. Blackwell, Schleiermacher's early philosophy of life, Greenville 1982

R. B. Brandt, The philosophy of Schleiermacher, Westport 1941

W. Brugger, Summe einer philosophischen Gotteslehre, München 1979

H. Burbach, Das ethische Bewußtsein, Göttingen 1984

T. Camerer, Die Lehre Spinozas, Stuttgart 1877

T. Camerer, Spinoza und Schleiermacher, Stuttgart 1903

F. Christ, Menschlich von Gott reden. Das Problem des Anthropomorphismus bei Schleiermacher, Gütersloh 1982

W. Cramer, Grundlegung einer Theorie des Geistes, Frankfurt ^{3}1975

W. Cramer, Spinozas Philosophie des Absoluten, Frankfurt 1966

A. Dorner, Schleiermachers Verhältnis zu Kant, in: Theologische Studien und Kritiken 74 (1901), 5–75

J. S. Drey, Die Apologetik als wissenschaftliche Nachweisung der Göttlichkeit des Christentums und seiner Erscheinung, I. Philosophie der Offenbarung, Nachdr. der Auflage von 1838, Frankfurt a. M. 1967

J. S. Drey, Kurze Einleitung in das Studium der Theologie mit Rücksicht auf den wissenschaftlichen Standpunkt und das katholische System, Nachdr. der Auflage von 1819, Frankfurt a. M. 1966

G. Ebeling, Beobachtungen zu Schleiermachers Wirklichkeitsverständnis, in: ders., Wort und Glaube III, Tübingen 1975, 96–115

G. Ebeling, Erwägungen zu einer evangelischen Fundamentaltheologie, in: ZThK 67 (1970), 479–524

G. Ebeling, Schleiermachers Lehre von den göttlichen Eigenschaften, in: ders., Wort und Glaube II, Tübingen 1969, 305–342

G. Ebeling, Schleiermachers Abhängigkeitsgefühl als Gottesbewußtsein, in: ders., Wort und Glaube III, Tübingen 1975, 116–136

M. Frank, Das individuelle Allgemeine, Frankfurt a. M. 1977

H. Fries, Katholische Apologetik, in: RGG I, Tübingen ^{3}1957, 492–494

H. Fries, Zum heutigen Stand der Fundamentaltheologie, in: ders., Glaube und Kirche als Angebot, Graz 1976

C. Geffre, Die neuen Wege der Theologie, Freiburg 1973

C. Gestrich, Die unbewältigte natürliche Theologie in: ZThK 68 (1971), 82–120

C. Gestrich, Neuzeitliches Denken und die Spaltung der dialektischen Theologie. Zur Frage der natürlichen Theologie, Tübingen 1977

W. Gräb, Humanität und Christentumsgeschichte, Göttingen 1980

F. Hermann, Kant und Spinoza, in: Kant-Studien 5 (1901), 273–339

E. Herms, Herkunft, Entfaltung und erste Gestalt des Systems der Wissenschaften bei Schleiermacher, Gütersloh 1973

T. H. Jørgensen, Das religionsphilosophische Offenbarungsverständnis des späteren Schleiermacher, Tübingen 1977

W. Joest, Fundamentaltheologie, Stuttgart 1974

Ch. Keller-Wentorf, Schleiermachers Denken, Berlin, New York 1984

U. Kiebisch, Transzendentalphilosophie als Kommunikationstheorie, Bochum 1981

H. Kimmerle, Das Verhältnis Schleiermachers zum transzendentalen Idealismus, in: Kant-Studien 51 (1959/60), 410–426

P. Knauer, Verantwortung des Glaubens. Ein Gespräch mit Gerhard Ebeling aus katholischer Sicht, Frankfurt a. M. 1969

B. Laist, Das Problem der Abhängigkeit in Schleiermachers Anthropologie und Bildungslehre, Düsseldorf 1965

D. Lange (Hrsg.), Friedrich Schleiermacher 1768–1834. Theologe – Philosoph – Pädagoge, Göttingen 1985

D. Lange, Historischer Jesus oder mythischer Christus. Untersuchungen zu dem Gegensatz zwischen Friedrich Schleiermacher und David Friedrich Strauß, Gütersloh 1975

K. Lehmann, Apologetik und Fundamentaltheologie, in: Communio 7 (1978), 283–294

B. Malfer, Das Handeln des Christen, Münsterschwarzach 1979

J. C. Maraldo, Der hermeneutische Zirkel, Freiburg, München ^{2}1984

M. E. Miller, Der Übergang, Gütersloh 1970

W. Oelmüller, Die unbefriedigte Aufklärung, Frankfurt a. M. 1979

D. Offermann, Schleiermachers Einleitung in die Glaubenslehre, Berlin 1969

W. Pannenberg, Glaube, in: LThK IV, Freiburg ^{2}1960, 925–928

W. Pannenberg, Gottesgedanke und menschliche Freiheit, Göttingen 1972

W. Pannenberg, Wissenschaftstheorie und Theologie, Frankfurt a. M. 1973

W. Pannenberg, Glaube und Vernunft, in: ders., Grundfragen Systematischer Theologie I, Göttingen 1967, 237–251

K. Rahner, Hörer des Wortes, neu bearb. v. J. B. Metz, Freiburg 1971

K. Rahner, H. Vorgrimler, Glauben, in: KThW, Freiburg ^{10}1976, 149–155

K. Rahner, Schriften zur Theologie I, Einsiedeln 1956

H. R. Reuter, Die Einheit der Dialektik Friedrich Schleiermachers, München 1979

H. J. Rothert, Die Dialektik Schleiermachers, in: ZThK 67 (1970), 182–214

G. Scholtz, Schleiermachers Musikphilosophie, Göttingen 1981

G. Scholtz, Die Philosophie Schleiermachers, Darmstadt 1984

H. Scholz, Christentum und Wissenschaft in Schleiermachers Glaubenslehre, Berlin 1909

N. Schreurs, J. S. Drey en F. Schleiermacher aan het begin van de fundamentele theologie. oorsprongen en outwikkelingen, in: bijdragen. tijdschrift voor filosofie en theologie, nijmegen, brugge 43 (1982), 251–288

E. Schrofner, Theologie als positive Wissenschaft, Frankfurt a. M. 1980

M. Seckler, Evangelische Fundamentaltheologie. Erwägungen zu einem Novum aus katholischer Sicht, in: ThQ 155 (1975), 280–299

K.-V. Selge (Hrsg.), Internationaler Schleiermacher-Kongreß Berlin 1984. Schleiermacher-Archiv Bd. 1, 1–2, Berlin, New York 1985

C. Senft, Wahrhaftigkeit und Wahrheit, Tübingen 1956

G. Söhngen, Natürliche Theologie, in: LThK VII, Freiburg ²1960, 812–813

G. Söhngen, Fundamentaltheologie, in: LThK IV, Freiburg ²1960, 452–459

G. Söhngen, Friedrich Schleiermacher in unserer Zeit, in: Germania, 41 (1934), 40–43

R. Stalder, Grundlinien der Theologie Schleiermachers, I. Zur Fundamentaltheologie, Wiesbaden 1969

E. A. Staudenmaier, Encyklopädie der theologischen Wissenschaften als System der gesammten Theologie, Nachdr. von Bd. I der 2. Auflage von 1840, Frankfurt a. M. 1968

H. Süskind, Der Einfluß Schellings auf die Entwicklung von Schleiermachers System, Tübingen 1909

P. Tillich, Friedrich Schleiermacher, in: Religion des konkreten Geistes, Stuttgart 1968, 9–36

H. Timm, Die heilige Revolution. Schleiermacher, Novalis, Schlegel, Frankfurt a. M. 1978

M. Trowitzsch, Zeit zur Ewigkeit, München 1976

H. Wagner, Einführung in die Fundamentaltheologie, Darmstadt 1981

F. Wagner, Schleiermachers Dialektik, Gütersloh 1974

F. Weber, Schleiermachers Wissenschaftsbegriff, Gütersloh 1973

B. Weissmahr, Philosophische Gotteslehre, Stuttgart 1983

W. Weischedel, Der Gott der Philosophen. Grundlegung einer Philosophischen Theologie im Zeitalter des Nihilismus, 2 Bd., Darmstadt 1972

K. E. Welker, Die grundsätzliche Beurteilung der Religionsgeschichte durch Schleiermacher, Leiden, Köln 1965

G. Wienecke, Schleiermachers Gottesbegriff verglichen mit demjenigen J. G. Fichtes, Greifswald 1914.

Personenregister

Augustinus 34, 81, 93, 172

Bauer, J. 23
Becker, W. 106
Beißer, F. 28
Bender, W. 73, 89
Birkner, H. J. 9, 11, 12, 13, 23, 25, 33, 142, 152, 157
Biser, E. 26
Blondel, M. 34
Bonaventura 81
Braun, O. 23
Brugger, W. 142, 197

Camerer, T. 43, 70
Cramer, W. 107

Dorner, A. 43
Drey, J. S. 6, 7, 13, 24, 152

Ebeling, G. 4, 5, 6, 7, 8, 9, 20, 21, 23, 25, 28, 31, 62, 63, 78, 126, 140, 144, 156, 161, 162, 165, 172, 179, 183, 212

Feuerbach, L. 172
Fichte, J. G. 24, 28, 34, 76, 93, 94, 95, 99, 100, 101, 102, 110, 140, 177
Fischer, H. 9
Frank, M. 34, 101, 104, 105, 110, 111, 165, 177
Fries, H. 7, 25

Geffré, C. 3, 5
Gestrich, C. 142

Halpern, J. 9
Hegel, F. W. G. 34, 110, 115, 123, 157, 192, 193–197
Hinrichs, H. 192, 195
Herms, E. 33, 71

Joest, W. 7, 21

Jøergensen, T. H. 156, 160, 166, 167, 168, 172, 179, 180, 196, 212
Jonas, L. 9, 84

Kant, I. 24, 42, 43, 44, 45, 48, 51, 71, 72, 76, 83, 94, 95, 96, 97, 98, 99, 100, 101, 106, 115, 116, 137, 138, 143, 192, 194
Kimmerle, H. 9, 43, 78, 115, 179, 196
Knauer, P. 31

Lange, D. 212
Lehmann, K. 3
Leibniz, G. W. 71, 138
Lücke, F. 160

Malfèr, B. 8
Mann, G. 34, 43
Michel, K. M. 192
Miller, M. E. 41, 65, 69, 72, 123
Moldenhauer, E. 192
Mulert, H. 11

Odebrecht, R. 9, 83
Oelmüller, W. 137
Offermann, D. 127, 156, 157, 171

Pannenberg, W. 7, 17, 31, 187
Peiter, H. 9

Rahner, K. 3, 17, 20, 25, 27, 29, 34
Redeker, M. 10
Reuter, H. R. 9, 34, 50, 60, 78, 94, 106, 107, 127
Rothert, H. J. 101

Schelling, F. W. J. 33, 34, 42, 43, 82, 93, 94, 95, 97, 98, 115, 179
Scholz, H. 10, 89, 170, 184, 196
Schrofner, E. 8
Seckler, M. 21

SCHLEIERMACHER-ARCHIV

Herausgegeben von Hermann Fischer, Hans-Joachim Birkner, Gerhard Ebeling,
Heinz Ebeling, Heinz Kimmerle, Kurt-Victor Selge

BAND 1

Internationaler Schleiermacher-Kongreß
Berlin 1984

Herausgegeben von Kurt-Victor Selge

2 Teile. Groß-Oktav. 1985. Ganzleinen DM 198,— ISBN 3 11 010018 5
Teil 1: XXXIV, 640 Seiten. — Teil 2: Seiten 641-1319.

BAND 2

Hermann Patsch

Alle Menschen sind Künstler

Friedrich Schleiermachers poetische Versuche

Groß-Okatav. X, 254 Seiten. 1986. Ganzleinen DM 98,—
ISBN 3 11 010218 8

in Vorbereitung

BAND 4

Nachschrift D. F. Strauß von Schleiermachers
Vorlesungen „Theologische Enzyklopädie'' (1831/32)

Transkription von Walter Sachs

Groß-Oktav. Ca. 270 Seiten. 1987. Ganzleinen ca. DM 108,—
ISBN 3 11 010894 1

BAND 5

Günter Meckenstock

Deterministische Ethik und
kritische Theologie

Die Auseinandersetzung des frühen Schleiermacher
mit Kant und Spinoza

Groß-Oktav. Ca. 270 Seiten. 1987. Ganzleinen ca. DM 128,—
ISBN 3 11 011155 1

Preisänderungen vorbehalten

Walter de Gruyter Berlin · New York

FRIEDRICH SCHLEIERMACHER
Kritische Gesamtausgabe

Herausgegeben von Hans-Joachim Birkner, Gerhard Ebeling, Hermann Fischer, Heinz Kimmerle und Kurt-Victor Selge

Bisher erschienen:

ERSTE ABTEILUNG (SCHRIFTEN UND ENTWÜRFE)
Band 1: Jugendschriften 1787—1976
Herausgegeben von Günter Meckenstock
Groß-Oktav. LXXXIX, 609 Seiten, 3 Faksimiles. 1984.
Ganzleinen DM 242,— ISBN 3 11 008594 1

Band 2: Schriften aus der Berliner Zeit 1796—1799
Herausgegeben von Günther Meckenstock
Groß-Oktav. XCI, 430 Seiten, 3 Faksimiles. 1984.
Ganzleinen DM 198,— ISBN 3 11 010266 8

Band 7: Der christliche Glaube
nach den Grundsätzen der evangelischen Kirche
im Zusammenhang dargestellt (1821/22)
Herausgegeben von Hermann Peiter
Teilband 1: Groß-Oktav. LXVI, 357 Seiten.
Teilband 2: Groß-Oktav. VIII, 409 Seiten. 1980.
Ganzleinen zusammen DM 248,— ISBN 3 11 007515 6
Teilband 3: Marginalien und Anhang
Unter Verwendung vorbereitender Arbeiten von Hayo Gerdes † und Hermann Peiter
Herausgegeben von Ulrich Barth
Groß-Oktav. XXV, 672 Seiten, 1 Faksimile und 1 Farbtafel.
1984. Ganzleinen DM 242,— ISBN 3 11 008593 3

Im Druck:
Band 3: Schriften aus der Berliner Zeit 1800—1802
Herausgegeben von Günther Meckenstock
Etwa 704 Seiten. 1987. Etwa DM 286,— ISBN 3 11 011120 9

FÜNFTE ABTEILUNG (BRIEFWECHSEL UND BIOGRAPHISCHE DOKUMENTE)
Band 1: Briefwechsel 1774—1796
Herausgegeben von Andreas Arndt und Wolfgang Virmond
Groß-Oktav. LXXII, 489 Seiten, 12 Abbildungen, 1 Faltkarte. 1986.
Ganzleinen DM 228,— ISBN 3 11 008595 X

Im Druck:
Band 2: Briefwechsel 1797—ca. 1789
Herausgegeben von Andreas Arndt und Wolfgang Virmond
Etwa 576 Seiten. 1987. Etwa DM 235,— ISBN 3 11 010933 6

Preisänderungen vorbehalten

Walter de Gruyter Berlin · New York